KB273021

판로 전쟁

CHANNEL WARS

시장을 돌파하는 스타트업 매출 설계 로드맵

판로 전쟁

CHANNEL WARS

박선우 지음

BM (주)도서출판 성안당

이론과 실전을 잇는 가장 현실적인 창업 교과서

창업대학원에서 오랫동안 학생들을 가르치며 늘 고민해온 것이 있습니다. 훌륭한 아이디어와 기술력을 가진 학생들이 정작 시장에서는 왜 이렇게 고전하는가 하는 점입니다. 그들은 혁신적인 제품을 만들지만 적정 가격을 잘 모릅니다. 타깃 고객을 정의하지만 그들에게 다가가는 방법을 잘 모릅니다. 멋진 비즈니스 모델을 그리지만 첫 거래를 좀처럼 성사시키지 못합니다.

이 책은 바로 그 간극을 메워줍니다. '판'과 '로'라는 두 축으로 창업의 본질을 꿰뚫는 저자의 통찰은 학문적 엄밀함과 현장의 생생함을 동시에 갖추고 있습니다. 특히 1부의 가격 전략 부분은 기존 마케팅 교과서의 추상적인 이론을 스타트업의 현실에 맞게 재해석했습니다. Payer와 User의 구분, 가격 차별화 전략, 다이내믹 프라이싱까지, 실제로 적용할 수 있는 구체적인 방법론을 제시합니다.

2부의 '로' 개척 전략은 더욱 압권입니다. 직접 판매부터 D2C, 다양한 유통 채널, 글로벌 확장, 그리고 캐즘 극복까지, 스타트업의 성장 여정을 단계별로 안내합니다. 특히 '발로 뛰는 역량'의 중요성을 강조한 부분은 효율성만을 추구하는 요즘 세대에게 꼭 필요한 메시지입니다.

AI가 비즈니스의 모든 영역을 재편하고 있는 지금, 많은 창업자가 기술에만 집중하며 본질을 놓치고 있습니다. 하지만 아무리 AI가 발전해도 고객에게 어떤 가치를 어떤 가격에 제공할 것인가, 그리고 어떤 경로로 상품을 고객에게 도달시킬 것인가 하는 근본적인 질문은 변하지 않습니다. 오히려 이런 현장 중심의 가격 전략과 유통 전략을 내재화할 때, AI 시대에 기업의 진정한 경쟁력을 높이는 전환점을 맞을 것입니다. AI

는 도구일 뿐, 시장을 읽고 고객을 이해하는 일은 여전히 사람의 몫이기 때문입니다.

이론을 배운 학생들이 시장에서 실제로 써먹을 수 있는, 진정한 의미의 실용서인 이 책을 창업자들에게 필독서로 추천합니다.

– 고려대학교 창업경영대학원 교수 지상철

청년 창업자가 가장 먼저 읽어야 할 생존 매뉴얼

청년창업사관학교에서 창업자들을 만나면서 가장 안타까운 순간은, 좋은 아이템을 가진 청년들이 상품을 어떻게 팔아야 할지 모르겠다며 좌절하는 모습을 볼 때입니다. 그들은 제품 개발에는 열정적이지만, 가격 책정은 막막해하고, 판로를 개척하려고 나서면 방향을 잃습니다.

이 책은 그런 청년 창업자들에게 명확한 나침반을 제공합니다. 특히 스타트업이 직면한 냉혹한 현실—브랜드 부족, 불완전한 제품, 제한된 자원—을 솔직하게 인정하고, 그 핸디캡을 극복하는 현실적 전략을 제시한다는 점에서 탁월합니다. 이는 장밋빛 성공담만 늘어놓는 여느 창업서와 명확히 구별되는 지점입니다.

1부의 가격 전략은 "싸게 팔면 되는 거 아닌가요?"라고 묻는 초보 창업자들의 눈을 번쩍 뜨이게 합니다. 가격은 단순한 숫자가 아니라 가치의 신호이자 전략적 도구라는 것, 그리고 고객 세분화와 가격 차별화를 통해 수익을 극대화할 수 있다는 것을 구체적 사례로 보여줍니다.

2부의 '로' 전략은 더욱 실전적입니다. 명확한 전략 없이 "일단 인스타 광고부터 돌려볼까요?"라고 묻는 청년 창업자들에게, 왜 직접 판매와 발로 뛰는 것부터 시작해야 하는지 설득력 있게 설명합니다. D2C, B2B, B2C 등 각 채널의 특성과 진입 방법을 명쾌하게 정리한 6장은,

저 역시 앞으로 교육 자료로 적극 활용할 것입니다.

청년 창업자들이여, 이 책으로 시작하십시오. 시행착오를 줄이고 시
장에서 살아남을 확률을 높이는 가장 확실한 방법입니다.

– 중소벤처기업진흥공단 경북청년창업사관학교 교수 강병효

농식품 스타트업을 위한 맞춤형 실전 가이드

농식품벤처창업센터를 운영하며 가장 가슴 아픈 순간은, 좋은 농산물
과 혁신적인 아이디어를 가진 농업 창업자들이 유통과 판매에서 무너지
는 모습을 볼 때입니다. 품질 좋은 농산물을 정성껏 재배했지만, 적정
가격을 책정하지 못해 헐값에 팔거나, 판로를 찾지 못해 창고에 쌓아두
는 경우를 저는 수없이 봐왔습니다.

이 책은 농식품 스타트업에게 특히 유용합니다. 농산물은 일반 제조
업 제품과 달리 계절성이 있고 유통 기한이 짧으며, 품질 편차가 있습
니다. 이런 특성 때문에 가격 전략과 판로 개척이 더욱 중요한데, 이 책
의 1부는 바로 그 해답을 제공합니다. 특히 '다이내믹 프라이싱' 부분은
수요와 공급이 시시각각 변하는 농산물 시장에 적용할 수 있는 혁신적
인 접근입니다. 2부의 '로' 전략은 농업 창업자들이 가장 어려워하는 부
분을 정확히 짚습니다. 대형 마트나 도매시장 같은 기존 유통망에 의존
하면 가격 결정권을 잃는다는 것, 그래서 D2C나 직접 판매로 시작해야
한다는 저자의 주장은, 제가 입주 기업들에게 늘 강조하던 바입니다. 특
히 5장의 D2C 전략은 농산물 온라인 직거래를 준비하는 농가에 실질적
인 지침이 될 것입니다. 7장의 글로벌 진출 전략도 눈여겨볼 만합니다.
높아진 K-푸드의 인기로 해외 시장에 진출할 기회가 많아지고 있지만,
박람회와 바이어 미팅을 어떻게 준비해야 할지 막막해하는 농식품 기업

에게 구체적인 로드맵이 될 것입니다.

농업은 더 이상 단순히 농사만 짓는 것이 아닙니다. 가치를 창조하고, 적정 가격을 받고, 고객에게 직접 닿는 판로를 만드는 비즈니스입니다. 이 책은 농업 창업자가 진정한 기업가로 성장하는 데 필요한 모든 지혜를 담고 있습니다.

– 한국농업기술진흥원 영남농식품벤처창업센터 센터장 최민수

프롤로그

54개국에 걸쳐 372개 매장을 보유하고, 연간 8억 1,700만 명이 매장을 방문해 363억 유로의 매출을 올리는 이케아. 이케아는 오랫동안 전 세계 고객을 열광시켜왔다. 그 비결은 창업자 잉바르 캄프라드Ingvar Kamprad가 이케아 제품 전체에 적용하는 확고한 철학, '새로운 제품을 만들기 전에 가격표를 먼저 디자인하라'라는 원칙에서 출발한다. 제품 가격을 낮게 책정하면 소비자들이 더 많이 구매하고, 그럼으로써 제품을 대량으로 생산할 수 있어 그만큼 다시 가격이 낮아지는 선순환 구조를 유지하게 된다는 것이다. 이 철학은 이케아의 모든 상품에 적용된다.

물론 가격이 싸다고 해서 소비자가 반드시 상품을 구매할 것이라고 단정할 수는 없다. 상품의 디자인, 품질, 성능 등 다양한 요소들이 소비자의 선택에 영향을 미치기 때문이다. 따라서 이러한 요소들이 충족된 상태에서 가격이 경쟁력을 가질 때, 소비자의 구매 가능성이 높아진다.

가격은 제품을 기획하고 생산하는 것과 동일한 수준으로 중요한 요소이다. 소비자의 입장을 충분히 반영해 만족을 극대화하면서도 기업의 이익을 확보하는 것이 가격 책정 전략의 핵심 목적이라고 할 수 있다.

창업의 험난한 여정, 그 시작점에서 수많은 스타트업이 마주하는 가장 현실적인 벽은 바로 '얼마에 팔 것인가'와 '어떻게 팔 것인가'라는 질문이다. 이 질문에 대한 답이 준비되어 있지 않은 상황에서, 혁신적인 아이디어와 뜨거운 열정만으로는 시장이라는 냉혹한 현실을 돌파하기 어렵다. 판로 개척은 스타트업의 생존과 성장을 결정짓는 핵심 동력이다.

수많은 스타트업이 빛을 보지 못하고 사라지는 이유는 무엇일까? 때로는 혁신적인 제품임에도 불구하고 시장의 외면을 받기도 하고, 때로는 매력적인 가격에도 불구하고 고객에게 도달하지 못한다. 이 책은 바로 그 지점에서 출발한다. 복잡하고 예측 불가능한 시장 환경 속에서 스타트업이 어떻게 가격 전략을 현명하게 수립하고, 판로를 효과적으로 개척하여 지속 가능한 성장을 이끌어낼 수 있을지에 대한 통찰과 실질적인 방법을 담기 위해 노력했다.

이 책에서 제시하는 전략들은 이론적인 나열에 그치지 않는다. 치열한 경쟁 속에서 살아남고 성장해온 다양한 스타트업의 실제 사례와 경험을 바탕으로, 당장이라도 실행 가능한 구체적인 방법들을 제시한다. 초기 시장 진입부터 주류 시장 확장까지, 각 성장 단계에 맞는 가격 책정 전략과 다양한 판로 개척 기술들을 세밀하게 분석하고, 스타트업이 마주하는 현실적인 어려움과 극복 방안까지 함께 고민한다.

또한 이 책에서는 상품을 개발하고 시장에 진입한 스타트업 및 초기 기업을 위해 가격 책정 및 가격 차별화 전략을 통해 매출과 이익을 극대화할 수 있는 실질적인 방안을 제시하고자 한다. 아울러 판로 개척을 위한 잠재고객을 찾는 방안 및 초기 시장 진입 전략, 온오프라인의 다양한 유형의 채널별 특징 및 진입 방안과 글로벌 시장 진출을 위한 바이어 발굴 전략, 특히 아세안과 중앙아시아 시장의 특징과 진출 전략 등을 함께 다루고자 한다. 이 과정에서 스타트업이 흔히 겪는 캐즘Chasm과 같은 성장 간극을 넘어서는 전략도 기술하였다.

　이 책을 통해 스타트업 창업자들은 자신만의 가격 전략을 설계하고, 최적의 판로를 찾아 고객에게 성공적으로 도달하는 방법을 익힐 수 있을 것이다. 이 책은 정답을 제시하기보다는 본질적인 질문을 던지고, 창업자 스스로 답을 찾아가는 여정을 안내하고자 한다. 당신의 스타트업이 위대한 도약을 향해 나아가는 첫걸음에 이 책이 든든한 길잡이가 되기를 바란다. 이제 그 담대한 여정을 시작해보자.

　상품을 만드는 것은 시작에 불과하다. 성공을 위한 도전은 만들어진 상품을 그것과 적확하게 맞는 고객에게, 올바른 가격을 매겨, 올바른 방식으로 전달하는 것이다.

목차

2부 '로'를 개척하라 | 길을 뚫었다면 실제로 판매하라

1부

'판'을 설계하라

팔리는 '판'의
구조를 만들어라

1장

어떤 '판'에서 시작할 것인가

스타트업 성장의 두 축, '판'과 '로'

스타트업의 여정은 끊임없는 도전과 기회의 연속이다. 그중 초기의 생존과 지속적인 성장을 담보하는 핵심은 바로 '판板'과 '로路'를 확보하는 일이다. 흔히 '판'은 제품이나 서비스가 거래되는 시장, '로'는 고객에게 이를 전달하는 경로로 이해하지만, 스타트업 창업자에게 이 두 가지는 그 이상의 전략적인 의미를 지닌다. 따라서 상품 기획 단계부터 '판'과 '로'는 생존과 직결되는 중요한 축이라는 인식을 가지고 전략을 수립해야 한다.

이 '판'과 '로'를 제대로 작동시키기 위해서는 거래의 세 가지 핵심 요소에 대한 명확한 이해가 선행되어야 한다. 바로 '상품', '고객', 그리고 '가격'이다. 어떤 상품을 만들 것인가는 판의 성격을 결정하고, 누구를 고객으로 설정하는가는 로의 방향을 정하며, 어떤 가격 전략을 택하는가는 판과 로 모두에 직접적인 영향을 미친다. 이 세 가지 요소는 서로 유기적으로 연결되어 스타트업의 생존 전략을 구성한다.

하지만 현실에서는 제품을 개발한 후 판로를 찾는 경우가 많다. 그렇게 하면 타이밍을 놓치기 쉽고, 좋은 제품을 개발해도 시장 진입 자체가 좌절될 수 있다. 시장은 매우 빠른 속도로 변화한다. 끊임없이 판이 바뀐다는 사실을 전제로 판로를 준비하는 것이 최고의 생존 전략이다.

| '판': 기회를 포착해 가치를 꽃피울 수 있는 무대 |

스타트업에게 '판'은 단순히 제품을 사고파는 시장을 넘어, 고객과 접점을 만들고 가치를 제안하며 잠재력을 현실로 만드는 역동적 장場이다. 초기 고객 확보, 브랜드 인지도 구축, 경쟁 우위 확보, 투자 유치, 지속 가능한 비즈니스 모델 구축이 모두 여기서 시작된다. 모든 기회가 창출되고, 성장을 위한 토대가 되는 곳인 것이다. 초기 스타트업에게 판은 황무지에 씨앗을 뿌리고 싹을 틔우는 것과 같다. 아무도 주목하지 않던 새로운 아이디어를 시장에 선보이고, 고객의 니즈를 충족시키며, 전에 없던 가치를 창출하는 행위이기 때문이다. 제대로 된 판을 찾지 못하거나 안일하게 기존 시장에만 안주한다면, 스타트업은 성장 동력을 잃을 수밖에 없다.

'판'을 제대로 설계하기 위해서는 상품의 본질을 정확히 이해해야 한다. 우리가 파는 것이 단순한 제품인가, 아니면 서비스인가? 고객이 진짜 구매하기를 원하는 것은 기능인가, 경험인가, 문제 해결인가? 이런 근본적인 질문에 답할 수 있어야 올바른 판을 설정할 수 있다. 모든 사람을 위한 '판'은 결국 아무도 만족시키지 못한다. 그리고 이 모든 것을 연결하는 것이 바로 가격 전략이다. 가격은 단순한 숫자가 아니라 판 안에서 우리의 위치를 결정하는 전략적 도구로서 기능한다.

성공적인 판 개척은 명확한 타깃 고객 설정에서 출발한다. 누구에게 어떤 가치를 제공할 것인지가 분명해야 효과적인 시장 진입 전략을 세울 수 있다. 또한 경쟁 환경을 분석해 차별화된 포지셔닝을 하고, 잠재 고객의 숨은 니즈를 찾아 새로운 수요를 창출하는 능력 또한 판을 개척하는 데 중요한 역량이다. 초기 고객의 피드백을 적극적으로 수용하고 제품을 개선하는 유연성은 판을 확장하고 발전시키는 핵심 동력이 된다.

| '로': 고객과 가치를 연결하고 성장을 견인하는 길 |

판이라는 터전을 마련했다면, 그 가치를 고객에게 효과적으로 전달하고 지속적인 관계를 구축하는 '로'를 확보해야 한다. 로는 단순히 제품을 유통하는 채널이 아니라 고객의 경험 전체를 아우르는 여정이자, 브랜드의 가치를 전달하고 고객의 신뢰를 쌓는 모든 과정을 포함한다. 특히 초기 스타트업이 '로'를 구축하는 과정은 고객과 연결되는 보이지 않는 다리를 놓는 것과 같다.

'로'의 선택도 상품과 고객, 가격에 따라 달라진다. 프리미엄 가격을 책정한 상품은 그에 걸맞은 로가 필요하다. 예를 들어 고급 백화점이나 전문 매장, 혹은 브랜드 직영 온라인몰 같은 채널이다. 반면 저가 전략을 택했다면 대량 유통이 가능한 오픈마켓이나 할인점이 적합할 수 있다. 고객의 특성 역시 로를 결정한다. B2B 고객에게는 직접 영업이나 전문 유통망이 효과적이지만, 개인 소비자에게는 온라인 채널이나 소매점이 더 적합하다. 상품의 복잡도가 높으면 설명이 필요하므로 직접 판매나 컨설팅이 중요하고, 표준화된 상품이라면 온라인 자동화 판매도 가능하다.

온라인 채널(홈쇼핑, 웹사이트, 소셜미디어, 이커머스 플랫폼 등)과 오프라인 채널(직영점, 팝업 스토어, 파트너십 등), 그리고 고객과의 직접적인 소통 채널(플리마켓, 팝업 스토어, 고객 센터, 상담 등)을 유기적으로 연결하여 최적의 고객 경험과 가치를 제공해야 한다.

'로'를 성공적으로 구축하기 위해서는 타깃 고객의 특성과 구매 과정에 대한 깊은 이해부터 해야 한다. 고객이 어떤 경로를 통해 제품을 인지하고 정보를 탐색하는지, 구매를 결정해 제품을 사용한 후 어떻게 경험을 공유하는지를 분석하여 각 단계별 최적의 접점을 설계해야 한다.

또한 지속적인 소통과 피드백으로 고객과의 관계를 강화하고 충성도를 높이는 전략 또한 중요한 요소이다. 효율적인 물류 시스템, 친절하고 신속한 고객 지원, 그리고 긍정적인 브랜드 경험은 고객 만족도를 높이고 재구매를 유도하여 지속적인 성장의 발판을 마련할 수 있다.

'판'과 '로'는 분리될 수 없다. 혁신적인 제품이라도 적절한 판을 찾지 못하면 빛을 보지 못하고, 훌륭한 '판'을 확보했더라도 '로'를 구축하지 못하면 고객에게 가치를 제대로 전달할 수 없다. 그리고 이 판과 로를 연결하는 핵심 고리가 바로 가격이다. 가격은 판에서 우리의 포지션을 정하고, 어떤 로를 선택할지 결정하며, 어떤 고객을 타깃으로 할지 규정한다. 같은 상품이라도 가격 전략에 따라 완전히 다른 판과 로가 펼쳐진다.

결국 스타트업의 성공은 매력적인 '판'을 개척하고, 그 가치를 효율적으로 전달하는 최적의 '로'를 구축하며, 고객과 관계를 축적해 성장 동력을 만드는 데 달려 있다. 끊임없는 시장 탐색과 고객 중심적인 사고로 자신만의 '판'과 '로'를 설계한 스타트업만이 치열한 경쟁 속에서 살아남아 지속적인 성장을 이루어낼 수 있다.

결론적으로 판로 개척은 기업의 성장과 생존을 위한 핵심적인 활동으로, 끊임없는 시장 분석과 창의적인 전략 수립 및 시행을 통해 안정적인 현금 흐름 확보를 넘어 지속적인 성장을 가능하게 하는 중요한 경영 전략이다.

상품과 서비스의 본질 이해하기

대다수의 창업자가 제품의 아이디어를 도출하는 단계에서 많이 놓치는 것이 있다. 제품의 본질에 대해 고민하고 고객과 소통하여 제품의 본질적인 문제를 찾기보다, 부가적인 기능이나 퍼포먼스에 집중하여 제품을 개발하려 한다는 것이다.

스타트업이 시장에서 살아남으려면 단순히 좋은 아이디어를 넘어 제품의 근본적 본질에 대한 깊은 이해가 필요하다. 혁신적인 기술이나 트렌디한 마케팅만으로는 지속 가능한 성공을 보장할 수 없다. 무엇보다 본질에 충실한 제품은 고객이 가치를 알아보고 구매로 연결될 가능성이 높다. 따라서 이 장에서는 상품과 서비스가 지닌 본질적 의미, 그리고 스타트업이 이를 어떻게 활용해야 하는지 탐구한다.

어떠한 유형의 제품이든 본질이 있기 마련이다. 본질이란 어떤 사물이나 현상이 본래 가지고 있는 고유한 성질이나 모습, 또는 그 존재를 성립시키는 근본적인 요소를 의미한다. 상품과 서비스의 본질을 알기 위해서는 다음과 같이 여러 가지 요소를 이해해야 한다.

인류의 역사를 통틀어 제품은 가치 교환의 매개체로 존재해왔다. 고대에는 물물교환 형태로, 현대에는 화폐를 통한 거래가 이루어지고 있지만 본질은 동일하다. 사람들은 자신이 가진 무언가(대개는 돈)를 내어주고, 그 대가로 자신에게 더 가치 있는 것을 얻는다. 이 단순하면서도 강력한 원칙을 제대로 이해하지 못하는 스타트업이 의외로 많다.

이 원칙을 이해하지 못한 스타트업은 제품을 만들어내는 데만 집중하고, 정작 그 제품이 고객에게 어떤 가치를 제공하는지 명확히 설명하지 못한다. 성공적인 스타트업은 항상 다음 질문에 명확히 답할 수 있어야 한다.

"고객이 우리 제품에 돈을 지불하면, 고객은 정확히 어떤 가치를 얻는가?"

넷플릭스Netflix를 보자. 넷플릭스는 전 세계적으로 성공한 온라인 동영상 스트리밍 서비스다. 그들은 월정액을 지불하는 고객에게 '언제 어디서나 원하는 콘텐츠를 볼 수 있는 자유'라는 명확한 가치를 제공한다. 이는 기존의 영화 대여점이나 케이블 TV가 제공하지 못했던 가치다. 우버Uber는 '버튼 하나로 편리하게 이용 가능한 교통수단'이라는 가치를 제공한다. 가치 교환의 원칙을 제대로 이해하면 제품의 각 기능이 실제로 고객에게 가치를 제공하는지, 제공하고자 하는 가치에 상응하는 가격을 책정했는지, 마케팅 메시지가 그 가치를 효과적으로 전달하고 있는지 명확하게 판단할 수 있다.

이렇듯 제품은 근본적으로 소비자의 문제를 해결하는 도구다. 이 관점에서 스타트업의 핵심 과제는 의미 있는 문제를 찾아 그것을 효과적으로 해결하는 것이다. 성공한 스타트업의 이야기를 살펴보면 대부분 이런 패턴을 발견할 수 있다. 예컨대 토스는 간편 송금 서비스를 중심으로 다양한 금융 서비스를 제공해 사용자가 쉽고 편리하게 금융 거래를 할 수 있도록 했다. 카카오택시는 승객이 택시를 잡기 어렵고 기사는 승객을 찾기 어렵다는 문제점에서 출발해, 스마트폰 앱으로 기사와 승객을 실시간으로 연결하는 플랫폼을 제공하여 양측의 문제를 해결했다. 에어비앤비Airbnb는 여행자에게 다양한 숙박 옵션을, 집주인에게는 빈집을 활용한 수익 창출 방법을 제공해 역시 양측의 문제를 해결했다.

그러나 모든 문제가 해결할 만한 가치가 있는 것은 아니다. 제품으로 연결할 수 있는 문제는 다음 요소를 지니고 있어야 한다.

1. 많은 사람이 겪는 문제
2. 충분히 심각한 문제
3. 사람들이 해결책에 기꺼이 돈을 지불할 의향이 있는 문제

이런 문제를 '헤어 온 파이어Hair-On-Fire'라고 부르기도 한다. 이러한 문제는 해결책을 접하는 순간, '왜 이걸 더 일찍 생각해내지 못했을까?'라는 생각이 들게 한다. 또한 단순히 있으면 좋은nice to have 문제가 아니라 없으면 안 되는must have 문제라는 생각이 들게 한다. 따라서 고객이 이미 다양한 방법으로 해결을 시도했거나, 기존 방법으로는 충분히 해결되지 않았던 문제점을 찾는 것이 중요하다.

로켓 과학처럼 복잡한 기술이 아니어도 일상의 문제를 효과적으로 해결할 수 있는 제품은 큰 성공을 거둘 수 있다. 예를 들어, 전기 면도기나 전동 칫솔과 같은 제품들은 기술적으로 혁신적이지 않지만, 사용하는 데 있어 편의성을 개선한 것만으로 큰 가치를 창출했다.

스타트업 창업자들은 종종 기술적 가능성에 착안해 제품 개발을 시작하는 실수를 범한다. '이 기술로 무엇을 만들 수 있을까?'라는 질문에서 출발하는 것이다. 그러나 더 효과적인 접근법은 '사람들이 어떤 문제를 겪고 있으며, 그 문제를 어떻게 해결할 수 있을까?'라는 질문에서 시작하는 것이다. 투자자 역시 문제에 대한 솔루션의 혁신성보다 명확하게 문제를 인식한 스타트업을 의외로 더 높게 평가한다.

상품과 서비스는 기업과 고객 사이의 신뢰를 구현하는 실체다. 소비자는 제품을 구매하기 전에, 제품이 약속한 가치를 기업이 실제로 전달할 것이라는 믿음이 있어야 한다. 따라서 초기 스타트업이 이러한 신뢰를 구축하는 것이 가장 큰 과제이다.

기존 기업은 오랜 기간에 걸쳐 구축한 브랜드와 신뢰를 바탕으로 작동한다. 소비자들은 도요타가 높은 품질의 자동차를 제공 할 것이라고 생각하며, 애플은 높은 품질의 스마트폰을 제공할 것이라고 믿는다. 하지만 스타트업은 이런 신뢰를 처음부터 구축해야 한다.

신뢰는 단순히 마케팅 메시지나 화려한 웹사이트로 만들어지지 않는다. 일관된 품질, 탁월한 고객 서비스, 투명한 커뮤니케이션, 약속 이행 능력 등 많은 요소가 복합적으로 작용한다. 초기 고객들의 긍정적인 경험과 추천은 더 넓은 시장에서 신뢰를 확산시키는 데 결정적 역할을 한다.

따라서 스타트업은 완벽한 제품을 개발하는 것에만 집중하는 것이 아니라, 고객의 신뢰를 구축하기 위한 전략이 필요하다. 구체적으로는 초기 고객에게 특별한 관심을 기울이고, 피드백을 적극적으로 반영하며, 고객과 투명하게 소통해야 한다. 제품에 문제가 발생했다면 이를 숨기지 말고, 솔직하게 인정하고 신속하게 해결해야 한다. 그 과정이 오히려 더 큰 신뢰를 만들 수 있다.

| 고객은 제품으로 자신의 정체성을 표현한다 |

현대 사회에서 상품과 서비스는 단순히 기능적인 도구를 넘어 사용자의 정체성을 표현하는 수단이 되었다. 사람들은 소비를 통해 자신

의 가치관을 드러낸다. 테슬라Tesla 차량을 구매한 사람은 단순히 교통수단의 기능을 한다는 이유만으로 그것을 선택한 것이 아닐 수 있다. 친환경 전기차라는 제품 특성에 맞게 '탈탄소·기후변화 대응' 등 환경에 대한 책임 의식을 가지고 윤리적인 실천을 하거나, 기술 혁신과 미래적인 브랜드 가치를 중시하는 자신의 가치관을 표현한 것이다. 파타고니아Patagonia의 옷을 입는 사람은 해양 폐플라스틱을 재활용한 원단 사용, 공정무역·기부 등 지속 가능 생산과 환경 보호 활동을 실천하는 브랜드 철학에 동참하고 있음을 보여주는 것이다. 에어비앤비를 이용하는 여행자는 단순한 숙박을 넘어 현지인 호스트와의 교류와 지역 문화·생활 경험을 중시하는 '현지 여행 경험'이라는 가치관에 따라 맞춤형 여행을 설계한다. 실제로 에어비앤비는 전 세계 650여 도시에서 지역 체험, 현지 활동 등 다양한 경험형 콘텐츠를 제공하며, 여행자가 지역 문화를 직접 체험할 수 있도록 운영하고 있다.

스타트업은 이러한 소비자의 정체성 표현 욕구를 이해하고 활용할 필요가 있다. 제품이 단순히 기능적 필요를 충족시키는 것을 넘어, 사용자가 자신의 가치관과 정체성을 표현하도록 돕는다면 고객 충성도와 브랜드 애착을 강하게 형성할 수 있다. 예컨대 친환경 세제를 판매하는 스타트업은 단순히 '더 깨끗하게 옷을 세탁해준다'라는 기능적 가치를 넘어, '당신은 환경을 생각하는 소비자'라는 정체성의 가치를 제공할 수 있다. 이러한 정체성 표현의 가치는 종종 기능적 가치보다 더 강력한 구매 동기가 된다.

| 고객에게 의미 있는 가치를 제공해 차별화하라 |

시장에는 이미 수많은 상품과 서비스가 존재한다. 따라서 스타트업의 제품이 기존 시장에서 고객에게 선택받으려면 명확한 차별화가 필요하다. 차별화는 기술적 우위, 사용자 경험 개선, 가격 경쟁력, 브랜드 가치, 접근성 향상 등 다양한 형태로 적용할 수 있다. 가장 중요한 것은 이러한 차별화가 고객에게 의미 있는 가치를 제공해야 한다는 점이다.

예를 들어 지메일Gmail은 출시 당시 무료로 1GB(기가바이트)의 저장 공간을 제공해, 당시 MB(메가바이트)가 일반적인 수준이던 기존의 이메일 서비스와 뚜렷이 구분되며 차별화에 성공했다. 스포티파이Spotify는 음악 스트리밍 편의성과 방대한 라이브러리로 기존의 음악 소비 방식을 변화시켰다. 에어비앤비는 개인 간 거래 플랫폼으로 숙박 산업의 패러다임을 전환했다. 이렇듯 차별화는 단순히 '다름'이 아니라 '의미 있는 다름'이어야 한다. 고객이 이 차이를 인식하고 가치를 체감할 수 있어야 차별화라고 부를 수 있다. 따라서 스타트업은 자신의 제품이 경쟁사와 어떻게 다른지, 그리고 그 차이가 고객에게 어떤 가치를 제공하는지 명확히 설명할 수 있어야 한다.

▮ 제품 개발의 원칙은 고객중심주의 ▮

제품 개발에서 가장 중요한 원칙은 고객 중심 설계다. 이는 제품이 기업의 기술적 역량이나 창업자의 비전을 반영하기보다, 고객의 실제 필요와 문제 해결에 초점을 맞춰야 한다는 것을 의미한다.

고객 중심 설계는 먼저 고객을 깊이 이해하는 것에서 시작한다. 이는 단순히 인구 통계학적 데이터를 수집하는 것을 넘어 고객의 일상, 목표, 좌절, 동기, 장벽 등을 폭넓게 이해하는 것을 의미한다. 이러한 이해를 바탕으로 제품의 기능, 인터페이스, 가격, 마케팅, 고객 서비스 등 제품의 전 과정이 설계되어야 한다.

성공적인 스타트업은 이러한 과정을 통해 고객의 니즈를 포착하고 니즈를 충족시키거나 문제를 해결할 수 있는 제품을 만든다. 2013년 미국의 스탠포드 대학생들이 설립한 배달 애플리케이션 도어대시Door Dash는 고객이 원하는 음식을 가장 빠르고 편리하게 받을 수 있도록 배달 과정의 모든 단계를 최적화하는 데 집중했다. 그 결과 폭발적인 반응을 얻었고, 미국 내에서 배달 애플리케이션 중 1위를 차지하고, 2020년 뉴욕증권거래소에 상장되어 현재 2만여 명의 임직원이 근무하는 회사가 되었다.

고객 중심 설계는 제품 개발 초기 단계뿐만 아니라 제품의 생애 주기 전반에 지속되어야 한다. 고객의 니즈는 시간에 따라 변한다. 성공적인 제품은 이러한 변화에 민첩하게 대응한다. 또한 장기적인 성공을 위해서는 확장성과 지속 가능성을 갖춰야 한다. 확장성은 더 많은 고객에게 제품을 제공하는 능력, 지속 가능성은 계속 가치를 창출하고 수익을 낼 수 있는 능력을 의미한다.

초기 스타트업은 종종 확장성을 고려하지 않고 제품을 설계해, 사용자 수가 증가하면서 기술과 운영에 있어 한계에 부딪히게 된다. 따라서 처음부터 확장 가능한 아키텍처와 프로세스를 설계해야 한다. 확장성은 기술뿐만 아니라 비즈니스 모델 측면에서도 고려되어야 한다. 초기 고객 확보 비용이 지나치게 높거나, 고객 유지가 어렵거나, 수익 모델이 약한 경우 장기적인 성공을 이루기 어렵다. 지속 가능성은 재무적 측면뿐만 아니라 환경·사회적 측면도 포함한다. 현대 소비자들은 기업의 환경 영향과 사회적 책임에 점점 더 큰 관심을 갖고 있다. 따라서 스타트업은 초기부터 이러한 가치를 제품과 비즈니스 모델에 통합할 필요가 있다.

앞서 언급한 파타고니아는 환경 보호와 지속 가능한 생산을 핵심 가치로 삼고, 이를 제품 개발부터 마케팅, 기업 문화까지 모든 측면에 반영하고 있다. 이러한 접근법은 패션 산업의 기존 관행과는 차별화되며, 환경 의식이 높은 소비자들에게 강력한 공감을 얻는다.

상품과 서비스의 본질적 가치는 궁극적으로 시장과의 적합성에서 실현된다. 아무리 혁신적이고 기술적으로 뛰어난 제품이라도 시장의 요구와 조화를 이루지 못하면 실패할 수밖에 없다. 제품-시장 적합성 Product-Market Fit, PMF은 제품이 시장의 니즈를 충족하고, 고객이 그 가치를 인식하며, 지속적인 성장을 이룰 수 있는 상태를 의미한다. 이는 스타트업이 반드시 도달해야 할 이정표다.

제품-시장 적합성에 도달했을 때는 몇 가지의 명확한 신호가 나타난다. 고객이 제품을 적극적으로 사용하고, 지인들에게 자발적으로 추천하며, 제품에 대한 열정적인 피드백을 제공한다. 또한 고객 이탈률이 낮아지고, 판매 주기가 짧아지며, 마케팅 효율성이 증가한다.

이에 반해, 제품-시장 적합성에 도달하지 못했을 때는 고객들이 제품에 무관심하거나, 사용을 중단하거나, 제품에 대한 부정적인 피드백을 제공한다. 이 경우 영업 과정이 길고 어려워지며, 마케팅에 많은 비용을 투자해도 결과가 좋지 않다. 제품-시장 적합성은 고정된 상태가 아니라 지속적으로 추구해야 하는 과정이다. 시장 환경과 고객 니즈는 계속 변화하므로, 제품도 이에 맞춰 진화해야 한다. 따라서 스타트업은 제품-시장 적합성에 도달해도 안주하지 말고, 계속해서 시장의 변화를 주시하고 제품을 개선해야 한다.

앞서 언급했듯 스타트업이 상품과 서비스의 본질을 깊이 이해하고 이에 집중할수록, 스타트업의 성공 가능성은 크게 높아진다. 이는 단순히 혁신적인 기술이나 화려한 마케팅을 넘어, 고객이 필요로 하는 진정한 가치를 창출하고 고객의 문제를 해결하는 데 초점을 맞추었기 때문이다. 과거 기술 기반 스타트업들이 '서비스를 위한 서비스', '솔루션이 필요 없는 문제'를 만들다가 시장에서 외면당한 사례가 적지 않다. 반면, 고객의 실제 필요에 초점을 맞추고 명확한 가치를 제공하는 스타트업은 지속적인 성장을 이룰 수 있었다.

새로운 기술과 플랫폼이 계속해서 등장하는 현대 시장에서, 스타트업이 제품의 본질에 집중하는 것은 그 어느 때보다 중요하다. 인공지능, 블록체인, 증강 현실 등 혁신적인 기술은 사람들의 이목을 집중시키지만, 그것만으로는 가치가 없다. 이 기술들이 실제로 사람들의 삶을 개선하고 문제를 해결할 수 있을 때, 비로소 가치를 갖는다.

따라서 스타트업 창업자와 리더들은 항상 상품과 서비스의 본질에 대한 질문을 스스로에게 던져야 한다.

"우리 제품은 어떤 문제를 해결하는가?"

"고객은 우리 제품에서 어떤 가치를 얻는가?""

"우리는 그 가치를 어떻게 지속적으로 제공할 수 있는가?"

이 질문에 명확히 답할 수 있을 때, 비로소 진정한 혁신과 지속 가능한 성장의 길이 열릴 것이다.

▎시장에서 지속적으로 경쟁 우위를 확보할 수 있는 차별화 요소 ▎

1. **고유한 가치**: 상품의 본질에는 경쟁사와 구별되는 독특한 가치가 포함되어야 한다. 애플의 아이폰의 경우 사용자 경험과 디자인에서 차별화된 가치를 제공한다.
2. **핵심 기능**: 상품이 가진 고유한 기능이나 특징으로 경쟁에서 우위를 차지할 수 있다. 다이슨Dyson 청소기는 미세먼지 문제가 대두된 시점에 강력한 먼지 흡입 기능으로 시장에서 돌풍을 일으켰다. 이와 같은 기능은 그 제품의 본질적 차별화 요소라 할 수 있다.
3. **브랜드 정체성**: 브랜드가 지닌 이미지나 표방하는 가치관도 상품의 본질적 가치의

일부가 된다. 예를 들어, 파타고니아의 환경 보호 철학은 그들의 의류 제품을 차별화하기도 한다.

4. **혁신성:** 지속적인 혁신 능력은 상품의 본질적 차별화 요소가 될 수 있다. 테슬라의 전기차는 기술 개발을 멈추지 않고 지속적인 기술 혁신으로 시장에서 우위를 유지하고 있다.

5. **고객 관계:** 상품과 연관된 고객 서비스나 관계 관리 방식도 본질적 차별화 요소가 될 수 있다.

아마존Amazon은 '고객 중심Customer Obsession' 철학을 바탕으로 상품과 서비스를 차별화한다. 아마존의 핵심 전략은 고객의 불만과 니즈를 선제적으로 파악해 이를 해결하는 혁신적 제품과 서비스, 즉 '워킹 백워드Working Backward' 방식을 실행한다는 점이다. 실제로 모든 신제품 개발과 서비스 개선이 고객의 경험, 피드백, 페인 포인트Pain Point(고객이 느끼는 문제점이나 불만)에서 출발하며, 고객에게 맞춤형 추천, 빠른 배송(로켓 배송, 프라임), 편리한 반품·환불 등 업계 최고 수준의 고객 경험을 제공한다. 알렉사와 같은 음성 기반 인공지능, 머신러닝을 활용한 제품 추천 시스템, 개인별 맞춤형 마케팅 등도 모두 고객 편의성과 만족을 극대화하기 위한 차별화 전략의 일환이다. 이러한 차별화 요소들은 단순히 부가적인 특징이 아니라, 핵심 가치와 정체성이 뚜렷한 상품을 구성하는 본질적인 부분이다. 상품의 핵심 가치와 정체성을 갖춘 기업은 시장에서 지속적인 경쟁 우위를 확보하고 유지할 수 있다.

# 고객이 제품의 가치를 인식하는 방법

우리는 보통 고객이 상품을 구매할 때 여러 변수가 작용한다고 생각한다. 그러나 실제로 제품을 구매하는 순간, 고객은 많은 조건을 고려하지 않고 비교적 단순하게 결정하는 경향이 있다. 홈쇼핑으로 판매되는 상품을 잠시 살펴보자.

가격, 기능, 비주얼, 브랜드, 프로모션 등 다양한 변수가 존재하지만, 고객이 실제 구매를 결정하는 요인은 대체로 가격, 프로모션, 비주얼 등의 세 가지로 압축되는 경우가 많다. 판매자 입장에서는 이 세 가지의 변수만 적절하게 소비자의 요구를 만족하면 된다고 볼 수 있는데, 여기서 매우 어려운 난관에 봉착하여 우선순위를 파악하지 못하는 경우가 종종 발생하기도 한다.

모든 상품에 있어 세 가지 변수의 우선순위가 동일하다면 매우 쉽게 판매 전략을 수립할 수 있겠지만, 상품별로 우선순위가 달라진다는 점이 판매 전략을 수립할 때 어렵고도 흥미로운 점이다.

예를 몇 가지 들어보자. '도깨비방망이'라는 핸드 블렌더는 무엇보다 비주얼이 매우 중요하다. 도깨비방망이를 이용해 실제로 음식을 만드는 것을 시연하고 요리책을 제공하는 이유가 여기에 있다. 다음은 프로모션이다. '오늘 구매한 고객에게는 특별히 밀폐 보관 용기 5종을 무료로 제공', '300만 대 판매 돌파 기념, 냄비 2종 세트 제공'과 같은 본품 외 추가로 제공되는 모든 것은 프로모션에 해당한다. 이는 강력한 유인책으로 작동한다. 마지막이 가격인데, 의외로 고객에게 가격은 상대적으로 민감도가 낮았다. 한때 99,000원이던 상품이 시장에서

49,800원까지 하락한 뒤, 매년 동일 상품을 1만 원씩 올려서 79,800원까지 인상했음에도 연간 판매 수량은 크게 변동이 없었던 경험을 한 적이 있다. 이처럼 주방 가전은 대개 제품 비주얼이 우선순위라고 볼 수 있다.

갈비 세트는 반대로 가격이 최우선 변수다. 주요 구매자인 주부의 경우 가격 변동에 매우 민감하고, 한우와 수입육의 차이, 대형 마트와 동네 정육점의 가격 수준을 대략적으로 숙지하고 있기 때문이다. 둘째는 프로모션이다. '오늘 구매하는 고객에게는 두 팩을 더 드립니다' 같은 조건이 붙으면 곧바로 주문으로 연결된다. 가족이 모여서 갈비를 맛있게 먹는 사진이나 영상 등의 비주얼은 주방 가전과 달리 구매 욕구를 별로 자극하지 못한다.

이제 온라인 및 오프라인으로 판매하는 상품을 살펴보자. 아버지와 아들이 양봉을 하는 브랜드 '꿀건달('꿀이 아주 건강하고 달콤하군'의 줄임말)'이 있다. 꿀은 시중에서 대체로 2.4kg짜리 유리병에 담겨 판매되며, 가격대는 35,000원~55,000원 수준이다. 반면 꿀건달은 패키지 디자인과 수분 함량 등을 강화한 프리미엄 꿀을 150g 용량에 15,300원으로 판매하며, 가치 소비 성향의 유통 채널에서 인기를 끌고 있다. 일반적으로 고객은 꿀이 정말 100% 천연 벌꿀인지 의심하는 경향이 있어 산지 직송 제품을 선호한다. 그런데 이 브랜드는 고급스러운 포장, 부자父子가 전국을 누비며 양봉을 한다는 스토리텔링으로 고객의 구매를 이끌어냈다. 그 결과 이 사례에서는 가격보다 비주얼(브랜딩, 패키징, 스토리텔링)이 강하게 작용했고, 가격은 후순위로 작용한다는 사실을 알 수 있다.

일반적인 판매되는 꿀제품과 꿀건달의 꿀제품

　　이번엔 포장 방법을 변경하여 성공한 사례를 살펴보자. 전통적인 들기름은 요리용으로 병입한 형태로 판매하는 것이 기본으로 여겨져 왔다. 그러나 많은 농가가 생 들기름을 생산과 동시에 스틱 형태로 포장하여 판매한 결과, 기존에 병으로 포장한 경우보다 매출이 오른 것을 알 수 있었다. 이는 모 대기업이 기존의 파우치 형태였던 홍삼 제품을 스틱 타입으로 변경하여 히트한 사례를 벤치마킹한 것이다. 그렇다면 포장 방법의 변경이 어떻게 소비자의 구매 욕구를 자극한 것일까?

　　들기름은 요리할 때만 사용하는 향신료라는 고정관념이 오랫동안 존재해왔다. 그 고정관념은 들기름의 포장 방법을 바꿈으로써 휴대하여 상시 음용할 수 있는 건강보조식품 개념으로 자연스럽게 전이되었다. 또한 오메가3가 풍부한 건강한 보조 식품이라는 가치를 부여함으로써 가격 저항도 피할 수 있었다.

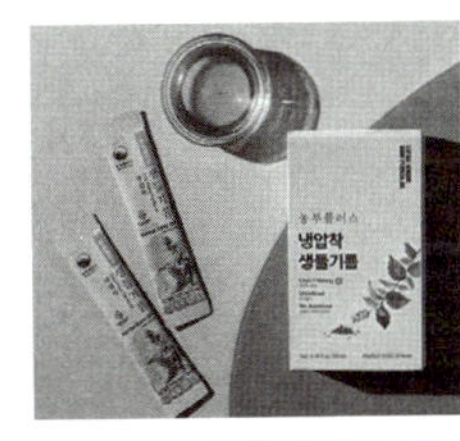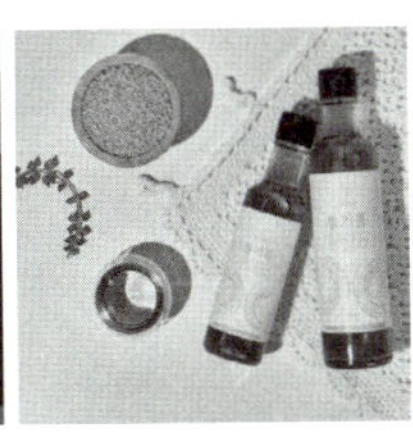

다양한 포장 방법을 적용한 들기름 제품

불과 10여 년 전만 하더라도 홈쇼핑을 포함한 주요 온라인 유통 채널에서는 10만 원 이하 가격대의 상품이 주류를 이루며 매출을 견인했다. 그러나 최근에는 30만 원 이상의 고가 상품이 주류를 이루고 있다.

홈쇼핑의 경우 40~80대 주부들이 쇼핑을 주도한다. 특히 급격한 고령화에 의해 탄생한 55~74세의 노인 인구층으로 구성된 GG Grand Generation 마켓의 등장으로, 막강한 경제력 및 디지털 감각을 갖춘 액티브 시니어가 소비를 주도하며 새로운 소비 주체로 떠오르고 있다. 이러한 점 등을 고려하여 연령대별 구매 패턴과 라이프 사이클 등을 면밀하게 조사하고 대응해야 하는 시대이다.

불과 몇 년 전까지만 하더라도 10만 원 이하의 상품은 '사다'라는 표현을 많이 사용했다. "나 오늘 도깨비방망이 하나 샀어"라고 하는 식이다. 반면 냉장고나 TV, 세탁기와 같은 고가의 가전제품은 '들여놓았다'라고 하는 식으로 달리 표현했다. 요즘은 "나 다이슨 청소기 한 대 샀어"라고 표현하기도 한다.

남편 혹은 아내의 동의를 구하여 구매한 경우에 주로 '들여놓다'라고 하고, 가족 구성원의 동의 없이 지출할 수 있는 금액의 물건을 구매할 경우 '샀다'라는 표현을 사용한다고 볼 수 있다. 어렵게 살던 시절에는 냉장고, 세탁기 등을 살 때 큰 마음을 먹고, 사기 위해 가족의 동의가 필요했지만 지금은 경제력 상승 등으로 인하여 남편 혹은 아내의 동의 없이 구매할 수 있는 물건의 금액대가 매우 상승했다는 것을 실감할 수 있다.

반면에 가격 전략을 수립하는 판매자 입장에서는 '사다', '들여놓다'라는 두 표현을 고려하여 가격 및 판매 전략을 세워야 한다. '사다'라는 표현을 할 때는 대체로 지불자와 사용자가 동일한 경우가 많지만,

'들여놓다'라는 표현을 할 때는 지불자와 사용자가 다르거나 사용자가 구매 결정에 영향을 미친다고 봐야 한다.

지불자와 사용자가 동일한 경우 한 사람만 만족할 만한 가격 및 프로모션 등 구매를 유도하기 위한 상품의 가치 등을 고려하면 된다. 반면에 지불자와 사용자가 다르거나 여러 명이 공동으로 사용하는 상품의 경우는 지불자와 사용자를 모두 만족시킬 수 있는 전략이 필요하다. 그러므로 신중을 기하여 훨씬 복잡한 전략을 구사해야 한다. 대체로 지불자가 만족할 만한 상품성을 갖추는 것이 유리하며, 사용자 혹은 지불 동의자는 가격에 매우 민감한 경우가 많은 편이다.

준거 가격과 고객 심리를 활용하라

"모든 시장에는 두 종류의 바보가 있다. 하나는 가격을 너무 높게 부르는 바보고, 다른 하나는 가격을 너무 낮게 부르는 바보다"라는 러시아 속담이 있다. 이 속담은 가격을 정하는 일의 중요성과 어려움을 단적으로 보여준다.

과도하게 높은 가격을 매겨 상품이 팔리지 않거나 지나치게 낮은 가격을 매겨 이익이 줄어드는 것을 최소화하려면 가격을 신중하게 책정해야 한다. 이를 위해 우선 준거 가격Reference Price을 이해하는 것이 출발점이다.

준거 가격은 고객이 어떤 상품이나 서비스의 가치를 판단할 때 기준으로 삼는 가격을 의미하며, 구매 의사 결정에 큰 영향을 미치는 심리적 요소이다. 이는 주로 과거의 유사 상품이나 서비스 구매 경험, 시장에 형성된 평균 가격, 판매자가 제시하는 가격 정보, 주변 사람들의 의견 등의 요인으로 형성된다. 고객은 구매하고자 하는 상품이나 서비스의 가격이 준거 가격보다 낮으면 '싸다', 준거 가격보다 높으면 '비싸다'라고 인식하게 된다.

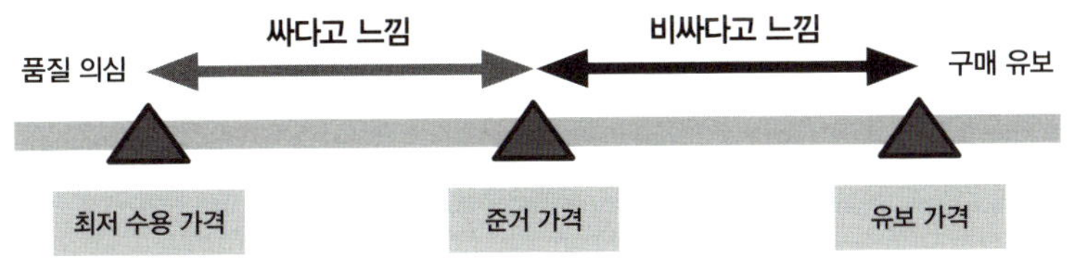

- **최저 수용 가격**: 소비자가 제품의 품질을 의심하지 않을 정도의 최소한의 가격
- **유보 가격**: 소비자가 특정 상품을 구매하기 위해 지불할 수 있는 최대 금액

준거 가격은 '내부 준거 가격internal reference price'과 '외부 준거 가격external reference price'으로 나뉜다. 내부 준거 가격은 소비자가 상품이나 서비스의 가격을 평가할 때 마음속에 가지고 있는 기준 가격, 외부 준거 가격은 판매자가 판매를 촉진하기 위해 제시하는 이전 가격표를 말한다. 예를 들면 한 청바지에 현재 가격 49,000원과 이전 가격 99,000원을 동시에 표기하면 고객은 '원래 99,000원에 팔리던 청바지니까 오늘 사면 5만 원을 절약할 수 있다'라는 사실에만 집중하게 된다.

홈쇼핑에서 '백화점에서 비싸게 팔고 있는 상품을 오늘은 주말 특가로 엄청나게 할인해 판매한다'라고 광고하는 경우를 흔히 볼 수 있다. 소비자로 하여금 '내가 이렇게 싼 가격에 이 상품을 살 수 있구나!' 하는 인식을 하게 해 구매를 유도하는 예이다. 이는 전형적인 외부 준거 가격 설정을 통한 판매 전략이 효과를 거둔 것이다.

준거 가격은 제조업체의 가격 결정에 상당한 영향을 미치므로 매우 심도 있게 검토해야 한다. 다음은 미국의 한 운동화 제조 업체가 실시한 조사 결과다. 109달러 운동화와 179달러 운동화 두 켤레를 제시했을 때, 109달러 운동화를 선택한 사람이 57%, 179달러 운동화를 선택한 사람은 43%로 나타났다.

반면에 199달러, 179달러, 109달러의 운동화 세 켤레를 제시하자 매우 흥미로운 결과가 나타났다. 60%의 고객이 179달러 운동화를 선택했고, 199달러 운동화를 고른 비율도 13%에 달했다. 그러나 109달러 운동화를 선택한 사람은 57%에서 27%로 급감했다.

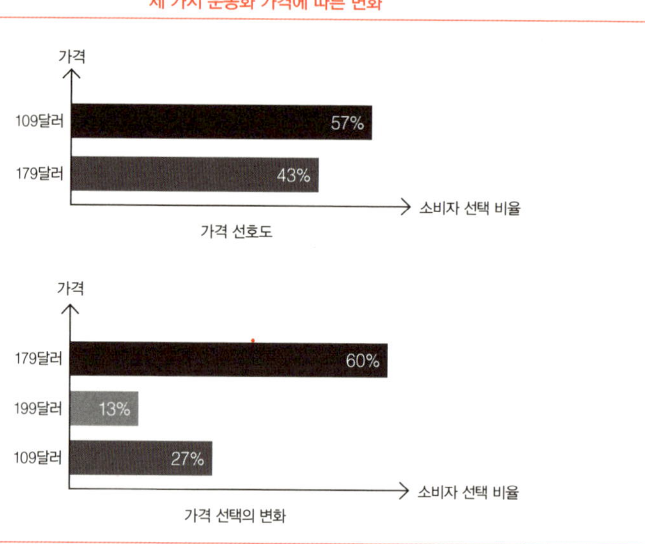

이 사례는 준거 가격이 왜 중요한지를 잘 보여준다. 같은 상품의 가격대를 다양화한 후 더 높은 가격의 상품을 끼워 넣으면, 사람들은 실제로는 저렴하지 않은 중간 가격대의 상품이 상대적으로 싸다는 착각에 빠진다. 이것이 준거 가격의 효과다.

스타트업이 준거 가격을 조사하는 방법은 여러 가지가 있지만, 가장 간단한 방법은 설문조사를 통해 소비자의 가격 인식과 준거 가격을 파악하는 것이다. 여러 가격대의 판매 예정 제품을 제시하고, 소비자가 가장 합리적이라고 생각하는 가격을 선택하게 하는 것이 방법이다. 예를 들면 9,900원, 13,900원, 17,900원과 같은 다양한 가격을 선택지로 제시하고, 설문조사를 통해 선택 비율을 조사하는 것이다. 설문조사의 장점은 많은 데이터를 수집할 수 있고, 고객의 심리를 직접적으로 파악할 수 있다는 점이다.

심리학적 접근법을 활용해 준거 가격을 파악하는 방법도 많이 사용되고 있다. 이는 직접 질문을 주관식으로 묻는 방법이다.

1. 너무 비싸서 구매하지 않을 가격은?
2. 너무 싸서 품질이 의심되는 가격은?
3. 적당하다고 느끼는 가격대에서 최저 가격은?
4. 적당하다고 느끼는 가격대에서 최고 가격은?

이 방법은 소비자가 느끼는 공정한 가격대를 구체적으로 확인이 가능하나, 상·하한의 폭이 과도하게 커지는 것을 방지하기 위해 가격 예시 범위를 함께 제시할 수도 있다.

준거 가격을 조사할 때 주의할 점은 자사 상품을 살 가능성이 있는 잠재고객을 기준으로 설계해야 한다는 것이다. 연령대, 성별, 소득 수준, 구매 목적 등의 다양한 고객 세그먼트[*]를 고려하여 조사를 설계해야 하며, 조사 환경(온라인 및 오프라인)과 함께 절대적인 금액보다 상대적인 차이에 민감한 고객의 심리(할인된 현재 가격 49,000원과 이전 가격 99,000원을 함께 제시)에 유의해야 효과적인 결과를 얻을 수 있다.

[*] 고객 세그먼트 고객을 유사한 특성·성향·가치에 따라 나눈 집단을 의미한다. 이 집단은 연령, 성별과 같은 인구 통계뿐만 아니라 구매 행동, 라이프스타일 등 다양한 기준에 따라 구분하며, 각 세그먼트별로 맞춤형 마케팅 전략을 세우는 데 활용한다. 이를 통해 기업은 고객의 다양한 요구와 선호를 더 잘 이해하고, 효과적이고 효율적인 마케팅 활동을 수행할 수 있다.

Payer와 User를 구분하라

개발한 제품을 판매하다 보면 지불자Payer와 사용자User가 구분되어 있는 경우가 꽤 있다. 돈을 직접 내는 구매 권한이 있으나 제품을 사용하지 않는 지불자, 구매 권한은 없으나 제품을 사용하는 사용자, 그리고 지불자이자 사용자인 경우로 나뉜다. 각 주체에 따라 의사 결정 기준이 다르므로, 구매로 이어지기 위해서는 가격과 세일즈 전략을 구분해 설계하는 것이 중요하다.

우선 지불자 대상의 전략은 명확한 가치 제안과 투명한 투자수익률Return On Investment, ROI을 효과적으로 전달하는 것이 핵심이다. 지불자는 구매를 결정할 때 투자 대비 얻는 이익이 얼마나 되는지를 가장 중요하게 고려하기 때문이다. 예를 들어 '이 솔루션을 구매하면 연간 운영비 ○○%를 절감하고, 추가 수익을 ○○% 창출할 수 있다'처럼 명확한 수치와 근거를 제시하는 것이 설득에 효과적이다.

지불자와 사용자가 분리된 대표적인 사례인 영유아 제품 역시 지불자인 부모가 상품의 가치를 체감할 수 있도록 설명할 수 있어야 한다. 어린이용 사과 주스를 예로 들어보자. '저희가 만든 사과 주스는 저온 압착 방식으로 영양소 파괴를 최소화하고, 최상품 사과만을 사용하여 착즙했습니다. 하루 한 봉지만으로도 아이에게 충분한 영양소를 공급할 수 있습니다'와 같은 문구를 통해 부모의 구매 욕구를 자극하는 것이 효과적이다. 영유아 대상 상품에서는 좋은 재료를 사용했다는 점, 프리미엄 브랜드 이미지를 강조하는 것이 중요하며 고급스러운 패키지 디자인과 신뢰할 수 있는 각종 인증(유기농, HACCP 등)을 활용하여 안전한 식품이라는 인식을 심어야 한다. 다양한 가격 계층화(기본 제품, 프리미엄 제품, 구독 모델)를 통하여 선택의 폭을 넓혀주는 노력과 무료 샘플 등의 프로모션 전략을 함께 구사하는 것이 효과적이다.

또한 구독 가격 전략으로 가격 모델을 만들어 초기 비용 부담을 줄이고 지속적인 매출을 창출하면서 월 단위, 분기 단위, 연 단위 등으로 결제의 옵션을 제공하여 고객을 락인*Lock-In해야 한다. 또한 파트너십을 강조하고 지속적인 지원과 업데이트로 장기적으로 비용을 더욱 절감할 수 있는 상품임을 부각할 필요가 있다. 기업은 여러 사용자를 포함한 패키지 등을 제공하여 지불자의 비용 효율성을 강조하기 위한 번들링 및 볼륨 할인Bundling and Volume Discounts 등의 정책도 같이 사용하면 효과적이다. 예를 들면 '10명 이상 사용자부터는 30% 할인'과 같은 볼륨 기반 가격을 제시하면 좋다.

반면 사용자 대상의 가격 전략은 무료 체험을 늘려 상품을 먼저 경험하게 해 사용자의 만족도를 극대화해야 한다. 이를 위한 가격 전략은 사용한 만큼만 비용을 지불하는 사용량 기반 요금제로, 사용자의 경험과 니즈를 우선시하는 방향으로 가격 전략을 수립해야 한다.

결국 사용자에게 사용 경험을 통해 지불자가 느끼는 경제적 가치를 증명하는 것이 중요하다. 이를 통해 지불자는 투자 대비 효과를, 사용자는 만족스러운 경험을 얻게 되는 윈-윈win-win 전략이 이상적이다.

지불자와 사용자가 특이한 형태로 구분되어 있는 사례로는 듀오링고Duolingo가 있다. 초기 사용자는 무료로 서비스를 이용하고, 기업이나 기관이 의뢰한 번역 서비스에 비용을 지불하는 독특한 형태의 가격 전략으로 성공한 기업이다.

---

* 락인　고객이 다른 제품을 선택하기 어렵게 만드는 전략을 의미한다.

듀오링고는 초기에 CNN과 BuzzFeed와의 파트너십을 통하여 수익을 창출했다. 앱을 사용하는 여러 학습자들이 의뢰받은 콘텐츠를 번역하고, 듀오링고 알고리즘이 이를 서로 비교하여 최종본을 파트너사에 제공하는 B2B 번역 수익 모델을 활용한 것이다. 이 방법은 사용자에게 무료로 영어를 배울 수 있도록 하였고, 결과적으로 듀오링고는 엄청난 수의 회원을 단기간에 유치하는 데 성공했다. 이후에는 유료 사용자와 무료 사용자를 구분하여 광고와 프리미엄 구독을 결합한 하이브리드 모델로 전환하여 성장을 거듭하고 있다.

듀오링고 사용자가 번역할 수 있는 온라인 콘텐츠 유형의 예

내 상품을 구매할 잠재고객 발굴하기

스타트업 성공의 핵심은 제품과 완벽하게 조화를 이루는 고객을 찾는 데 있다. 밤낮으로 정성을 들여 개발한 제품이 진정한 가치를 발휘하려면, 그 제품의 가치를 온전히 이해하고 누릴 수 있는 이상적인 고객층을 발굴해야 한다. 이는 단기적인 매출 증대뿐 아니라 지속 가능한 성장과 강력한 브랜드 충성도를 구축하는 근본적인 토대가 된다. 퍼즐 조각처럼 완벽하게 맞아떨어지는 이상적인 고객을 발견해 그 고객을 사로잡을 체계적인 방법에 대해 살펴보자.

| 고객 발굴을 위한 자기 이해와 제품 DNA 분석 |

고객을 성공적으로 발굴하기 위해서는, 역설적으로 자기 이해가 선행돼야 한다. 고객을 찾기 전에 내가 무엇을 팔고 있는지, 내가 파는 상품의 본질과 핵심 가치가 무엇인지 먼저 정확히 규정해야 한다. 이 가치를 깊이 분석하는 과정이 곧 자기 이해의 출발점이다.

제품의 본질을 안다는 것은 단순히 기능과 스펙을 알고 나열하는 것이 아니다. 해당 제품이 고객의 일상에 어떤 실질적인 변화를 만들고, 어떤 문제를 어떻게 해결하는지 한 문장으로 압축해 핵심 가치로 정의해야 한다. 이는 제품을 설명하는 것이 아니라 고객의 삶에 미치는 영향을 기준으로 정리하는 작업이다.

경쟁 상품과의 차별점 분석도 필수적이다. 유사한 물건이 넘치는 시장 속에서 내가 파는 상품의 독보적인 가치, 즉 '킬러 콘텐츠'를 명확히 인지하고, 이를 고객에게 알려야 한다. 이것이 바로 잠재고객이 당신의 제품을 선택해야 하는 결정적인 이유가 된다.

이러한 분석을 바탕으로 핵심 타깃 고객의 '이상형'을 설정한다. 제품의 가치를 가장 크게 느끼고 만족할 수 있는 이상적인 고객은 어떤 특성을 가졌는지 구체적으로 그리는 것이다. 이들의 니즈, 가치관, 라이프스타일, 구매 동기 등을 상세히 정의하면 마케팅 전략, 가격 전략의 방향성이 선명해진다.

| 가상의 인물에 생명을 불어넣는 페르소나 심층 설계 |

핵심 타깃 고객의 이상형을 설정했다면, 이제 이 추상적인 개념에 구체적으로 생명력을 불어넣는 작업이 필요하다. 바로 페르소나Persona 설계다. 마치 소설 속 인물을 창조하듯, 이름부터 나이, 성별, 연령, 직업, 취미, 소득 수준, 관심사, 정보 습득 채널, 온라인 활동 패턴까지 핵심 정보를 세밀하게 구축하는 과정이다.

페르소나는 데이터를 기반으로 구체화하는 것이 중요하다. 실제 고객 데이터, 시장 조사 결과, 경쟁사 고객 분석 등 객관적 자료를 활용해 페르소나의 현실성을 높여야 한다. 상상이 아닌, 시장 관찰과 조사를 반영한 페르소나가 효과적인 마케팅 전략의 기반이 된다.

페르소나가 가진 '고충'에 공감하는 과정도 필수적이다. 그들이 일상에서 겪는 어려움과 문제점을 깊이 이해하고, 당신의 제품이 그 고충을 어떻게 해결할 수 있는지 명확히 연결 지어야 한다. 이는 제품의 가치를 문제 해결사로 부각시키는 핵심 단계다.

또한 페르소나의 '욕망'을 이해하는 것도 중요하다. 표면적인 니즈를 넘어 그들이 궁극적으로 추구하는 가치와 목표를 파악하고, 제품이 이러한 심층적 욕망을 어떻게 충족할 수 있는지 연결고리를 만들어야 한다.

| 흔적을 따라 발견하는 잠재고객 여정 분석 |

이상적인 페르소나를 설정했다면, 이제 실제 세계에서 그들을 찾아내는 작업이 필요하다. 잠재고객은 온오프라인 공간 곳곳에 다양한 흔적을 남긴다. 이를 체계적으로 추적하면 그들이 모여 있는 '황금 어장'을 발견할 수 있다.

온라인 활동 분석은 디지털 시대의 필수 전략이다. 소셜미디어 플랫폼 활용 패턴과 선호하는 콘텐츠 유형을 분석하고, 관련 해시태그와 관심 그룹을 통해 잠재고객을 식별한다. 온라인 커뮤니티와 포럼에서 그들이 나누는 대화, 공유하는 정보, 작성하는 질문들을 모니터링하여 니즈와 관심사를 파악한다.

검색엔진 키워드 분석도 유용한 통찰을 제공한다. 잠재고객이 어떤 키워드로 정보를 검색하는지 추적해 그들의 의도와 니즈를 예측하고, 이에 맞춘 콘텐츠 전략을 수립할 수 있다. 경쟁사 분석을 통한 간접적 정보 수집도 효과적이다. 경쟁사의 고객층과 그들이 활동하는 채널을 분석하면 이와 유사한 잠재고객층에 대한 이해를 넓힐 수 있다.

물론 오프라인 활동 분석도 소홀하면 안 된다. 관련 산업 행사 및 전시회 참가자, 특정 지역이나 상권의 인구층을 관찰하고 분석하면 디지털 공간에서 포착하기 어려운 잠재고객의 특성을 보완할 수 있다. 유사 고객층을 보유한 비경쟁 기업이나 단체와의 파트너십을 통해 새로운 잠재고객에게 접근할 기회를 만드는 것도 효과적이다.

| 맞춤형 메시지로 공감대를 형성하는 가치 소통 전략 |

잠재고객을 식별했다면, 이제 그들의 마음을 움직일 맞춤형 메시지를 개발해야 한다. 핵심은 일방적인 제품 홍보가 아니라, 그들의 언어로 소통하고 그들의 니즈와 가치관에 부합하는 메시지를 전달하는 것이다. 이를 위해서는 페르소나 기반 콘텐츠 제작이 효과적이다. 각 페르소나의 특성과 관심사를 고려해 블로그 포스트나 소셜미디어 게시물 업데이트, 이메일 캠페인이나 영상 제작 등을 하여 잠재고객과 자연스러운 공감대를 형성한다.

메시지의 형식, 내용, 톤 앤 매너까지 타깃 페르소나에 맞춰 최적화하면 소통 효과를 극대화할 수 있다. 특히 문제 해결 중심의 메시지를 강조하는 것이 중요하다. 앞서 언급했듯 제품의 기능을 나열하기보다 잠재고객의 어떤 고충을 어떻게 해결할 수 있는지 명확하게 제시해 문제 해결사의 가치를 부각시키는 것이 좋다. 아울러 감성적 연결고리를 만드는 전략도 효과적이다. 제품이 가져올 감정적 경험과 라이프스타일의 변화를 함께 제시하면 더 깊은 공감을 이끌어낼 수 있다.

마지막으로 신뢰를 뒷받침할 콘텐츠는 필수적이다. 실제 고객 후기, 성공 사례, 전문가 인터뷰 등 제품의 효과와 가치에 대한 객관적 증거를 제시해 잠재고객의 의사 결정을 도와야 한다.

| 일회성 구매를 넘어 진정한 팬으로 발전시키는 관계 관리 |

잠재고객을 발굴해 제품 구매로까지 연결했다면, 이제 그들을 단순한 고객이 아닌 브랜드의 열렬한 지지자로 발전시키는 노력이 필요하다. 이러한 장기적 관계는 지속적인 소통과 꾸준한 가치 제공으로 형성할 수 있다. 이를 위해 우선 체계적인 고객 관계 관리Customer

Relationship Management, CRM 시스템을 구축해 고객 정보를 체계적으로 관리하고, 개인별 구매 이력과 선호도에 기반한 맞춤형 커뮤니케이션을 실행한다. 고객으로 하여금 자신이 특별한 존재로 대우받고 있다고 느끼게 하는 경험이 핵심이다.

지속적인 피드백 수집과 반영도 필수적이다. 고객의 의견을 적극적으로 수렴해 제품 개선에 이를 반영하면, 고객은 브랜드 발전에 기여하고 있다는 소속감을 갖게 된다. 또한 커뮤니티 형성을 통한 소속감 부여도 효과적인 전략이다. 고객들이 정보와 경험을 서로 공유하며 소통하는 커뮤니티를 운영하면, 브랜드를 중심으로 유대감과 문화를 형성할 수 있다. 이는 곧 재구매, 다른 잠재고객에게 제품을 추천하는 행위로도 이어진다.

충성고객에게 차별화된 혜택을 제공하는 것도 중요하다. 특별 할인, 얼리 액세스, 독점 이벤트 초대, 맞춤형 정보 제공 등으로 관계의 가치를 체감시키는 것이다. 이러한 전략적 접근은 충성고객으로 하여금 일회성 구매를 하는 단순한 구매자가 아니라 브랜드의 진정한 팬으로 발전시킬 수 있다. 관계 구축은 단기간에 되지 않으며 꾸준한 노력과 개선이 필요하다. 이렇게 형성된 견고한 고객층은 브랜드가 지속 가능한 성장을 하도록 돕고, 시장에서 경쟁 우위를 확보할 수 있는 핵심 자산이 될 것이다.

끊임없는 탐색과 진심 어린 소통으로 내 상품과 완벽하게 맞는 잠재고객을 찾는 여정은 인내와 노력을 요구한다. 그러나 그 결실은 스타트업에게 지속 가능한 성장과 강력한 브랜드 자산이라는 값진 선물을 안겨줄 것이다. 가격 전략 관련 내용에서도 다룰 백로앙금 사례를 적용해, 잠재고객을 찾고 관계를 확장하는 과정을 구체적으로 살펴보자.

| 녹차 단팥 앙금 스프레드의 잠재고객 발굴 및 접근 전략 |

'녹차 단팥 앙금 스프레드'와 같은 특색 있는 제품을 개발한 스타트업 '백로앙금'이 판로를 넓히기 위해서는, 잠재고객을 정확히 정의하고 해당 채널에 효과적으로 접근하는 전략이 필요하다. 아래는 실전 중심의 단계별 전략이다.

1단계: 상품의 특성 및 핵심 가치 분석

- **제품 특장**: 전통 팥 앙금에 녹차를 더한 독특하고 새로운 맛의 조합, 빵·과자에 바르는 스프레드 형태, 튜브형 용기로 더한 사용 편리성, 고급스러운 선물용 패키지.
- **핵심 가치**: 전통과 현대의 조화, 새로운 미식 경험, 간편하고 고급스러운 디저트, 선물로서 높은 적합성.

2단계: 잠재고객 페르소나 설정

- **페르소나 1 '김세련'(20대 후반~30대 초반, 직장인, 여성)**
  - **특징**: 트렌디한 디저트 및 브런치 선호, SNS 사용 활발, 맛집 및 음식 신제품, 건강, 미용에 관심이 높음.
  - **관심사**: 인스타그램 감성 카페, 브런치 맛집, 녹차 디저트, 홈카페, 선물 추천.
- **페르소나 2 '박지영'(30대 중반~40대 초반, 주부, 여성)**
  - **특징**: 가족을 위한 건강하고 맛있는 간식 중시, 홈베이킹 즐김, 선물 수요 많음.
  - **관심사**: 홈베이킹, 건강 간식 레시피, 아이 간식, 부모님·집들이 선물.

- 페르소나 3 '최민준'(20대 초반, 대학생, 남성)

  - 특징: 신제품 및 이색 디저트 경험 선호. 친구들과 함께 카페 방문 잦음.
  - 관심사: 이색 카페, 디저트 맛집, 인스타그램 핫플, 친구 선물.

3단계: 잠재고객과의 접점 찾기

- 온라인

  - 인스타그램·페이스북: 감성적인 사진, 숏폼 영상 콘텐츠 활용. 젊은 연령대층 공략. 홈카페·브런치·디저트 관련 해시태그 활용.
  - 블로그·카페: 제품 소개, 활용 레시피, 맛 평가 등 심층 정보 제공.
  - 유튜브: 제품 소개, 먹방, 홈카페 레시피, 영상 업로드.
  - 온라인 마켓: 트렌디한 디저트를 판매하는 온라인 마켓에 입점.

- 오프라인

  - 디저트 카페: 녹차 디저트 전문 카페와 협업 메뉴 개발 및 제품 판매.
  - 베이커리: 베이커리에 페어링 제안, 제품 매대 입점.
  - 백화점 및 마트: 프리미엄 식품관(백화점, 마트) 입점.
  - 팝업 스토어: 젊은 연령대의 유동 인구가 많은 상권에서 팝업 스토어 운영으로 제품 체험·홍보·판매 동시 유도.
  - 선물 세트: 회사 창립 기념일 선물 혹은 은행 등에서 나눠주는 판촉 상품, 설·추석 등 명절 시즌 선물 세트 기획 및 판매.
  - 박람회·트레이드쇼 참가: 국내외 식품·디저트·베이커리·건강 식품 분야 박람회 참가. 바이어, 유통사, 카페·베이커리 오너, 수입 업체와 직접 네트워킹으로 바이어 발굴.

4단계: 맞춤형 마케팅 전략

- SNS 마케팅: 인스타그램, 페이스북 등의 SNS에 비주얼 중심 게시물로 20~30대 공략, 감성적 디자인 및 트렌디한 분위기를 연출.

- 인플루언서 협업: 맛집, 디저트, 홈카페 영역 인플루언서와 협업하여 제품 홍보.

- 콘텐츠 마케팅: 블로그와 유튜브에 제품 소개, 활용 팁, 레시피 팁 유용한 정보 연재.

- 체험단 운영: 자사 매장(키노앙 돼지팥빙수)에서 제품을 직접 체험해볼 수 있는 기회 제공, 입소문 효과 노림.

- 이벤트 및 프로모션: 신제품 출시 기념, 시즌 행사, 세트 할인 행사 등으로 고객 유입 유도.

최근 팥 앙금 및 견과류 스프레드 시장은 건강과 웰니스, 비건·다이어트 트렌드에 따라 변화하고 있다. 이에 따라 저지방, 천연, 클린 라벨, 무첨가, 저당 제품을 선호하는 소비자들이 중요한 잠재고객으로 부상했다. 특히 팥 앙금은 전통적인 아시아 디저트를 넘어 서구식 페이스트리, 아이스크림, 음료 등 다양한 퓨전 메뉴에 활용되며 인기가 높아지고 있다. 국내 대형 베이커리 브랜드인 파리바게뜨와 뚜레쥬르의 판매 1위 상품이 단팥빵이라는 점은 시사하는 바가 크다. 인도네시아, 베트남 등 동남아 시장에서도 단팥빵이 큰 인기를 끌고 있다는 사실은, 해외 시장에도 단팥 제품에 대한 강력한 잠재고객층이 포진되어 있다는 방증이라고 생각된다.

백로앙금의 녹차 단팥 앙금 스프레드는 건강, 웰빙, 퓨전 디저트 트렌드에 힘입어 성장할 잠재력이 충분하다. 잠재고객은 건강식에 민감한 소비자, 디저트·카페 업계, 온라인 식품 구매자, 식품 유통사 등 다양한 채널에 분포해 있다. 이에 따라 박람회 참가, 온라인 플랫폼 활용, B2B 영업, 커뮤니티 마케팅 등 다각적인 접근이 필수적이다. 이러한 전략과 함께 시장 세분화, 제품 차별화, 네트워크 확장, 빠른 피드백 반영을 병행하면 판로 개척을 성공적으로 해낼 수 있다.

이제 다른 스타트업 사례를 함께 살펴보자. 경주시에 소재한 (주)모이식품은 동충하초 분말 제품을 개발하여 미국 시장에서 먼저 좋은 반응을 얻고 있다. 이러한 성과를 발판 삼아, 국내 시장에 진입해 판로를 개척하기 위한 잠재고객 발굴 방법과 접근 전략을 살펴보자.

'금관 코디셉플러스'와 같은 건강기능식품은 잠재고객의 건강에 대한 니즈와 제품에 대한 신뢰성이 핵심이다. 따라서 그에 맞는 단계별 전략이 필요하다.

1단계: 상품의 특성 및 핵심 가치 분석

- **성분 및 원료**: 코디셉스 밀리타리스 버섯 분말. 한국식품과학원에서 개발한 검은보리에서 재배한 100% 유기농 동충하초 사용. 1Kg당 코디세핀 2000mg 함유.
- **인증**: 친환경 특허 생산 방식을 기반으로 한국과 미국에서 유기농 인증을 받고(국내 최초 US Organic 인증, 비건) EAC·FSSC·ISO 22000 등 국내외 주요 품질·안전 인증 획득.
- **형태 및 섭취**: 가루(분말) 형태라 커피, 요거트, 스무디, 샐러드 등에 섞어 섭취하기 편하고, 쌀에 첨가하여 밥으로 섭취 가능.
- **기능성**: 면역력 강화, 피로 및 스트레스 완화, 에너지 부스팅, AMPK 효소 활성화, 항산화·항염, 탄수화물 대사 조절, 인슐린 감수성 개선 효과.
  - 핵심 가치: '최고 수준의 안전성(USDA 유기농)'과 '활력 및 에너지 증진'을 동시에 제공하는 프리미엄 건강 보조제임.

2단계: 잠재고객 페르소나 설정

- 페르소나 1 '이효율'(30대 후반~40대 초반, 남성)
  - 특징: 고강도 업무와 스트레스로 만성 피로를 느끼는 직장인. 건강 관리를

위해 투자할 의향이 높지만, 효율적이고 간편한 섭취를 선호. 유기농 제품을 선호하고 과학적 근거를 중시.

- **관심사**: 면역력 강화, 스트레스 관리, 에너지 부스트, 간편한 건강 루틴, 기능성 원료(AMPK).

○ **페르소나 2 '김웰빙'(50대 이상, 주부 및 은퇴자, 여성)**

- **특징**: 가족의 건강(특히 배우자나 부모님)과 자신의 노화 관리에 관심이 많음. 전통적인 '보약' 이미지와 현대적인 '인증'을 동시에 충족하는 제품을 선호.
- **관심사**: 항산화, 면역 체계 강화, 갱년기 건강, 수면의 질, 선물용 건강식품, 100% 국내산 원료.

○ **페르소나 3 '전진현'(20대 후반~30대 초반, 여성)**

- **특징**: 비건 또는 채식 지향. 식단 관리에 철저하며, 클린 라벨과 지속 가능한 원료(USDA 유기농, 비건 인증)를 최우선으로 고려. 분말 형태의 제품을 스무디나 식단에 활용.
- **관심사**: 비건 인증 식품, 식물성 단백질 보충, 친환경 제품, 운동 후 에너지 회복.

3단계: 잠재고객과의 접점 찾기

○ **온라인**

- **이커머스**: 아마존 등 글로벌 마켓에서 'USDA Organic', 'Vegan', 'Cordyceps' 등의 키워드로 광고 및 검색엔진 최적화(Search Engine Optimization, SEO). 국내에서는 고급 건강식품 전문 몰 입점.
- **SNS**: '#면역력', '#에너지부스트', '#비건단백질' 등의 해시태그로 제품 활용 레시피 및 제품 효과를 보여주는 비포 앤드 애프터 콘텐츠 게시.
- **블로그·카페**: '만성피로 탈출법', '갱년기 활력 관리' 등 니즈 중심의 심층 정보 제공.

○ **오프라인**

- **백화점**: 백화점 건강식품 코너, 유기농/친환경 식재료 전문 매장(자연드림 등) 입점.
- **건강·웰빙 박람회 참가**: 국내외 건강기능식품 박람회에 참가하여 바이어 및 최종 소비자에게 고급 원료를 사용했으며 각종 인증을 받은 제품이라는 점 강조.
- **요가 및 피트니스 센터**: 운동 후 에너지 회복을 위한 간편 섭취 샘플링 및 판매 협력.
- **고급 카페 및 주스바**: 스무디, 라떼 등의 음료 메뉴에 동충하초 분말을 추가하는 B2B 협력 제안.

이 제품의 잠재고객은 건강과 활력에 대한 명확한 니즈를 가지며, 신뢰할 수 있는 인증에 민감하게 반응하는 특징을 가지고 있다. 이러한 잠재고객과의 접점을 찾기 위해서는 제품의 프리미엄 인증 및 활력을 주는 기능을 지녔다는 점에 집중해야 한다. 맞춤형 마케팅 전략으로 신뢰성(인증)과 기능성(활력)을 스토리텔링의 핵심으로 활용해야 한다.

국내에서 동충하초는 코디세핀 함량의 일관성 유지와 시장 확대를 위한 상품력의 안정성 측면에서 재배하기 까다로운 작물이다. 끊임없는 도전과 실패를 극복하고 고함량의 코디세핀 함유율 유지 및 품질의 안정화를 이룬 점은 고객에게 매우 유의미한 가치를 제공해줄 수 있을 것이다.

또 다른 상품 한 가지를 예로 들어보자.

혁신적인 LED 음파 진동 칫솔을 개발한 (주)뷰화 스타트업의 잠재고객 탐색은 단순히 '모든 칫솔 사용자'가 아니라, 제품의 차별화된 가치를 이해하고 이를 필요로 하는 특정 그룹을 정조준하는 과정이 되어야 한다. 이 스타트업이 어떻게 잠재고객을 찾아 성공적인 판로를 개척할 수 있을지, 단계별 전략을 구체적으로 살펴보자.

이 스타트업은 자사의 LED 음파 진동 칫솔이 일반 칫솔과 비교하여 어떤 핵심 가치를 고객에게 제공하는지 명확히 분석해야 한다.

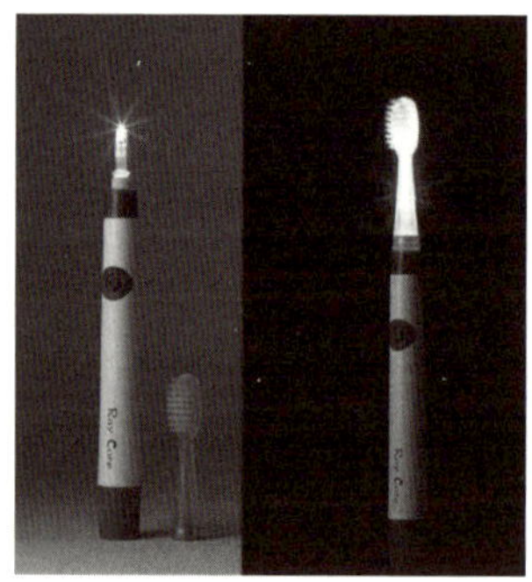

1단계: 상품의 특성 및 핵심 가치 분석

- **제품 특징(기술적 우위):** 특허 기술 기반의 음파 진동 방식으로 뛰어난 플라크 제거 성능, 적색·청색 LED 기능으로 잇몸 질환 예방뿐만 아니라 치아 미백 및 구취 감소 효과, 섬세한 세정력, 간단한 조작과 USB-C 타입 충전식 배터리가 내장 방식으로 사용 편의성.
- **핵심 가치:** 전문적 구강 관리 효과와 일상 속 편리함을 동시에 제공하는 고기능성 구강 케어 솔루션.

2단계: 잠재고객 페르소나 설정

- 페르소나 1 '김민지'(30대 초반, 직장인, 여성)
  - 특징: 자기 관리에 철저, 치과 방문이 잦음, 온라인 정보 탐색에 능숙, 프리

미엄 구강 관리 제품에 투자 의향 있음.

- **고충**: 반복되는 잇몸 염증, 일반 칫솔의 세정력에 불만, 치과 치료 비용에 부담 느낌.
- **관심사**: 집에서 간편하게 전문적 수준으로 잇몸 관리를 할 수 있는 방법, 깨끗한 구강 위생 상태, 잇몸 질환 예방.

○ **페르소나 2 '박준수'(20대 초반, 대학생, 남성)**

- **특징**: 대인관계와 외모 및 이미지 중시. 트렌드에 민감.
- **고충**: 커피나 탄산음료 섭취로 인한 치아 변색 우려, 구취 스트레스.
- **관심사**: 자신감 있는 미소, 상쾌한 구강 상태 유지, 간편한 치아 미백 및 구취 관리.

○ **페르소나 3 '박성수'(40대 중반, IT 전문가, 남성)**

- **특징**: 신기술 및 스마트 기기에 관심이 많음, 편리하고 효율적인 제품 선호, 제품 기능 및 성능을 꼼꼼하게 분석함.
- **고충**: 일반 칫솔의 한계를 느끼고 좀 더 스마트한 구강 관리 방법 탐색 중.
- **관심사**: 최첨단 기술 기반의 데이터 맞춤형 구강 관리 및 칫솔, 차별화된 디자인 및 편의성.

3단계: 잠재고객과의 접점 찾기

○ **온라인**

- **구강 건강 커뮤니티 및 카페**: 잇몸 질환, 치아 미백, 구취 관리 관련 정보 공유, 질의응답 게시판 주시.
- **뷰티·건강 인플루언서 채널**: 구강 관리 팁, 제품 리뷰 콘텐츠 위주의 인플루언서와 협업하여 팔로워 유입.
- **치과 전문 온라인 채널(유튜브, 블로그, 소셜미디어)**: 치과 의사·위생사 콘텐츠와 연계하여 전문적인 정보를 원하는 대중 유입.
- **IT 및 테크 커뮤니티**: 신기술 제품에 관심 높은 얼리어댑터들을 타기팅하여 신제품 체험·비교 리뷰 노출시키기.
- **온라인 쇼핑몰 리뷰 및 Q&A**: 경쟁제품의 리뷰 중 불만 사항 및 개선 요구 사항 수집해 자사 제품의 강점으로 설계.

○ **오프라인**

- **치과 및 구강 관련 클리닉**: 치과 의사, 치위생사와의 협력을 통해 제품을 소개하거나 추천받을 수 있는 기회를 모색.
- **약국 및 건강용품점**: 프리미엄 구강 관리 코너 입점 및 체험 프로모션 진행.
- **뷰티 및 라이프스타일 편집 숍**: 트렌드에 민감한 소비자를 타깃으로 제품

전시 및 판매.
- IT 및 가전제품 매장: 스마트 칫솔 코너 마련.
- 건강 관련 박람회 및 행사: 제품 체험 부스 운영, 정보 수집.

4단계: 맞춤형 마케팅 전략

각 페르소나의 니즈와 고충에 맞는 맞춤형 메시지를 제작하여 소통한다.

- **페르소나 1 김민지(잇몸 관리):** "잦은 잇몸 염증, 이제 걱정 끝! 혁신적인 음파 기술로 잇몸 속 플라크까지 깨끗하게 제거하고 건강한 잇몸을 되찾으세요."

- **페르소나 2 박준수(미백·구취):** "누런 치아와 입냄새, 더 이상 고민하지 마세요! 음파 진동으로 부드럽게 치아 표면을 관리하고, 자신감 넘치는 미소를 되찾으세요."

- **페르소나 3 박성수(기술·편의):** "최첨단 음파 기술과 스마트 기능의 완벽한 조화! 스마트하고 효율적인 구강 관리를 지금 바로 경험해보세요."

  이러한 메시지를 통해 각 페르소나가 주로 이용하는 온라인 채널(구강 건강 커뮤니티, 뷰티 인플루언서 채널, IT 전문 웹사이트 등)과 오프라인 접점(치과, 약국, 편집 숍 등)을 통해 효과적으로 전달한다.

5단계: '진정한 팬'으로 전환하는 관계 관리

구매 고객에게는 지속적인 소통과 차별화된 경험을 제공하여 브랜드 충성도를 높인다.

- **정기 콘텐츠 제공:** 이메일, 소셜미디어로 구강 관리 팁, 사용 가이드 등의 정보를 정기적으로 제공해 제품 사용 만족도 향상.

- **고객 맞춤형 이벤트 및 프로모션:** 특별 할인, 액세서리 증정, 재구매 쿠폰 혜택 제공 및 번들 구성 운영으로 재구매 유도 및 고객 충성도 강화.

- **고객 커뮤니티 운영:** 온라인 커뮤니티 활성화로 사용 후기, 사용 전후 비교 후기 공유 및 소통 장려, 브랜드 소속감 향상.

- **적극적인 피드백 수렴 및 제품 개선:** 고객의 불만·개선 사항 수렴해 제품 로드맵 및 개발에 반영, 업데이트 공지.

- **성과 측정 기반 고객 관리 시스템 구축:** 웹사이트 트래픽, 소셜미디어 반응, 구매 전환율, 고객 유지율 등 마케팅 활동 데이터 주기적으로 분석, 성과가 좋은 채널과 메시지 파악, 지속적으로 전략을 개선해 효율적인 잠재고객 발굴 및 관리 시스템 구축.

이와 같이 구체적으로 페르소나를 설정하고 그에 따른 맞춤형 전략을 일관되게 설계하면 자사 제품을 '정말 필요로 하는 잠재고객'을 효율적으로 발굴하고, 성공적으로 판로를 개척할 수 있다. 핵심은 자사의 제품이 다른 제품과 차별되는 가치를 명확히 정의하고, 그 가치를 가장 잘 이해하고 필요로 하는 고객에게 집중하는 것이다.

어렵게 찾은 고객을 포섭하는 법, 고객 세분화

마케팅 전략과 판로 개척을 고민할 때 반드시 짚고 넘어가야 하는 것은 'STP Segmentation, Targeting, Positioning' 전략이다. STP 전략은 미국의 경영학자 필립 코틀러 Philip Kotler 가 주창한 마케팅 전략의 핵심 개념이다. 1970년대에 만들어졌고, 오늘날에도 많은 기업이 폭넓게 활용하고 있다. 재화와 서비스가 과잉 공급되고, 소비자 행동과 라이프스타일이 다양화된 현대 사회에서는 고객 행동 및 라이프스타일 다양화에 대응하고 마케팅 자원의 효율적 배분과 AI를 활용하여 세분화 타기팅, 상황별 포지셔닝이 실시간으로 가능해졌다. STP 전략은 단순히 시장을 나누는 것에서 끝나지 않는다. 각 집단에 가장 적합한 가치와 메시지를 일관되게 전달하는, 마케팅의 기본이 되는 접근법이다.

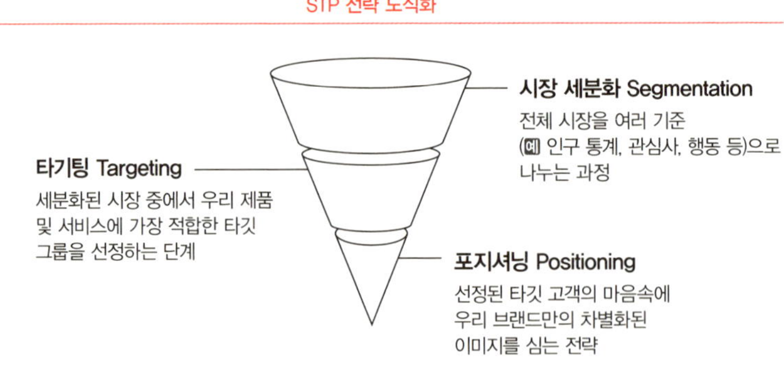

| 시장 세분화: 누구를 위한 시장인가? |

시장 세분화Segmentation는 전체 시장을 공통된 특성이나 니즈를 가진 여러 세그먼트(그룹)로 나누는 과정이다. 다음과 같은 특징을 기준으로 나눌 수 있다.

- **인구 통계학적 특징**: 나이, 성별, 소득, 교육 수준 등
- **지리적 특징**: 지역, 도시 규모, 기후 등
- **심리적 특징**: 라이프스타일, 가치관, 성격 등
- **행동적 특징**: 구매 빈도, 사용량, 브랜드 충성도, 추구 혜택 등

이처럼 시장을 세분화하는 이유는 다양한 고객 그룹의 니즈와 특성을 파악하여 타깃 고객층을 한정하기 위해서다. 모든 고객에게 똑같은 메시지를 전달하는 것보다 특정 그룹의 니즈에 집중하면 더 효율적인 마케팅을 할 수 있다.

예를 들어 화장품 브랜드 시장은 화장품 시장을 연령대별(10대·20대·30대·40대 이상), 피부 타입별(건성·지성·복합성), 추구하는 기능별(보습·미백·안티 에이징) 등으로 세분화할 수 있다. 또한 자동차 제조사는 자동차 시장을 가격대별(경차·준중형·중형·고급), 라이프스타일별(출퇴근용·가족용·레저용), 환경 관심도별(친환경 자동차·전기차) 등으로 세분화할 수 있다.

| 타기팅: 그중 누구에게 집중할 것인가? |

타기팅Targeting은 세분화된 시장 가운데 자사의 역량과 자원, 목표를 고려하여 가장 효과적으로 공략할 수 있는 핵심 타깃 고객을 선정하

는 단계다. 시장 규모와 성장성, 세그먼트 매력도, 자사 제품의 적합성으로 살펴볼 수 있다.

- **규모·성장성**: 세그먼트 규모가 충분한 수익성 확보가 가능한 규모인지, 앞으로 성장 가능성이 높은지 판단
- **세그먼트 매력도**: 경쟁 강도, 진입 장벽, 수익성
- **자사 적합성**: 자사 제품 강점, 기술, 자원 등이 해당 세그먼트의 니즈를 충족시키기에 적합한지 평가

예를 들어 프리미엄 유아 용품은 높은 소득 수준을 가진 부모를 타깃 고객으로 설정하여 고품질, 안전성, 디자인을 강조한 제품을 선보인다. 저가 항공사는 가격에 민감한 젊은 여행객, 단거리 출장객을 타깃 고객으로 설정하여 저렴한 운임과 간소화된 서비스를 제공한다.

| 포지셔닝: 우리 제품은 무엇으로 기억될 것인가? |

포지셔닝Positioning은 설정한 타깃 고객의 마음속에 자사 제품을 경쟁사와 구별되게 차별화하여, 독특하고 명확하게 인식시키는 활동이다. 핵심은 '우리 제품은 경쟁사 제품과 어떻게 다른가?', '고객에게 어떤 특별한 가치를 제공하는가?'라는 질문에 대한 명확한 답을 제시하는 것이다. 고객의 인식 속에 확고히 자리매김하려면 아래와 같은 지점을 지키는 것이 중요하다.

- **경쟁사와 다른 차별화 포인트 설정**: 품질, 기술, 가격, 서비스 중 무엇으로 차별화할지 명확히 설정.
- **핵심 가치 중심 커뮤니케이션**: 타깃 고객에게 가장 중요하고 매력적인 혜택, 핵심 가치 중심으로 포지셔닝.

● **포지셔닝 일관성 유지**: 모든 마케팅 활동에서 동일한 포지셔닝을 일관성 있게 반복 전달.

예를 들어 볼보Volvo는 '안전'을 핵심 가치로 삼아 '가장 안전한 자동차'라는 강력한 포지션을 구축했다. 스타벅스Starbucks는 단순한 커피 판매점을 넘어 '제3의 공간'이라는 독특한 콘셉트로 편안하고 고급스러운 매장 경험을 제공하며 포지셔닝을 이뤘다.

이제 스타트업 백로앙금의 '녹차 단팥 앙금 스프레드' 제품을 예시로 STP 전략을 수립해보자.

| 백로앙금 스타트업: 녹차 단팥 앙금 스프레드의 STP 전략 |

1. 시장 세분화: 전체 디저트 및 스프레드 시장의 세분화

소비자 특성 구분	세부 기준	세부 항목
인구 통계	연령	10대, 20대, 30대, 40대 이상
라이프스타일	트렌드, 건강, 홈카페, 간편함, 선물	트렌드 추구형, 건강 중시형, 홈카페 향유형, 간편함 추구형, 선물 선호형
식습관	전통, 퓨전, 원재료	전통 디저트 선호, 퓨전 디저트 선호, 녹차 선호, 팥 선호
구매 동기	구매 목적	개인 만족, 간식, 선물, 홈베이킹
구매 채널	온라인, 오프라인	SNS, 쇼핑몰, 마트, 백화점, 편집 숍, 카페
가격 민감도	고가, 중가, 저가	프리미엄 선호, 합리적 가격 선호
정보 탐색	정보 탐색 채널	SNS, 블로그, 지인 추천, 광고
추구 가치	맛	독특함, 새로움, 전통적인 맛, 건강한 단맛
	경험	특별한 디저트 경험, 홈카페 연출
	편의성	간편한 사용, 보관 용이
	감성	디자인, 브랜드 이미지, 선물 가치

2. 타기팅: 시장 세분화 결과 바탕으로 제품 핵심 타깃 고객층 선정

구분	페르소나(예시)	핵심 니즈/이유	우선 채널
1차 타깃	트렌드 추구 20대 후반~30대 초반 여성 '김세련'	새로운 디저트 경험, 감성적 패키지 디자인, 비주얼적 요소, 자기 만족 위한 소비	인스타그램 등 SNS, 카페 협업, 팝업 스토어, 온라인몰
2차 타깃	건강한 단맛 선호 30대 중반~40대 초반 여성 주부 '박소영'	건강한 단맛과 특별한 풍미 선호, 아이와 가족 간식, 홈베이킹 재료, 선물용	홈베이킹 커뮤니티, 선물 세트
잠재적 확장 타깃	새로운 맛 경험 선호 20대 초반 대학생 남성 '최민준'	독특한 조합, 이색 경험, 가성비, 녹차 및 팥 디저트 선호	대학가 편집숍, 디저트 축제

3. 포지셔닝: 선정한 타깃 고객층 니즈 충족, 경쟁 제품과 차별화 위해 포지셔닝 설정

구분		내용
핵심 콘셉트		전통과 트렌드의 조화, 특별한 풍미로 일상에 감성을 더하는 프리미엄 앙금 스프레드
차별화 포인트	독창적인 맛	전통 팥 앙금과 현대적인 녹차의 조합
	높은 품질	엄선한 원재료로 깊고 풍부한 맛과 부드러운 식감 제공
	감각적 디자인	트렌디하고 세련된 패키지 디자인이 소장 욕구 자극 및 선물 가치 높임
	다양한 활용성	빵, 크래커, 요거트, 아이스크림 등 다양한 디저트 활용 가능, 홈카페 분위기 연출 용이
타깃별 메시지	트렌드 추구 20대 후반~30대 초반 여성 '김세련'	"나만의 특별한 브런치와 감성적인 홈카페를 완성시킬 트렌디한 디저트"
	건강한 단맛 선호 30대 중반~40대 초반 여성 주부 '박소영'	"온 가족이 함께 즐기는 건강하고 맛있는 프리미엄 간식, 특별한 날 부담 없는 선물"
	새로운 맛 경험 선호 20대 초반 대학생 남성 '최민준'	"인스타 감성 디저트"
경쟁 제품 대비 우위		일반 잼·스프레드 대비 독특한 맛, 프리미엄 이미지, 건강한 원료 사용 전면화

결론적으로 ‘백로앙금 녹차 단팥 앙금 스프레드’는 트렌드를 추구하는 20~30대와 건강한 간식을 선호하는 30~40대 주부를 주요 타깃으로 설정한다. 포지셔닝은 ‘전통과 트렌드의 조화, 특별한 풍미로 일상에 감성을 더하는 프리미엄 앙금 스프레드’로 정하고, 독창적인 맛, 고급스러운 품질, 감각적인 디자인, 다양한 활용성을 일관되게 강조한다. 마케팅 전략을 실행할 때는 SNS를 활용한 감성 마케팅, 홈카페 활용 레시피 및 콘텐츠 제작, 건강 및 친환경 이미지 강조 등과 결합해 시장에 성공적으로 진입할 가능성을 높인다.

제1장 어떤 '판'에서 시작할 것인가

1. 판 설계의 시작: 본질 이해

- 스타트업의 성공은 올바른 '판'을 설계하는 것에서 시작된다.
- 판을 설계하기 위해서는 먼저 팔려고 하는 것이 상품인지 서비스인지, 고객이 진짜 구매하는 것이 무엇인지 본질(기능, 경험, 문제 해결)적으로 이해해야 한다.

2. 고객 심리 활용

- 고객은 제품의 가치를 준거 가격과 심리적 기준으로 판단하므로, 이를 가격 책정 시에 전략적으로 활용해야 한다.
- 실제 돈을 내는 구매자와 제품을 사용하는 사용자가 다를 수 있다는 점을 인식하고, 각각에 맞는 가치를 제안해야 한다.

3. 타깃 고객 포섭

- 내 상품과 적합한 잠재고객을 발굴하고, 고객 세분화를 통해 어렵게 찾은 고객을 효과적으로 포섭하는 것이 판 설계의 핵심이다.
- 명확한 타깃 고객 설정과 그들의 가치 인식 방식을 이해할 때, 비로소 제대로 된 '판'이 만들어진다.

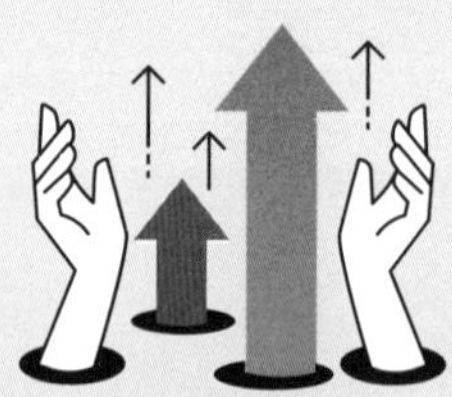

2장

'판'의 기초를 이해하라

원가를 중심으로
수익이 남는 구조를 이해하라

스타트업이 가장 어려워하는 부분은 가격 책정 전략이다. 가격 책정 전략을 수립하기 위해 먼저 원가 분석 및 산출에 관한 이야기를 하고자 한다.

대부분의 스타트업은 초기에는 비용 부담으로 회계에 전문 지식이 있는 경력 사원을 영입하기 힘들고, 그런 사람을 채용하는 것도 현실적으로 매우 어렵다. 또한 CFO는 회계 관련 전공 지식뿐만 아니라 실무 경험도 갖추고 있어야 한다. 이러한 이유들로 인해 초기에는 대부분의 스타트업이 회계 담당자 없이 출발할 수 밖에 없는 것이 현실이다. 간단한 세무 회계 정도는 세무사에게 의뢰하여 세금 신고 등을 할 수 있으나 기업 내에서 발생하는 다양한 재무 회계 업무는 어렵고 힘든 것이 사실이다. 이 역할을 해줄 마땅한 사람을 찾기 힘든 것이 초기 스타트업이 겪어야 하는 안타까운 현실이다.

특히 엔지니어 출신 CEO의 경우 회계에 관한 지식이 부족할 확률이 높아 더욱 힘들고, 그런 CEO가 있는 회사는 주먹구구식으로 회계 관리가 되기도 한다. 그럼에도 상품이나 서비스의 판매를 위한 가장 기본적인 계산만큼은 직접 하는 것이 중요하다.

| 원가와 공헌이익 분석하기 |

원가는 먼저 직접비와 간접비로 나눌 수 있다. 직접비는 원자재, 생산 인건비, 포장 비용 등 특정 제품 생산에 직접적으로 관련된 비용이다. 간접비는 공장·사무실 임대료, 공공요금, 관리 부서 직원의 급여 등 특정 제품에 직접 연결되지는 않지만, 회사 운영에 필요한 비용을 의미한다.

다음으로 고정비와 변동비를 이해해야 한다. 고정비는 공장 임대료, 보험료, 감가상각비 등과 같이 생산량 및 판매량과 관계없이 일정하게 발생하는 비용이다. 고정비는 단기적으로 변하지 않지만 생산량이 증가하면 단위당 고정비는 감소할 수 있다. 반면에 변동비는 생산량과 판매량에 따라 변동하는 비용으로, 원자재 비용, 생산 근로자의 시간제 급여, 배송비 등이 해당한다. 총 변동비는 생산량이 증가하면 증가한다는 특징이 있다.

직접비, 간접비, 고정비, 변동비의 특징

구분	직접비	간접비	고정비	변동비
관련성	특정 제품 및 서비스와 직접 관련	여러 제품 및 서비스에 걸쳐 분배	생산 · 판매량과 무관	생산 · 판매량에 따라 변동
예시	원자재, 포장, 생산 인건비	공장 · 사무실 임대료, 공공요금, 관리 부서 급여	임대료, 보험료, 감가상각비	원자재 비용, 배송비
변동성	특정 대상에 따라 변동	간접적 · 상대적 고정	기간 내 일정	생산 · 판매 증가 시 증가

결론적으로 직접비와 간접비는 특정 제품과의 연관성을 기준으로, 고정비와 변동비는 생산량 변화의 영향을 기준으로 구분한다. 이 개념을 정확히 이해하면 단위 제품의 원가를 효과적으로 산출할 수 있다.

특히 변동비의 경우 단위 변동비를 추정하여 단위 가격에서 빼면 단위당 공헌이익이 산출된다. 이 공헌이익은 스타트업에 매우 중요한 지표다. 손익계산서에서 매출액을 발생시키기 위해 발생한 매출원가

(제조 비용, 상품 매입 비용 등)를 차감해 매출총이익을 계산하고, 이외의 경영 활동에 드는 모든 비용을 판매관리비라 하는데, 매출총이익에서 판매관리비를 차감한 순액이 바로 영업이익이며, 매출액에서 변동비를 뺀 것이 바로 공헌이익이다.

계산식으로 정리하면 아래와 같다.

- 매출총이익 = 매출액 - 매출원가
- 영업이익 = 매출총이익 - 판매관리비
- 공헌이익 = 매출액 - 변동비 혹은 영업이익 + 고정비

이 개념이 '정말 남는 장사를 하고 있는가?'를 결정하는 핵심 개념이기도 하다. 문제는 이러한 비용들을 반영해 원가를 산출한 뒤 준거 가격이나 경쟁사 가격까지 고려하면 대체적으로 원가가 높게 산출되어 시장 진입을 위한 단계별 가격 설계가 어려운 경우가 많다는 것이다. 이는 스타트업 초기의 현실이며, 이러한 현상은 어쩌면 당연할지도 모른다. 하지만 최소한의 원가 분석조차 하지 않고 상품을 출시하는 회사가 생각보다 많다. 이런 경우 시장에서 살아남기 위한 다양한 가격 책정 및 차별화 전략을 구사하기는 힘들며, 결국 앞으로 남고 뒤로 밑지는 결과를 초래한다.

세계적인 가격 책정 분야 전문가 헤르만 지몬Hermann Simon에 따르면, 이익은 기업이 추구해야 할 제1의 목표이며 이익에 영향을 주는 핵심 동인에는 크게 세 가지가 있다. 바로 가격, 판매량, 그리고 원가다. 이 중 원가는 기업의 비용 구조를 의미하며 이익을 결정짓는 중요한 축이므로, 가격과 판매량과 함께 신중하고 전략적으로 관리해야 하는 경영의 핵심 요소이다.

| 원가 기반 가격 책정 전략 |

원가를 어느 정도 분석한 후 원가가 가격 책정에 어떤 영향을 미치는지, 원가를 기반으로 어떻게 가격 책정을 할 수 있는지 좀 더 살펴보려 한다.

전통적으로 제품의 유통 과정에서 단계별로 제시하는 가격은 기본적으로 원가에 일정 마진을 더한 금액을 기준으로 총판 50%, 대리점 40%, 단순 딜러 30%와 같은 구조로 설정하고, 연간 판매 가능한 수량이나 결제 방식(담보 제공, 선결제, 외상, 현금, 어음) 등을 고려하여 할인율을 가감하는 구조로 운영되어 왔다. 유통 시장 환경이 단순했던 시절에 기업들이 간편하게 많이 사용해온 방식이 원가 기반 가격 책정 전략Cost- Based Pricing이다.

이 전략은 상품의 총비용에 특정 마진을 더하여 출고 및 판매 가격을 설정하는 비교적 단순한 방법으로, 시장 조사나 고객의 의견에 관한 고려 없이 내부적인 데이터만으로 가격을 책정할 수 있다. 물론 사전에 고객의 준거 가격이나 경쟁사 분석을 한 이후에 하는 것이 정석이나, 많은 기업이 간편하게 내부의 의견이나 내부 데이터에 의존하여 가격을 설정하고 진행하는 경우도 있다.

이 방법을 사용할 경우 추측이 아닌 확실한 원가 데이터에 의거하여 단순성과 일정한 이익률을 확보할 수 있고, 중간 판매자에게는 예측된 공헌이익이 보장되며 기업 입장에서는 목표 수익률을 달성하기 위한 지표를 설정하기가 쉽다. 다만 경쟁사의 가격, 소비자 수요, 시장, 조건 등을 심도 있게 고려하지 않아 과대 또는 과소 가격을 책정할 위험성이 있다. 또한 사실상의 가격 담합 상태를 야기할 수도 있다.

고객이 느끼는 상품의 가치를 반영하지 못하여 잠재적 수익을 놓칠 수도 있다. 원가는 판매자만 다룰 수 있는 요소이기 때문에 소비자의 반응이나 의견은 전혀 고려되지 않아 제시한 가격에 구매할 의사가 없는 고객은 더 저렴한 대체재를 선택할 수도 있는 것이다. 반면에 제시한 가격보다도 더 지불할 용의가 있는 고객이 존재할 수도 있는 경우, 판매자는 커다란 잠재고객과 잠재적 수익을 잃는 문제점이 야기될 수 있다는 점을 간과하면 안 된다.

반드시 원가를 산출한 후 시장 상황 및 고객의 의견이나 준거 가격 등을 종합하여 소비자 가격을 산정해야 한다. 또한 출시 상품의 상품력 유지에 관한 부분을 체크한 후 마진율을 조정하는 시장가 기반 가격 전략 등을 혼용하는 지혜가 요구된다. 문제는 스타트업은 원가 자체가 높다는 핸디캡을 가지고 있는 것이다. 이러한 현실을 고려하여 용량의 조정, 묶음 전략으로 생산량을 늘려 원가를 절감하기 위한 방안 등을 함께 고려하는 지혜가 필요하다.

경쟁 상품을 분석해 가격 책정에 반영하라

경쟁 기반 가격 책정 전략Competitive Pricing은 시장에서 경쟁사 상품의 가격을 파악, 비교하여 자사의 상품이나 서비스 가격을 설정하는 전략이다. 이는 대부분의 기업이 많이 사용하는 가격 전략 중 하나인데 쉽게 가격을 책정할 수 있는 용이성 때문에 선호도가 높다. 하지만 경쟁 상품이나 서비스를 매우 디테일하게 분석하지 않으면 엄청난 오류를 범할 수도 있기 때문에 신중을 기하여 경쟁 상품을 분석해야 하고, 일단 경쟁 상품을 정확히 특정하는 것부터 쉽지 않은 것이 사실이다.

첫 번째로 경쟁 상품의 브랜드 파워, 상품의 질, 시장 점유율 및 상품의 용량, 제형 등의 다양한 비교 항목을 준비하고 자사 상품과 유사한 수준의 상품을 정확히 파악해야 한다. 두 번째로 자사가 진입해 확대하고자 하는 유통 채널과 경쟁사가 주도하고 있는 채널과의 충돌 여부, 경쟁사의 광고 및 마케팅 전략 등도 매우 상세히 조사하고 비교 및 분석을 해야 한다. 이러한 가격 경쟁력과 상품력의 분석이 끝난 후 자사 상품의 가격을 설정하는 지혜가 필요하다.

경쟁 상품을 분석할 때는 반드시 고객 관점에서 기능적 유사성보다 가치 제공 측면에서 경쟁 상품을 정의하는 것이 중요하다. 예를 들면 커피 전문점의 경쟁 상품의 범주에는 카페뿐만 아니라 편의점 커피, 홈브루잉 키트까지 포함해야 한다.

자사의 상품과 경쟁사 상품의 경쟁 분석 결과, 시장에서 경쟁이 치열하고 상품력의 차별성이 낮은 경우는 경쟁 상품과 유사한 수준에서 결정하는 가격인 경쟁 추종 가격으로 가격을 책정하면 시장에 무난하게 진입할 수 있다. 예를 들면 청량음료, 껌, 캔디, 농산물 등을 판매한다고 했을 때, 시장 점유율을 단기간에 높이기 위해서는 경쟁 수준 이하의 가격을 결정하는 방법이 유리할 수 있다.

반면 고소득 상류층 고객을 겨냥한 상품의 경우, 리치 마켓 전략에 따라 고가로 가격을 결정하는 방법도 있을 수 있으나 리치 마켓의 경우는 스타트업 입장에서는 브랜드 파워를 키우기 위한 사전 마케팅 비용 증가에 대한 부담이 있을 수 있다. 이 경우 경쟁 기업이 간과한 세분화된 시장에서 틈새시장을 우선 공략하여 상품의 가치 및 인지도를 높이는 전략을 먼저 구사해야 한다. 왼손잡이용 골프용품이나 특수 크기의 의류 및 신발 등 소수 고객층의 니즈를 충족시킬 수 있는 제품이 그 예가 될 수 있다.

"작은 차이가 큰 변화를 만든다"라는 격언에서 스타트업 성공에 대한 실마리를 찾을 수 있다. 요즈음 웬만한 상품이나 서비스는 대체로 품질이 좋다. 기술의 발전과 정보의 홍수 속에서 고객도 상품도 상향 평준화가 되어가고 있는 시대에 살고 있다. 이제는 혁신적인 기술이나 압도적인 가격 우위만으로는 시장에서 승부하기 어렵다. 경쟁 상품과의 차별 요소가 무엇인지를 냉정하게 분석하고 고객이 일상에서 체감할 수 있는 작은 요소라도 충실하게 전달하고 인식시키기 위한 노력이 더욱 중요해졌다.

중요한 것은 이런 '작은 차이'가 단순히 부가적인 요소가 아니라는 점이다. 고객의 가치관과 라이프스타일이 점점 세분화되면서, 제품의 본질적 기능보다는 그 제품이 담고 있는 스토리와 철학이 구매 결정에 미치는 영향이 커지고 있다. 밀레니얼과 Z세대로 대표되는 젊은 소비층은 단순히 좋은 제품을 원하는 것이 아니라, 자신의 정체성과 가치관을 표현할 수 있는 제품을 찾고 있다. 이들에게는 '무엇을 사느냐'

보다 '왜 사느냐'가 더 중요한 기준이 되고 있다.

이런 시장 변화 속에서 성공한 사례들을 살펴보면 공통된 패턴을 발견할 수 있다. 치킨 시장이라는 대표적인 레드오션에서 700여 개의 매장을 운영하는 자담치킨의 성공 비결은 바로 '동물 복지 인증을 받은 닭' 사용이라는 작은 차이에서 시작되었다. 치킨 브랜드 간에 맛과 가격 격차가 점점 줄어드는 상황에서, 자담치킨은 건강하고 스트레스 받지 않는 환경에서 자란 닭을 사용한다는 가치를 전면에 내세웠다. 이는 단순히 더 맛있는 치킨을 제공하는 것을 넘어서, 윤리적 소비를 중시하는 고객들의 마음을 사로잡았다. 조금 더 비싸더라도 자신의 소비가 동물 복지 향상에 기여한다고 느끼는 고객들에게 자담치킨은 단순한 외식 브랜드가 아닌, 자신의 가치관을 실현하는 수단이 되었다.

블루보틀Blue Bottle의 성공 스토리 역시 이런 원리를 더욱 극명하게 보여준다. 블루보틀은 스타벅스, 던킨과 같은 거대 프랜차이즈 기업이 지배하는 커피 시장에서 차별화된 접근 방식으로 독특한 위치를 구축했다. 최고 품질의 원두 선별과 정교한 추출 방식은 기본이고, 진짜 차별화 요소는 심플하고 세련된 매장 디자인과 창업자 제임스 프리먼 James Freeman의 스토리텔링이었다. 클라리넷 연주자였던 창업자가 음악에 대한 열정을 커피로 전환했다는 이야기, 대량 생산이 아닌 소량 로스팅을 통한 장인 정신, 그리고 미니멀하면서도 세련된 공간 연출이 모두 어우러져 '커피계의 애플'이라는 별명을 얻었다. 고객들은 단순히 카페인을 섭취하는 것이 아니라, 라이프스타일과 취향을 표현하는 공간으로 블루보틀을 선택했다. 결국 이런 차별화된 브랜딩은 네슬레Nestle가 2017년에 블루보틀의 지분 68%를 4억 2,500만 달러에 취득한 결과로 이어졌다.

이 두 사례에서 주목해야 할 점은 이들이 제품의 품질 자체를 포기하지 않으면서도, 고객이 진정으로 원하는 가치를 정확히 파악하고 이를 브랜드의 핵심 메시지로 만들었다는 것이다. 자담치킨은 '맛있는 치킨'이 아니라 '착한 치킨'으로, 블루보틀은 '좋은 커피'가 아니라 '특별한 경험을 주는 커피'로 자사를 포지셔닝했다. 이는 하루아침에 이루어진 것이 아니라, 고객과의 꾸준한 소통과 시장에 대한 깊이 있는 이해를 바탕으로 만들어진 결과였다.

스타트업들이 이런 사례에서 배워야 할 교훈은 명확하다. 우수한 기능성만으로는 더 이상 충분하지 않다는 것이다. 고객이 제품을 통해 무엇을 느끼고 싶어하는지, 어떤 가치를 추구하는지를 파악하고, 그 가치를 제품과 서비스 전반에 일관되게 반영해야 한다. 작은 차이일지라도 그것이 고객의 마음에 깊이 와닿는다면, 그것은 경쟁사들이 쉽게 따라 할 수 없는 강력한 차별화 요소가 될 수 있다. 결국 성공하는 스타트업은 제품보다는 가치와 경험을 파는 기업이다.

관행 가격 책정 전략과 키스톤 가격 책정 전략

관행 가격 책정Going-Rate Pricing 전략은 기업이 자사 상품이나 서비스의 가격을 이미 형성된 시장 가격, 즉 업계 평균 또는 경쟁사 가격에 맞추어 가격을 결정하는 방식이다. 이 방식은 원가, 수요, 소비자의 가치보다 시장 내에서 통용되는 가격 수준을 기준으로 책정하는 것이 특징이며, 경쟁이 치열하고 상품의 차별화가 어렵거나 시장 리더가 가격을 주도하는 산업에서 많이 사용된다.

적용 방식으로는 자사 제품의 가격을 주요 경쟁사와 동일하게 맞추거나 소폭 높이는 방법 등이 있다. 복잡한 원가 계산이나 수요 예측 없이 시장에서 받아들여진 가격을 그대로 적용하므로 가격 결정이 쉽고, 가격 경쟁을 최소화하며 시장 내 가격 안정성을 도모할 수 있다.

반면 원가 및 제품의 가치와 무관하게 가격이 결정되어 수익성이 악화할 수 있으며, 차별화 전략을 사용하기 힘들고 시장 리더에게 지나치게 의존하게 될 가능성이 큰 것이 단점이다.

이와 같은 방식은 스타트업과 같은 혁신적인 제품이나 서비스에는 적용하기가 힘들다. 편의점 음료수 가격, 택시 이용 요금, 주유소 휘발유 가격, 항공권 가격 등에 적용할 수 있으며, 주로 오프라인을 중심으로 사용되는 것이 특징이다.

키스톤 가격 책정Keystone Pricing 전략은 소매 가격을 도매 가격의 두 배로 책정하는 매우 단순한 가격 책정 방식이다. 예를 들어 제조사나 도매업체로부터 상품을 10,000원에 매입했다면, 최종 소매가는 20,000원으로 설정하는 방식이다. 단순해서 적용하기 쉽고, 빠른 가격 결정과 높은 마진 가능성을 기대할 수 있으나, 시장 상황과 경쟁, 고객의 지불 의향을 고려하지 않을 경우 판매가 부진해지고 고객에게 외면받을 가능성이 크다.

키스톤 가격 책정 전략은 매우 간단한 방법이지만, 현대의 복잡하고 경쟁적인 시장 환경에서는 단독으로 사용하기에 위험 부담이 크다. 특히 스타트업의 경우, 시장 상황, 경쟁 환경, 고객의 인식 가치 등을 종합적으로 고려한 정교한 가격 전략을 수립하는 것이 장기적인 성공에 훨씬 더 중요하다. 키스톤 가격 책정 전략은 스타트업 초기 단계에서 빠르고 간단하게 가격을 설정해야 할 때 임시로 활용할 수 있지만, 이후 지속적인 시장 분석과 전략 수정이 반드시 필요하다.

# 작은 변화가 수익에 미치는 힘, 가격 레버리지 효과

기업이 수익성을 높이기 위해 활용할 수 있는 네 가지 수단은 가격, 판매량, 변동비, 고정비다. 각각 수익성에 미치는 영향력과 효과가 다르므로, 이를 이해하고 전략적으로 활용하면 이익을 극대화할 수 있다.

특히 가격은 수익성에 가장 큰 영향을 미치는 요소로, 다른 수단에 비해 더 강력한 효과를 발휘한다. 하버드 비즈니스 리뷰의 연구에 따르면, 1% 가격 인상 시 평균적으로 영업이익이 11.1% 증가하고, 맥킨지 앤드 컴퍼니McKinsey의 분석에서는 1% 가격 변화가 EBITDA(법인세·이자·감가상각 차감 전 이익)를 22% 증가시키는 것으로 나타났다. 이는 가격 인상이 판매량이 증가하거나 비용 절감 효과를 보았을 때보다 훨씬 높은 효과를 얻는다는 것을 보여준다. 또한 가격 인상은 추가적인 운영 비용 없이 순수 마진을 증가시키므로 수익성을 빠르게 개선할 수 있다.

많은 기업이 매출을 증대시켜 수익성을 개선한다는 명분 아래 가격 인하를 택한다. 그러나 가격 인하는 생각보다 할인율 대비 매출의 증대 효과가 크지 않고, 제품에 대한 가치 인식에 부정적인 영향을 미칠 뿐만 아니라 장기적으로 재무적 부담으로 작용하는 경우가 많다.

대형 커피 전문점의 메뉴를 살펴보면, 기본 메뉴와 함께 프리미엄 옵션을 제공한다. 기본 아메리카노는 비교적 낮은 가격으로 설정하고, 스무디, 에이드, 시즌 한정 프리미엄 음료는 높은 가격으로 설정한다. 동시에 사이즈 업, 샷 추가 등 옵션에서 추가 이익을 확보한다.

좀 더 구체적인 상황을 가정하여 네 가지 레버리지를 비교해보자.[*]

사례: 작은 커피 전문점
커피 한 잔 가격: 5,000원
월 매출 1,000만 원
변동비(원재료 등): 400만 원
고정비(임대료, 인건비 등) 300만 원
현재 이익 = 1,000만 원 − 400만 원 − 300만 원 = 300만 원

1. 가격 레버리지 활용

평균 판매가를 10% 인상한다고 가정해보자. 현재 5,000원인 커피 한 잔의 가격은 인상 후 평균 5,500원이 된다. 판매량이 크게 줄지 않는 조건에서 월 매출 역시 10% 상승해 1,100만 원이 된다. 따라서 이익은 1,100만 원 − 400만 원 − 300만 원 = 400만 원으로, 100만 원이 증가한다.

2. 판매량 레버리지 활용

프로모션이나 마케팅을 강화해 판매량을 늘린다고 가정해보자. 현재 2,000잔이었던 월 판매량이 10% 증가하면 2,200잔을 판매해 매출은 1,100만 원, 이익도 400만 원으로 동일하게 증가한다. 하지만 이 방법은 추가 인력, 마케팅 비용 등의 비용을 수반하므로 목표 달성 가능성을 평가해서 시행해야 한다.

3. 변동비 레버리지 활용

원자재를 절약하거나 원가를 절감하여 변동비를 10% 줄이면, 변동비는 400만 원에서 360만 원으로 감소한다. 이익은 1,000만 원 − 360만 원 − 300만 원 = 340만 원으로, 40만 원이 개선된다. 비용 절감으로 이익이 증가했지만, 가격·판매량 레버리지보다 효과는 상대적으로 작다. 장기적 전략으로는 효과적일 수 있지만, 단기적 영향력은 한정적이다.

[*] 레버리지(Leverage) 특정 요소(가격, 판매량 등)가 1% 변화할 때 이익이 몇 % 변동하는지 나타내는 지표이다.
- 가격 레버리지 = 매출액 ÷ 이익
- 판매량 레버리지 = 매출총이익 ÷ 이익
- 변동비 레버리지 = 변동비 ÷ 이익(음수로 작용)
- 고정비 레버리지 = 고정비 ÷ 이익(음수로 작용)

레버리지 변동에 의한 이익 증가율과 그에 따른 특징 및 효과

레버	1% 변화 시 평균 이익 증가율	특징 및 효과
가격	6.7~10.3%	가장 강력한 레버로, 추가 비용 없이 마진 직접 개선, 효과가 빠르게 나타남.
판매량	3~4%	매출 증대 효과가 있지만, 생산 및 마케팅 비용이 증가할 수 있음.
변동비	2.6~6.5%	원자재 절약, 원가 절감으로 이익 개선이 가능하나, 지속적인 관리와 효율성 개선이 필요함.
고정비	2.5~3%	장기적으로 안정적인 비용 구조를 제공하지만, 단기적 효과는 제한적임.

현장에서 고정비와 변동비를 줄이고 판매량까지 증대시킬 수 있다면 굳이 가격 인상을 하지 않아도 수익은 개선될 수 있다. 그러나 현실적으로 이익 압박에서 벗어날 수 없고, 다른 레버리지를 활용하는 것만으로는 한계에 부딪히게 되는 것이 기업 활동이다. 따라서 가격 레버리지를 검토하지 않는 것은 주어진 기회를 활용하지 않는 것이다. 특히 나머지 레버리지로 이익을 개선하려고 했으나, 매출이 더 악화된 경우라면 가격 레버리지를 적극적으로 검토하고 시행해야 한다.

물론 가격 인상이 모든 것을 해결하는 것은 아니다. 가격을 인상하기 위해서는 고객의 자사 상품의 만족도 데이터를 분석하고 고객 세분화를 기반으로 다양한 고객층을 만족시킬 수 있는 시점이 되었다고 판단될 때 신중하게 시행하는 것이 중요하다. 가격 인상은 이익을 급상승시킬 수도 있지만, 판매량 감소 및 브랜드 이미지 실추로 이어질 수도 있다.

모든 기업 활동은 어려움과 위험을 감수하는 의사 결정의 연속이다. 특히 가격 결정은 경영진이 가장 무거운 책임감을 가지고 신중하게 결정해야 하는 영역이다. 과거에는 '경쟁 시장에서는 한계 수익이 한계 비용과 같아지는 지점에서 가격 책정이 되어야 한다', '가격 경쟁은 최후의 수단'이라는 원칙이 지배적이었다. 하지만 시대가 변했다. 이제 기업은 이익 극대화를 위해 가격이라는 변수를 적극적으로 검토하고, 전략적 판단 아래 가격 레버리지를 과감하고 정교하게 활용할 것을 권한다.

가치를 중심으로 가격을 설계하라

가격 책정 전략은 고객의 허용 가격을 찾아가는 여정이다. 이는 가격을 정하는 데 있어 어떤 공식이나 직관에만 의존해서는 안 된다는 뜻이다. 가격 책정을 위해서 잠재고객과 끊임없이 소통하며 고객이 허용할 수 있는 가격대를 조사하고, 상품의 경쟁력과 가치를 높이려는 노력을 반복해야 한다. 어떠한 전략을 취하더라도, 결국 고객은 자신이 느끼는 상품이나 서비스의 가치에 따라 최저 허용 가격과 최고 허용 가격을 결정하기 때문이다.

고객이 지불할 의사가 있고 허용 가능한 가격, 따라서 회사가 받을 수 있는 가격은 언제나 고객이 인식한 가치에 좌우된다. 고객이 상품 및 서비스의 가치가 높다고 인식하면 지불 의사 가격은 상승하고, 반대로 낮게 인식하면 지불 의사 가격도 떨어진다.

대부분의 창업자는 고객에게 어떤 혁신적인 상품과 서비스를 제공할지 몰두하다가, 상품이나 서비스의 출시가 마무리될 무렵에야 가격 책정을 고민하는 경우가 많다. 원가가 계산되기도 전에 어떻게 가격을 책정할 수 있느냐고 반문하겠지만, 이처럼 가격을 고려하지 않고 상품의 개발 단계에만 몰입할 경우 매우 큰 위험에 직면할 수 있다.

고객의 허용 가격대에 부합하는 상품이 개발되지 못하면 막대한 개발 비용만 허비하게 될 수 있다. 특히 스타트업은 이러한 상황이 치명적인 위기로 이어질 수 있음을 자각하고, 상품의 개발 단계에서부터 잠재고객의 허용 가격을 조사하고 그에 따른 준비를 병행해야 한다. 이는 매우 중요한 경영 활동이다.

| 가치 기반 가격 책정 전략, 제품의 가치를 높여 가격을 지키는 법 |

상품의 기획부터 개발까지 항상 염두에 둘 것은 고객에게 어떤 가치를 부여할 것인가이다. 만약 상품의 가치가 부족하다고 느끼면 가치를 창조해야 하며, 대상 고객과 끊임없이 소통하면서 가치를 개발하고 개선하는 역량을 키워야 한다. 고객이 상품을 구매한 후에도 긍정적인 가치를 지속적으로 인식하도록 만드는 것이 재구매 여부에 결정적인 영향력을 행사한다. 고객은 자신이 구매한 상품의 품질과 그 상품이 가져다 준 가치를, 그 상품을 구입할 때 지불한 가격을 잊은 후에도 오래 기억하기 때문이다.

"싼 게 비지떡이다"라고 평가받은 상품이나 서비스는 더 이상 시장에서 살아남기 어렵다. 이렇게 시장에서 퇴출된 사례들을 보면서 조금 비싸더라도 품질 좋은 상품을 만들면 고객은 그 상품의 가치를 인식하고 기꺼이 지갑을 연다. 그러한 현상은 실제로 내가 개발하여 판매한 도깨비방망이의 가격 전략에서 직접 경험하기도 했다. 고객이 상품에 대해 인식하는 품질과 가치가 충분하면 구매 의사 결정에서 가격이 차지하는 비중은 작아지는 것이다.

가격은 대체적으로 수명이 짧으며 빠르게 잊힌다. 대부분의 고객은 가격을 지불할 당시에만 가격에 민감하며, 상품을 구입한 후에는 방금 산 물건의 가격도 기억하지 못하거나 애써 기억하려 하지 않는 경우가 많다. 반면 상품의 품질은 오래도록 기억에 남으며, 특히 품질이 높은 상품은 오랫동안 사랑받는 상품으로 남는다.

가치 기반 가격 책정Value-based pricing의 사례를 한번 살펴보자. 1953년부터 어묵을 만들어 삼대째 가업을 계승하고 있는 부산의 대표 식품 기업인 삼진어묵은 "사람이 먹는 음식이니 이윤 남길 생각 말고 좋은 재료를 써라"라는 창업주의 유훈을 물려받아 초심을 잃지 않고 '어묵은 신선한 생선이 많이 들어가야 맛있다'라는 원칙을 지켜왔다. 이는 자신들이 판매하는 어묵이라는 상품의 본질을 잘 이해하고 고객이 느끼는 가치를 극대화하려는 노력의 결과로, 현재 그리 저렴하지 않은 가격임에도 불구하고 꾸준히 고객의 사랑을 받는 상품으로 자리매김하고 있다.

｜ 상품의 가치를 높이기 위한 전략에 집중하라 ｜

앞에서 강조한 대로, 상품이나 서비스의 가치는 가격 전략에서 매우 중요한 요소다. 이제 제품의 가치가 무엇인지, 제품의 가치를 높이기 위한 구체적인 전략으로는 어떤 것이 있는지 살펴보자.

가치는 특정 대상이나 행위가 사람들에게 얼마나 유익하거나 중요하게 여겨지는지를 나타내는 척도이다. 가치는 일반적으로 좋은 것, 값어치, 인간의 욕구나 관심을 충족시킨다고 생각되는 것이나 성질을 말한다.

가치는 개인의 경험, 선호, 필요, 그리고 감정에 따라 느껴지는 본질적으로 주관적인 느낌이다. 같은 대상이라도 삶에 따라 개인마다 가치를 다르게 인식한다. 이는 경제학에서 이야기하는 한계 효용 가치와 관련성이 크다. 한계 효용Marginal utility이란 소비자가 어떤 재화나 서비스의 소비량을 조금 더 늘릴 때 얻는 추가적인 만족도를 의미한다. 예를 들면 목이 말라 물을 마실 때 첫 번째 한 병은 갈증이 해소되어 만족도가 매우 높지만, 두 번째 병부터는 만족도가 반감되고 세 번째 병부터는 불쾌감이 생길 수도 있다.

이러한 상황을 가격에 적용하면, 첫 번째 병은 다소 비싼 가격이라도 기꺼이 지불할 수 있지만 두 번째 병부터는 구매를 망설일 수 있다. 어떤 사람에게는 명품 가방이 높은 가치를 느끼게 하지만, 다른 사람에게는 과소비로 보일 수 있다. 선물받은 물건은 경제적 가치보다 감정적 가치가 더 높다고 느껴지듯, 심리적 만족감이나 감정적 연결이 가치 평가에 큰 영향을 미친다.

한편, 가치는 객관적 요소로도 표현할 수 있다. 제품이나 서비스가 제공하는 실질적인 효용(성능, 내구성)을 객관적으로 측정할 수 있기 때문이다. 예를 들어 자동차의 연비나 속도 등은 객관적인 수치로 나타낼 수 있다. 그러나 어떤 요소를 얼마나 중요하게 여기는지는 사람마다 다르다. 가치는 주관적인 영역이기 때문이다.

기업은 제품의 시장 가격을 설정하거나 고객 만족도를 평가하기 위해 가치를 정량화하려 하지만, 이러한 객관적 지표 역시 고객의 주관적 인식에 기반한다고 볼 수 있다. 결국 가치는 주관성과 객관성이 상호 작용하며 형성되는 개념으로 이해하는 것이 적절하다.

그렇다면 상품의 가치란 무엇일까? 상품의 가치는 고객이 그 상품에 대해 느끼는 유용성과 만족도를 의미하며, 이는 상품의 품질, 가격, 브랜드 이미지, 경쟁력 등의 요소에 영향을 받는다. 고객이 사용 과정에서 경험하는 혜택과 지불한 비용 간의 균형 역시 가치에 포함된다. 즉, '이 상품이 나에게 얼마나 가치가 있는가?'라는 질문에 대한 답(고객의 판단)이 그 상품의 가치이다.

발뮤다BALMUDA의 창립자인 테라오 겐은 방황하던 젊은 시절에 스페인의 한 도시에서 맛본 갓 구운 빵 맛의 강렬함을 잊지 못해 토스터 개발을 결심했다. 그는 스페인에서 먹은 그 빵이 왜 유난히 맛있었는지 직원들과 함께 분석했다. 그러나 개발은 쉽게 진척되지 않았다. 그러던 어느 날, 직원들과 야외 파티를 하던 중 비가 쏟아져 우연히 바비큐 화로에 빵을 구워 먹게 되었다. 그 결과, 맛에 가장 영향을 미친 변수는 숯불의 향도, 화력도 아닌 비 오는 날의 높은 습도임을 알게 되었다.

이후 그는 도쿄의 유명한 빵집에서 갓 나온 빵을 맛보며, 습도가 빵 맛을 좌우한다는 가설이 사실임을 확인한다. 이 이야기가 발뮤다의 더 토스터The Toaster 개발의 출발점이다. 기존 토스터의 개념을 완전히 뒤바꾼 이 제품의 차별적 가치는 의외로 매우 단순하다. 빵을 굽는 동안 빵 표면에 얇은 수분막을 형성해 겉은 바삭하고 속은 촉촉하게 구워내는 것이었다. 이로써 발뮤다의 더 토스터는 '겉바속촉,' '죽은 빵도 살려 낸다'라는 입소문을 타고 한국 시장에서 선풍적인 인기를 끌었다.

더 토스터가 고객에게 제공하는 주요 가치를 분석해보자. 먼저 혁신적인 스팀 기술로 구현한 맛과 질감을 들 수 있다. 빵을 굽기 전에 5cc의 물을 투입하는 공정을 추가함으로써 스팀 효과를 극대화했고, 정교한 온도 제어 기능으로 완벽한 바삭함을 구현했다. 다양한 빵 유형별 모드도 탁월한 장점이다. 기능 외적으로는 전통적으로 빵을 세워서 굽는 기존 방식에서 벗어나 가로형 설계와 내부가 들여다보이는 창으로 빵이 구워지는 것을 확인할 수 있는 구조, 더불어 세련된 디자인과 컴팩트한 크기는 주방 인테리어와 조화를 이룬다.

발뮤다는 '최고의 맛과 감각적 경험'이라는 철학을 바탕으로 프리미엄 이미지 구축에 성공했다. 이는 단순히 기능적 가치를 넘어 소비자에게 정서적 측면에서의 만족감까지 제공한다. 무엇보다 제품이 탄생하기까지의 개발 여정을 스토리텔링으로 풀어 브랜드와 제품에 대한 신념을 고객에게 자연스럽게 전달했다. 수차례의 실패를 딛고 질적으로 차별화된 제품을 정교하게 구현한 자세, 강력한 브랜드 이미지는 빵이 주식이 아닌 한국 시장에서조차 비싼 가격에도 불구하고 지갑을 열게 하는 높은 상품 가치를 만들어낸 것이다.

다만 가격 전략 측면에서는 높은 품질을 감안한대도 무척 고가인 가격이 단점으로 작용한다. 유사 제품 대비 무려 3~10배에 달하는 고가 정책은 소비자 저항으로 작용할 수 있었다. 그러나 발뮤다는 독보적인 디자인과 감성, 코로나 이후로 가정에서의 삶을 중요시하는 라이프스타일 확산과 맞물려 프리미엄 가전 브랜드로 자리매김하며 한국 시장에 안착했다고 볼 수 있다.

타사 토스터와 발뮤다 토스터의 가격 비교

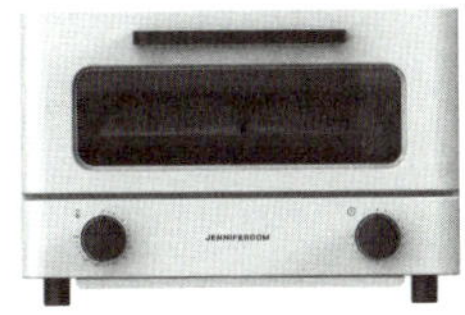 

제니퍼룸 미니오븐토스터 51,900원　　　발뮤다 더 토스터 프로 369,520원

이렇듯 기업이 상품이나 서비스의 가치를 높이려면 혁신적인 사고를 통해 시장 경쟁력을 확보하고, 기술 개발과 사용자 경험 개선을 통해 제품의 독창성과 품질을 향상시켜야 한다. 또한 상품이나 서비스를 제한된 기간 동안, 또는 제한된 수량을 제공하여 희소성을 강조함으로써 소비자의 구매 욕구를 자극하고 브랜드 가치를 강화할 수 있다. 더불어 효과적인 가격 전략을 통해 상품의 가치와 소비자 인식을 개선하고, 이를 기반으로 자사만의 생태계를 구축하여 장기적인 수익성을 강화하는 것이 중요하다.

상품 가치를 상승시키는 5가지 전략

전략	설명	예시
품질 향상	제품 자체의 성능, 내구성, 기능 등 실질적 품질을 높임	내마모성 좋은 소재 사용, 신기술 적용한 성능 개선
브랜드 이미지 강화	긍정적이고 신뢰성 있는 브랜드 이미지를 구축	명성 높은 브랜드 가치 홍보, 소비자 신뢰 기반 마케팅
고객 경험 개선	제품 구매 후 서비스로 사용자 경험을 높임	빠른 배송, 손쉬운 반품, 친절한 고객 지원
차별화된 디자인 및 기능	경쟁 제품과의 뚜렷한 차별점 부여	독특한 디자인, 사용자 맞춤형 기능 제공
감성적 연결 및 스토리텔링	소비자의 감정에 호소하는 마케팅, 브랜드 스토리 전달	브랜드 역사 소개, 사회적 가치 강조, 고객 공감 캠페인

# 고가 전략을 위해서 상품력을 확보하라

    싼 가격에 상품을 팔고 싶은 사람은 없다. 누구나 자기 상품에 높은 가격을 매겨 많은 이익을 누리고 싶어 한다. 그러나 그런 마음을 갖기 전에, 높은 가격을 책정해도 팔릴 수 있는 상품인지 냉정하게 평가하는 자세가 필요하다.

| 상품력을 확보하는 방법 |

    상품력은 제품 자체의 품질 및 기능뿐만 아니라, 그 제품이 시장에서 잘 팔릴 수 있는 능력을 의미한다. 이는 판매력, 유통, 마케팅, 디자인, 브랜드 이미지 등 다양한 요소를 포함하며, 소비자에게 매력과 가치를 제공하고 시장에서 경쟁력을 확보하고 유지하는 능력을 뜻한다.

    상품력을 확보하기 위한 방법은 여러 가지가 있지만, 우선 한 단계 높은 원료와 소재를 사용하고 독창적인 기술·기능을 도입해 제품의 품질을 향상하고 차별성을 확보하는 것이 중요하다. 다만 스타트업의 경우 과도한 기능과 다양한 효과·효능을 집어넣어 상품력을 갖추려는 경우가 있는데, 개발하는 상품의 본질을 이해했다면 본질에 충실한 기능과 효능을 갖추는 것이 중요하다. 필요 이상으로 많은 기능과 효능은 오히려 고객의 신뢰 저하 변수로 작용할 가능성이 클 뿐만 아니라 원가 측면에서도 불리하다.

    그 다음엔 브랜드의 스토리와 철학 등을 소비자에게 명확하게 전달할 수 있도록 스토리텔링을 하고, 신뢰성과 가치를 높이는 고급스러운 이미지를 강조해 브랜드의 가치를 전달하고 각인시키는 마케팅 전략이 필요하다.

안동간고등어의 브랜딩과 스토리텔링을 살펴보자. 경북의 내륙 지역인 안동에서 간고등어를 생산·판매한다는 것을 고객에게 인식시키기 위해 안동의 양반가에서 즐겨 먹던 고등어를 선비 문화와 간잽이로 연결했음을 알 수 있다.

안동간고등어 운송 재현, 안동간고등어정식(안동시청 제공)

물자의 수송이 지금처럼 신속하지 않아 내륙에서 생선 구경하기 무척 어려웠던 시절, 바다와 멀리 떨어진 안동의 양반가에서 소달구지를 하인들이 몰고 강구, 영덕, 후포 등의 바닷가까지 250리 길을 가서 생선을 가져오려면 통상 1박 2일이 걸렸다. 고등어를 싣고 안동까지 오면 상하기 직전에 간잽이가 소금을 쳐서 염장을 했는데, 그렇게 하면 생선에서 나오는 효소가 생선을 가장 맛있게 만들었다고 한다.

옛 문헌에는 바닷가에서 독에 고등어와 소금을 켜켜이 염장해서 싣고 왔다는 안동 독간고등어도 전해지고 있다. 그러나 입에 붙고 부르기 쉬운 '안동간고등어'라는 이름, 보는 사람으로 하여금 푸근한 느낌을 주는 패랭이와 한복을 착용한 간잽이, 안동의 양반가에서 먹던 염장 고등어라는 이미지 등은 성공적인 스토리텔링의 도구가 되었다. 뿐만 아니라 고품질 고등어를 원하는 소비자의 니즈, 1997년 IMF 이후 상대적으로 저렴하면서 값어치가 있는 상품의 수요 증가라는 요인도 작용했다. 때마침 홈쇼핑이라는 새로운 유통 채널의 등장은 생방송 시연을 통한 상품의 소구점을 각인시킬 수 있었다. 그로 인해 강력한 상품력과 동시에 시장 진입의 타이밍이 맞아떨어진 점도 고객의 반응을 폭발적으로 이끌어 낸 성공 요인이라고 생각된다.

결론적으로 상품력을 확보하기 위해서는 제품의 품질, 브랜드 이미지, 자사 상품만의 고유한 기능과 효과, 유통 및 판매 채널 발굴, 시장 런칭 타이밍, 마케팅 및 광고 전략 등을 종합적으로 고도화해야 한다. 이 모든 부분의 역량을 강화하기 위해 끊임없이 노력하지 않으면 안 된다.

저가 전략의 유혹을 피하고 고가 전략을 수립하라

제조업을 하는 기업은 늘 원가 절감이라는 과제에 시달린다. 원가 절감은 기업의 이윤을 높이기 위한 필수 요구이기도 하지만, '가격이 저렴하면 많이 팔릴 것'이라는 막연한 기대 때문에 원가 절감을 곧 가격 경쟁력 확보와 동일시하기도 한다.

저가 전략이든 고가 전략이든 기업 입장에서는 이익이 감소한다는 사실을 인지해야 한다. 결국 시장의 논리는 수요와 공급의 원리에 의하여 움직이기 때문이다. 낮은 가격을 매기면 시장 장악력이 커진다는 착각을 함으로써 이익이 줄어들거나 높은 가격을 고집하다가 매출이 줄어들게 되는 결과를 맞지 않도록 해야 한다.

이 책에서 다루는 가격 책정 전략은 기업이 취할 수 있는 최적의 가격 포지션을 전략적으로 찾을 수 있도록 돕기 위한 것이다. 기업의 가격 포지셔닝은 자사 상품의 상품력, 품질, 브랜딩, 기업의 제조 및 마케팅 역량 등 다양한 변수의 영향을 받는다. 특히 기업이 시장에서 살아 남을 수 있는지의 여부는 가격 포지셔닝에 달려 있다. 가격 포지셔닝이란, 소비자가 자사 상품 및 서비스의 가격을 경쟁 상품과 비교했을 때, 가격을 어떻게 인지하고 어디에 위치시키는가를 결정하는 전략이다. 즉 시장 내에서 자사 상품의 가격대를 의도적으로 설정해 고객에게 특별한 가치를 제안하는 마케팅 전략이기도 하다. 따라서 기업은 다양한 가격 책정 전략을 통해 이를 신중하게 결정해야 한다.

저가 전략으로 성공한 기업은 많지 않지만, 성공한 사례를 보면 대개 상품의 기획 단계부터 저가 출시를 목표로 가격을 명확히 설정하고 원가 절감을 극대화하며 높은 공정 효율을 확보하고 있음을 알 수 있다. 이들은 낮은 가격을 책정하면서도 상당한 마진과 이익을 유지하며, 소비자가 받아들이는 근본적인 상품의 가치에 집중해 지속 가능한 품질을 보장하려고 노력한다.

마케팅이나 세일즈도 상품력의 홍보보다는 가격만을 홍보하는 경향이 있다. 예를 들면 다른 기업과 달리 단기적인 할인 등의 프로모션을 하지 않고 '항상 낮은 가격 정책'을 고수하며 홍보하는 것이다.

이처럼 저가 정책으로 성공하기 위해서는 경쟁 기업보다 명확한 목표를 가지고 지속적인 원가 경쟁력을 지녀야 한다. 어느 날 갑자기 고가에서 저가로 가격 전략을 바꿔 이익을 많이 내 성공한다는 것은 현실적으로 매우 힘들다. 최대한의 원가 효율성을 확보하고 고객에게 제공할 가치를 적정 수준으로 유지하려는 자세, 근검절약이라는 기업 문화를 실천할 수 있는 의지와 용기가 뒷받침되어야만 저가 정책으로 성공할 수 있다.

초저가 전략으로 성공한 다이소의 전략은 여러가지가 있으나, 그중 제조·벤더* 복합 방식으로 단순 거래 관계를 넘어서 벤더의 생산 과정에 직접 관여하고 생산에 적극 개입한 것이 대표적이다. 다이소는 불필요하거나 비효율적인 부분을 최소화하고 벤더들과의 협업을 통하여 원자재, 부자재 등을 대량으로 공동 구매함으로써 원가 협상력을 극대화했다. 아울러 자체 벤더 네트워크를 구축해 효율적인 협력 체계를 만들어서 재고·운송 비용을 절감했다. 결과적으로 제조·벤더 복합 방식은 유통 구조의 효율화와 생산 원가 절감에 크게 기여하여 초저가 전략과 균형을 이루는 원가 경쟁력을 확보하도록 했다.

모든 기업이 다이소의 가격 전략을 하루아침에 따라갈 수는 없다. 다만 스타트업의 경우는 다이소의 가격·품질 기준을 통과할 수 있는 상품을 만들 수 있는 역량이 있는지, 판매가 대비 납품 가능 가격을 역산해 그 가격을 이길 수 있는지를 판단해보는 것이 좋다. 이 과정은 원가 절감이나 상품의 제조 방식 등의 다양한 방면에서 참고가 될 수 있다.

| 고가 전략의 성공 요건 |

그렇다면 고가 전략을 이용하면 무조건 성공할 수 있을까?

애플은 가치 기반 가격 전략을 구사하는 대표적인 기업으로, 가격이 대체로 고가임에도 불구하고 고객들은 애플의 혁신적인 기술, 우

---

* 벤더(Vendor) 물품이나 서비스를 다른 기업이나 개인에게 공급하거나 판매하는 업체를 의미한다. 벤더는 제조업체일 수도 있고, 유통·판매만을 담당하는 업체일 수도 있다. 벤더는 공급사슬(SCM)이나 유통 구조 내에서 중요한 중개자·공급자 역할을 맡아 기업 운영과 상품 유통 효율을 높이는 데 기여하기도 한다.

수한 디자인, 탁월한 사용자 경험의 가치를 인정하고 기꺼이 지갑을 연다. 다만 애플의 사례를 반영하여 상품의 가치를 높이다 보면 생산원가가 과도하게 상승하게 될 수밖에 없는데, 이는 절대 주의해야 한다. 높은 가격은 곧 높은 이익으로 이어져야 한다. '고가로도 팔릴 수 있는 상품'이라는 착시에 빠져 원가 관리 및 제조 혁신을 소홀히 하면 충분한 매출총이익을 기대할 수 없고, 결국 고가 전략이 실패할 수도 있다는 점을 기억해야 한다. 고가 전략이 우선이 아니라, 고가 전략을 이해시킬 수 있는 가치를 우선하면 고객은 높은 가격도 기꺼이 지불하게 된다. 이 고가 전략을 성공하면 제품을 더 비싸게 팔 수 있는 프리미엄, 럭셔리 시장에 진입할 수 있는 역량이 생기며 초고가 시장에 진입할 수 있는 기회가 자연스럽게 오게 된다.

여기서 프리미엄 시장Premium Market은 고품질, 고기능, 뛰어난 서비스 등을 제공해 일반 대중 제품보다 높은 가격대를 형성하는 시장을 의미한다. 고급 자동차 브랜드(렉서스), 프리미엄 가전, 고급 의류 브랜드 등이 해당한다.

럭셔리 시장Luxury Market은 희소성, 브랜드 역사, 예술적 가치 등 감성·사회적 가치를 극대화해 매우 높은 가격을 책정하는 시장으로, 에르메스·루이비통·롤렉스·페라리와 같은 명품 브랜드가 해당한다.

마지막으로 초고가 시장Ultra-Premium 및 Ultra-Luxury Market은 프리미엄과 럭셔리를 아우르면서도 그중에서 가장 희소성이 있고 독점적인 영역을 지칭한다. 초프리미엄, 초럭셔리 시장이라고도 불린다. 부가티(슈퍼카), 한정판 예술품, 최고급 요트 등이 해당한다.

결론적으로 초고가 시장은 프리미엄과 럭셔리를 포함하면서도 그보다 한 단계 더 희소하고 독점적인 '초럭셔리' 시장을 지칭한다. 따라서 고가 전략을 성공적으로 안착시키면 프리미엄, 럭셔리, 초고가 시장으로 점차 확장할 수 있으며, 고객으로부터 더 높은 지불 의사 가격이 받아들여질 수 있는 역량을 갖추게 된다.

초고가 전략 시장의 종류

구분	주요 특징	대상 고객층	가격대 및 가치 중점
프리미엄 시장	고품질 + 기능 중심, 넓은 중상위층 대상	중상류층 이상	높은 품질과 기능, 합리적 고가
럭셔리 시장	희소성 + 사회적 지위 상징, 감성 가치 중심	상류층, 부유층	지위 과시, 독점성, 브랜드 역사 및 전통 강조
초고가 전략 시장	극희소성, 맞춤형, 예술적·독점적 가치	극소수 부유층	극단적 희소성, 맞춤형, 최고급 경험 제공

우리가 가격 포지셔닝을 어렵게 느끼는 이유 중 하나는, 고객은 많기에 모든 시장에서 구매력이 끊임없이 발생한다고 쉽게 생각하지만 현실은 그렇지 않기 때문이다. 소득 수준에 따른 고객의 선택 기준은 달라진다. 예를 들어 중산층 고객은 가치와 가격을 놓고 저울질하는 경향이 강하고, 소득이 낮은 계층의 고객은 지출에 매우 민감해 사용에 문제가 되지 않는 수준의 품질만 유지된다면 그에 만족하고 자신의 재정 여건으로 감당할 수 있는 가장 낮은 수준의 가격만을 찾아다닌다.

모든 시장의 고객이 명확하게 구분된다면 오히려 가격 전략을 구사하기 쉽겠지만, 최근에는 이른바 '하이브리드 고객'과 '크로스오버 쇼퍼Crossover Shopper'의 급격한 증가로 가격 전략을 수립하는 것이 더 복잡해지고 있다. 이들은 온오프라인을 넘나들며 가장 저렴한 채널에서 상품을 구매하고, 그렇게 아낀 돈으로 고급 식당에서 근사한 저녁 한 끼를 즐긴다. 여기서 하이브리드 고객이란 같은 제품 카테고리 내에서 다양한 가격대나 브랜드를 넘나들며 소비하는 고객을 의미한다. 그 예로 평소에는 유니클로 옷을 입다가 중요한 모임에는 고급 명품 옷을 착용하고, 인스턴트 커피를 먹다가 특별한 날에는 고급 커피를 마시는 고객을 들 수 있다. 크로스오버 쇼퍼는 온라인, 오프라인, 모바일, 소셜미디어 등 다양한 채널을 넘나들며 정보를 탐색하고 구매하는 소비자를 총칭하는 용어이다. 이제는 이 같은 고객을 이해하고 적당한 가격 포지셔닝을 할 수 있어야 한다.

그렇다면 '어떤 가격 전략이 가장 좋은 전략인가?'라는 질문이 머릿속에 떠오를 것이다. 이 질문에 대한 정답은 없다. 그러나 실수를 하지 않기 위한 가격 전략 규칙에 관한 사례를 공유한다.

2014년 당시 딜로이트의 최고전략책임자 뭄타즈 아메드Mumtaz Ahmed와 이사 마이클 E. 레이너Michael E. Raynor가 공저한 『탁월함은 어떻게 만들어지는가』를 살펴보고자 한다. 그 책은 약 2만 5천 개의 미국 기업 중 탁월한 344개 기업을 선별했고, 18개 기업의 사례를 개별적으로 심층 분석했다.

분석 결과를 요약하자면 두 가지를 알 수 있다. 탁월한 기업들은 수익성 우위를 얻기 위해 원가 절감보다 매출총이익과 비용 경쟁력을 적극 활용했다. 또한 저자들은 원가 경쟁력이 곧바로 높은 수익성으로 연결되는 경우는 찾아보기 힘들다는 놀라운 사실도 발견했다. 이 분석을 바탕으로 저자들은 가격 전략과 관련해 다음 세 가지 규칙을 제시했다.

> **1. 가격 인하보다 품질·경험 차별을 먼저 설계(Better before cheaper):** 성공적인 기업은 단순한 가격 인하 경쟁이 아니라 품질, 혁신, 차별화된 가치를 통해 경쟁한다. 핵심은 고객에게 더 나은 제품, 서비스를 제공하는 데 집중하는 것이다.

2. 수익을 비용보다 우선시(Revenue before cost): 탁월한 기업들은 가격보다 차별화된 특성을 무기로 삼아 경쟁했다. 그러한 기업들은 수익성을 키우기 위해 비용 우위보다는 대체로 매출총이익에 크게 집중했다. 반면에 무난하게 오래가는 기업들은 매출총이익보다는 비용 우위에 의존하는 경향이 있었다.

3. 다른 규칙은 없다(There are no other rules): 변화와 혁신에 유연하게 대응하기 위해 기존의 비즈니스 모델이나 관행을 과감하게 변경해야 하며, 이때 모든 전략적 선택이 위의 두 규칙에 부합해야 한다.

결론적으로 뭄타즈 아메드와 마이클 레이너가 제시한 세 가지 규칙에 의거하면 단순한 비용 절감이나 가격 경쟁에 의존하지 않고, 차별화된 가치와 매출 증대를 꾀하는 기업만이 성공한다는 것을 알 수 있다.

# 고객 설문조사로 가격을 검증하라

제품을 개발하기 전에 고객이 누구인지, 무엇을 원하는지, 비용을 얼마나 지불할 의향이 있는지를 파악하는 것이 기본이다. 그러나 현실적으로는 제품 개발 이후에야 가격을 책정할 수밖에 없는 것이 스타트업의 현실이며, 고객에게 가격에 관한 의견을 직접 묻는 일을 꺼리는 스타트업도 적지 않다. 그래서 온라인으로 고객의 의견을 취합하거나, 이해관계자인 동료 직원이나 지인의 표본에 의존한 간접적인 데이터를 자료로 삼는 경우가 많다.

온라인으로 가격 민감도 등을 조사해주는 전문 업체를 활용하는 것도 좋은 방법이긴 하나, 비용 부담이 있을 수 있으며 적합한 표본을 잘 준비하지 않으면 엉뚱한 결과를 얻을 수도 있기 때문에 자료 준비를 많이 해야 한다.

우리나라 사람들은 직접적이거나 곤란한 질문을 하는 것을 꺼리는 경향이 있다. 그럼에도 대면 조사는 필요하고, 장점이 뚜렷하다. 높은 응답률을 기대할 수 있고, 풍부한 질적 데이터를 확보할 수 있으며, 조사자가 타깃 고객군의 특성(연령, 성별, 사용 경험 등)을 직접 확인해 조건에 맞는 피조사자만 선택할 수 있어서 표본의 대표성과 정확성을 높일 수 있다. 또한 표본이 많으면 많을수록 확률적으로 유리하겠지만, 최소한의 타깃 고객을 대상으로 특정한 다음 가격에 대한 민감도를 조사해야 한다. 이때 심리적 부담을 줄여주는 질문도 함께하여 상품에 대한 고객의 솔직한 의견을 수집하는 것이 좋다.

예를 들어 '이 상품이 제공하는 가장 큰 가치는 무엇이라고 생각하시나요?' 또는 '이 상품의 가치를 높이기 위해서는 어떤 점을 개선해야 한다고 생각하시나요?'와 같은 질문을 포함하여 고객의 지불 의향을 유추하는 것도 좋은 방법이다. '경쟁 상품과 비교해 더 낫거나 부족한 점은 무엇이라고 느끼시나요?'라는 질문은 고객의 지불 의향을 직접 묻지 않아도, 경쟁사의 가격 대비 자사 상품의 위치와 허용 가능한 가격대를 추정하는 데 도움이 된다.

고객의 가격 민감도와 선호도를 파악하는 기법 중, 피터 반 웨스텐도르프Peter Van Westendorp의 가격 민감도 기법Price Sensitivity Meter, PSM은 비교적 간단하면서 널리 쓰이는 기법이다. 이 기법은 1976년 네덜란드 출신의 경제학자 피터 반 웨스텐도르프가 개발한 가격 책정을 위한 시장 조사 방법이다. 설문 구조가 간단하고 필요한 표본 수도 많지 않아 전문 지식이 없어도 적정 가격 범위를 빠르게 가늠할 수 있다. 학문적 타당성에 대한 일부 논쟁이 있으나, 실무에서는 여전히 제품의 적정 가격 범위를 파악하는 데 널리 사용되고 있다.

다만 최종 가격은 PSM 기법의 결과만으로 결정하면 위험하다. 원가 구조, 경쟁 상황, 경제 지표, 기업의 전략 목표 등 다양한 요인을 종합적으로 고려해 최종 가격을 결정해야 한다.

PSM 기법은 고객에게 다음의 네 가지 질문을 통하여 가격 민감도를 측정한다.

1. **너무 비싸다**: '너무 비싸서 구매하지 않을 가격은?'
2. **비싸다**: '약간 비싸지만 상황에 따라 구매를 고려할 수 있는 가격은?'
3. **싸다**: '싸서 매력적이고 품질이 의심스럽지 않은 가격은?'
4. **너무 싸다**: '매우 저렴해서 품질이 의심되는 가격은?'

조사 방법은 두 가지가 있다. 상품의 핵심 특징을 설명한 간단한 콘셉트만 제시한 뒤 질문하는 방법, 실제 상품을 사용하거나 경험하게 하고 질문하는 방법이다. 전자는 주로 온라인 조사나 개별 면접 조사 등에 적합하고, 후자는 집단 모임으로 실시하는 것이 적합하다. 물론 어떤 경우에 사용해도 괜찮다. 브랜드 제시 여부는 상품의 출시 계획, 브랜드의 위상, 시장 상황 등에 따라 선택하면 된다.

설문은 가격을 네 가지 혹은 그 이상의 선다형으로 제시해 선택하게 한다. 이를 효과적으로 사용하기 위해서는 보기로 제시할 가격대를 상품의 시장 평균 가격과 소비자 구매력을 기준으로 설정하는 것이 좋다. 예를 들면 시장에서 유사 상품의 평균 가격이 20,000원이라면, 보기로 제시할 가격의 간격을 적절하게 조정하여 설문 항목을 다음과 같이 구성할 수 있다.

"이 상품에 대하여 너무 비싸다고 느끼는 가격은 얼마인가요?" 설문 조사 결과 예시

가격(원)	너무 비싸다(%)	비싸다(%)	싸다(%)	너무 싸다(%)
10,000	0	0	99	99
11,000	0	0	99	68
12,000	0	3.7	85	53
13,000	2.6	15	77	38
14,000	5.2	22	57	25
15,000	8.6	28	46	17
16,000	14	38	43	12
17,000	18.7	44	33	9
18,000	34	56	26	8
19,000	55	79	12	2
20,000	76	90	6	1
21,000	84	95	1	0

보기: 10,000원 / 11,000원 / 12,000원 / 13,000원……, 기타 의견

모든 질문은 동일한 가격대를 사용하되, 질문의 초점(너무 비싸다, 비싸다, 싸다, 너무 싸다)만 다르게 해야 한다. 각 질문은 서로 독립적으로 응답하도록 설계하고, 응답자의 혼란을 줄이기 위해 명확한 안내문을 제공하는 것이 좋다. 또한 제품의 핵심 특징과 가치를 요약한 콘셉트 보드를 제시해, 응답자가 제품의 맥락을 충분히 이해한 상태에서 답하도록 한다.

응답자의 논리적 오류를 방지하기 위해서는 모든 문항에 동일한 가격대를 제시하고, 가격의 간격은 일정하게 유지하되 너무 좁거나 넓지 않도록 설정한다. 이때, 응답자가 앞뒤 문항에서 모순된 답변을 하지 않도록 주지시키고, 응답자가 모든 문항에 쉽게 답변할 수 있도록 직관적이고 간단한 설문 형식을 유지하는 것이 매우 중요하다.

PSM 기법에서 선다형으로 가격을 제시하는 것은 응답자의 부담을 낮추고 데이터의 수집 효율을 높이는 장점이 있다. 다만 보기 값과 문항 구조를 신중하게 설계해 정확하고 일관된 데이터를 확보해야 한다.

PSM 가격 수요 곡선에는 보통 네 개의 교차점이 생기는데, 이를 기준으로 고객의 허용 가능 가격 범위를 해석할 수 있다. 그래프를 해석하기 전에 이 주요 지표에 대해 먼저 알아보자.

1. **PMC(Point of Marginal Cheapness):** '너무 싸다'와 '비싸다'의 교차점으로, 최저 한계 가격이다. 가격을 낮출 수 있는 가장 낮은 선이므로, 가격을 더 낮추는 것은 불필요하며, 이보다 낮추면 오히려 상품의 품질을 의심받을 수 있다. 따라서 PMC보다 높게 가격을 책정하는 것이 바람직하다.

2. **PME(Point of Marginal Expensiveness):** '너무 비싸다'와 '싸다'의 교차점으로, 최고 한계 가격이다. 이보다 인상하면 고객에게 제품이 외면당할 수 있다. 따라서 PME보다 낮게 가격을 책정하는 것이 바람직하다.

그렇다면 이 가격 수요 곡선을 바탕으로 어떻게 최적 가격을 선택할 수 있을까? PSM은 어디까지나 소비자의 수용 가격 범위를 파악하는 조사다. 따라서 IPP 혹은 PPP만을 최적 가격이라고 생각할 수는 없다. 소비자들이 허용할 수 있는 가격대는 대략 PME와 PMC 범위 내다. 이 범위에서 기업의 상황, 카테고리 및 경쟁 현황을 고려해 최적의 가격을 선택해야 한다.

PME와 PMC의 범위, 즉 'PME- PMC'의 차이가 좁을수록 고객이 가격에 민감하게 반응하므로, 가격 정책에 특히 유의해야 한다. 또한 'PPP-IPP'의 차이가 양수면 가격대를 다소 낮게 책정할 필요가 있으며, 음수면 약간 높은 가격도 수용 가능성이 있다.

다음 PSM 가격 수요 곡선은 앞서 제시한 표의 예시 문항의 응답된 가격에 대해 누적 백분율을 산출한 것이다. 이를 바탕으로 그래프를 어떻게 해석할 수 있는지 알아보자.

PSM 가격 수요 곡선[*]

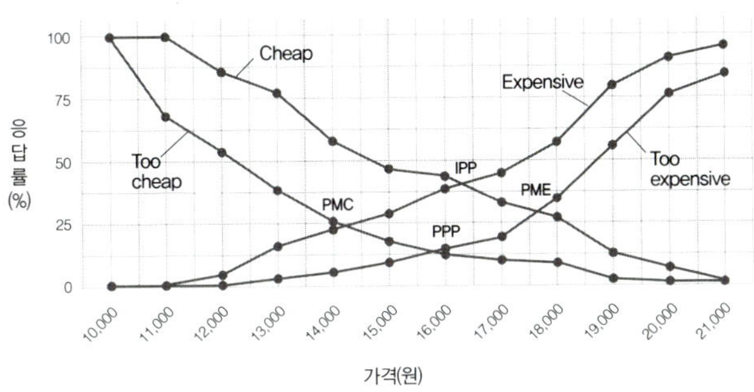

곡선의 흐름에 따른 그래프 해석

항목	구간 변화(누적 %)	그래프 해석
너무 싸다	10,000원: 99% → 18,000원: 8%	10,000~14,000원 구간은 고객이 품질을 의심할 가능성이 높음
싸다	10,000원: 99% → 18,000원: 26%	고객의 합리적 가격 인식 범위는 대체로 10,000~15,000원
비싸다	12,000원부터 상승 → 21,000원: 95%	고가 구간으로 갈수록 구매에 대한 심리적 저항 증가
너무 비싸다	16,000원: 14% → 이후 급증 (21,000원 부근 84%)	16,000원 이상에서 강한 거부감 발생

주요 교차점

지표	교차 곡선	값(원)	해석/권고
PMC (최저 한계 가격)	너무 싸다 × 비싸다	약 13,500	이보다 낮추면 품질 의심 ↑ → PMC 이상에서 책정 권장
PME (최고 한계 가격)	싸다 × 너무 비싸다	약 16,500	이보다 높이면 거부감 급증 → PME 이하에서 책정 권장
PPP (최적 가격)	너무 싸다 × 너무 비싸다	13,500 ~16,500	허용 가능 범위(균형 인식) → 15,000원

* PSM 가격 수요 곡선 설문 문항을 집계한 후 엑셀로 집계한다. 이후 AI 툴(ChatGPT 등)을 이용하여 그리면 간단하고 정확하게 그릴 수 있다.

이렇게 해석한 곡선의 흐름과 주요 교차점을 바탕으로, 가격 책정을 위한 전략을 아래와 같이 제안할 수 있다.

전략적 제안

가격대	전략	실행 방안
10,000~13,500원	품질 신뢰 보강	제품 품질 인증, 원재료 증빙, 사용 후기 강조, 무료 체험 이벤트 제공
13,500~16,500원	최적 가격대. 핵심 구간 공략	기준가 15,000원 제시, 프로모션 시 14,000원 중심
16,500원 초과	프리미엄 서비스 및 기능 추가	VIP 멤버십 제공, 설치 및 AS 무상 제공

10,000~13,500원은 주의가 필요하다. 가격이 저렴하다는 인식을 넘어 품질이 의심되기 시작하는 가격대이기 때문이다. 또한 응답률이 25% 이상이라는 것은 품질에 대한 의심을 완화하기 위해 신뢰도를 높이기 위한 노력이 필요하다는 것이다.

16,500원을 초과하는 금액에서는 '너무 비싸다'고 한 응답이 빠르게 증가한다. 이는 해당 가격대에서 소비자가 비싼 만큼의 특별한 가치(프리미엄 요소, 혜택 등)를 느끼지 못한다는 이야기이므로, 가격을 인하하거나 상품 가치를 강화할 필요가 있다.

결론적으로 최적 가격은 15,000원, 허용 범위는 13,500~16,500원이다. 저가 구간에서는 품질 보증 등으로 신뢰를 확보하기 위해 노력하고, 고가 구간에서는 프리미엄 경험으로 가격의 정당성을 확보해야 한다. 이와 같은 간단한 분석으로도 가격 민감도 기반의 전략적 가격 책정을 하는 데 유용한 기초 자료로 활용할 수 있다.

가버-그랜저 가격 결정 기법, 허용 가격대 측정법

앞서 살펴본 PSM 기법과 함께 널리 쓰이고 있는 가버–그랜저_{Gabor-}

앞서 살펴본 PSM 기법과 함께 널리 쓰이고 있는 가버–그랜저Gabor-Granger 가격 결정 기법을 살펴보자. 이 방법은 가격과 수요 곡선을 기반으로 최적 가격을 찾기 위해 고안된 것으로, 신제품의 최초 가격 결정은 물론 기존 상품의 가격을 인상하거나 인하를 검토할 때도 폭넓게 사용된다.

가버–그랜저 가격 결정 기법은 1960년대 경제학자 앙드레 가버André Gabor와 노벨 경제학상을 수상한 영국의 클라이브 그랜저Clive Granger의 이름에서 유래되었다. 상품이나 서비스에 대한 최적 가격을 결정하는 데 사용되는 직접적인 질문 기법으로, 핵심은 제시한 가격의 변화가 잠재고객의 구매 의향에 어떤 영향을 미치는지를 평가해 수요의 가격 탄력성을 측정하는 것이다. 이 기법은 특히 판매량과 매출을 동시에 극대화하는 가격대를 찾는 데 효과적인 가격 책정 전략이라 할 수 있다.

이 가격 결정 기법을 사용하는 방법은 다음과 같다.

1. 조사 대상 상품 또는 서비스의 개요 제시: 핵심 기능, 사양, 샘플 등을 간단하게 설명하는 콘셉트 자료를 제공한다.

2. 가격 제시 및 구매 의향 설문: 준거 가격 및 경쟁 상품 가격 조사를 근거로 가격 리스트를 준비하고, 가격을 제시하며 "이 제품이 ○○원일 때 구매하시겠습니까?"와 같은 질문으로 구매 의향을 묻는다. 응답은 5점 척도[5점(매우 구매할 것 같다)~1점(전혀 구매하지 않을 것 같다)]를 사용한다. 신뢰도와 통계적 유

의성을 확보하기 위해 실무적으로는 최소 100~200명 내외의 표본이 권장되며, 30명 이하의 소수 표본은 결과 왜곡 우려가 커서 피하는 것이 일반적이다.

3. 최고 가격 찾기: 응답 결과에 따라 더 높은 가격 또는 더 낮은 가격을 연속으로 제시하며 질문을 반복해 응답자별로 지불할 수 있는 최고 가격을 찾는다.

4. 수요·매출 곡선 산출: 가격별로 제품 구매 의향이 있는 고객의 비율(수요 비율)을 집계해 수요 곡선을 만들고, 해당 비율에 가격을 곱하여 예상 매출 곡선을 산출해 그래프를 그린다.

5. 최적 가격 결정: 예상 매출 곡선의 최대점을 후보 가격으로 선정해 이를 검증하고 최적의 판매 가격을 결정한다.

이제 앞서 살펴봤던 실제 스타트업 제품인 백로앙금의 단팥 스프레드 모나카 세트를 예시로 적용해보자. 이 제품은 튜브 타입의 단팥 스프레드(80g) 3개와 모나카 깍지 15장을 선물용 박스 한 세트로 구성했다.

백로앙금 단팥 스프레드 모나카 세트

먼저 카테고리 준거 가격 및 경쟁 상품 등을 참고해 아래 가격대를 제시하고, 반복 질문을 통해 가격별로 구매 의사 가격과 그에 대한 수요 비율을 수집한다.

가격(원)	수요 비율(Demand Ratio)	예상 매출(Revenue)
16,900원	95%	16,055
19,900원	87%	17,313
22,900원	75%	17,175
24,900원	65%	16,185
26,900원	50%	13,450
29,900원	20%	5,980
31,900원	5%	1,595

위 표에서 볼 수 있듯 19,900원 부근에서 예상 매출이 최대가 된다. 아래 그래프는 동일 결과를 수요·예상 매출 곡선으로 시각화한 것으로, 최적 후보 가격 지점을 한눈에 확인할 수 있다.

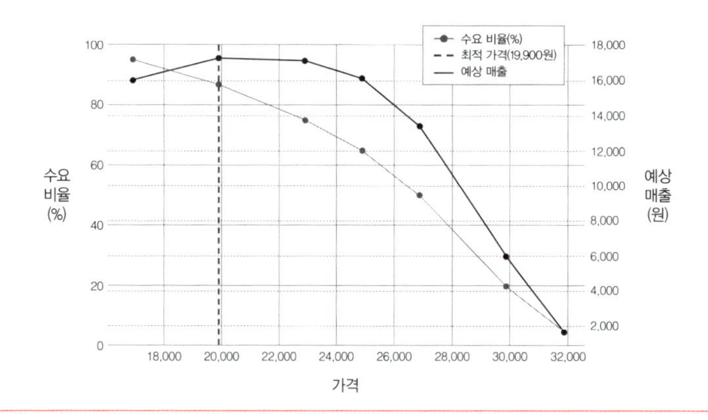

위 그래프와 같이 수집한 데이터를 집계해 수요 곡선과 예상 매출 곡선을 만들면 데이터를 한눈에 알아볼 수 있다. 가격이 오를수록 수요 비율은 감소하고, 예상 매출은 특정 지점에서 최대화 후 감소한

다는 것을 알 수 있다. 그래프의 회색 점선은 예상 매출이 최대가 되는 가격이자, 응답자별로 지불할 수 있는 최고 가격을 뜻한다. 이 결과, 위 사례의 최적 가격은 19,900원이고, 해당 가격에서 예상 매출은 17,313원이라는 것을 확인할 수 있다. 수요비율 표를 작성한 후 AI 툴을 활용하여 그래프를 쉽게 그릴 수 있다.

가버-그랜저 가격 결정 기법은 매우 직관적이고 간결한 구조로 고객의 최대 지불 의사를 파악할 수 있고, 가격 탄력성을 정량적으로 분석해 가격 변화에 따른 수요 변동을 어느 정도 예측할 수 있다는 장점이 있다(예: 가격 10% 인상 시 수요 5% 감소와 같은 구체적인 전망 제공). 다만 실제 시장에서는 수요 곡선이 비선형일 수도 있다(예: 19,900원에서 21,000원으로 변경 시 급격한 수요 감소). 또한 경쟁사 가격, 경제 상황, 소비자 선호도 변화 등 외부의 변인이 반영되지 않는다는 점과 설문 응답자가 실제 구매 행동과 달리 이상적 선택을 할 가능성을 배제할 수 없는 점, 단순 상품(식음료, 소비재)에 적합하며 복잡한 상품(전자제품, 자동차)에는 부적합한 측면이 있다는 단점이 있다. 따라서 이러한 점들을 고려해 PSM 기법 등과 병행하여 추정 가격의 정확도를 높이는 노력이 필요하다.

결론적으로 가버 그랜저 가격 결정 기법은 신속한 가격 결정이 필요한 단순 제품에 효과적이며, 한계를 보완하기 위해 다른 방법론과의 통합 및 데이터 보정이 필수적이다. 특히 경쟁 환경, 소비자 세그먼트별 차이를 함께 검토할 때, 보다 정확한 가격 전략을 수립할 수 있다.

제2장 '판'의 기초를 이해하라

1. 가격의 기초선 설정

- 수익 구조를 이해하자. 수익이 남는 구조를 이해하는 것이 '판'의 기초이며, 이를 위해 원가와 공헌이익을 분석하여 가격의 바닥선(최소 가격)을 정해야 한다.

- 시장 포지션 파악: 경쟁 상품 분석을 통해 시장 내에서 자사 제품의 가격 포지션을 파악해야 한다.

- 기준 가격 활용: 관행 가격이나 키스톤 가격(원가의 두 배)과 같이 업계에서 통용되는 기준도 가격 책정의 중요한 기준이 된다.

2. 수익 개선과 가치 중심 설계

- 가격 레버리지 효과: 가격 레버리지 효과를 이해하면 작은 폭의 가격 조정만으로도 큰 폭의 수익 개선이 가능하다.

- 가치 중심 설계: 원가나 경쟁 가격이 아닌 고객이 느끼는 가치 중심으로 가격을 설계해야 한다.

- 고가 전략 조건: 고가 전략을 실행하기 위해서는 반드시 그 가격을 정당화할 수 있는 상품력이 뒷받침되어야 한다.

3. 가격 검증 및 측정

- 허용 가격대 측정: PSM 기법과 가버–그랜저 기법을 활용하여 고객이 수용할 수 있는 허용 가격대를 측정하여 시장에서 실제로 통하는 가격인지 검증해야 한다.

3장

가격 차별화 전략을 실천하라

고객·상황별 가격 차별화 전략

대구의 한 성당 앞에는 매주 일요일 아침에 일요시장이 열린다. 약 300m 길이의 구간에 과일, 생선, 즉석 가공식품, 농산물, 심지어 이불, 옷까지 다양한 상품을 판매한다. 같거나 유사한 상품도 가격이 천차만별이라 처음부터 끝까지 둘러보고 구매해야 가격이 싸고 품질이 좋은 상품을 구매할 수 있다. 그런데 이 시장에는 특이한 현상이 하나 있다. 성당 맞은편 시장 입구에 있는 동네 개인 마트가 일요일 오전마다 계산대 앞에 사람들이 줄을 설 정도로 대박이 나는 것이다.

몇 주 동안 관찰한 결과, 이 마트는 시장보다 낮은 가격으로 브랜드 상품을 마트 앞마당에 산더미처럼 쌓아 놓고 팔고 있었다. 일요일 오전에만 한시적으로 묶음 전략을 내세워 파격적인 할인 효과가 있는 것처럼 홍보해 매출을 올리는 것이었다. 그 마트는 오전 장이 끝나고 나면 가격을 원상 복귀시키고, 평소에는 다른 구성의 묶음 전략으로 고객을 유인했다. 즉 시간과 장소에 따라 고객의 지불 의사를 파악하고 가격을 차별화한다는 것을 알 수 있었다.

반면, 횡단보도를 기점으로 마주 보는 대기업 프랜차이즈 마트는 점주 재량껏 가격을 정하거나 프로모션을 할 수 있는 권한이 제한적이었는지 상대적으로 비싸다는 평이 많았고, 상품의 구색도 다양하지 못했다. 그곳은 결국 영업을 중단하고 말았다.

가격 전략을 아무리 정교하게 세워도, 같은 상품이나 서비스라도 고객마다 지불 의사가 다르다는 현실은 쉽게 극복되지 않는다. 단일 가격은 더 높게 지불할 의사가 있는 잠재고객과 더 낮은 가격으로 구매를 희망하는 잠재고객을 동시에 놓칠 수 있다는 맹점이 항상 있다. 현명한 가격 결정자라면 "약삭빠른 토끼는 항상 세 개의 굴을 가지고 있다"라는 뜻의 고사성어 '교토삼굴(狡兎三窟)'을 떠올려 낮은 가격, 중간 가격, 높은 가격의 세 가지 가격안을 전제로 가격 설계를 시작하는 것이 좋다. 연령, 소득 수준, 지역, 시간에 따라 고객의 가격 민감도가 달라지므로, 추가 수익을 창출할 기회를 포착할 수 있도록 준비해야 한다.

가격 차별화 전략을 실행하기에 앞서 고객의 지불 의사, 가격 민감도, 구매 행동을 파악해야 한다. 설문조사 및 데이터 분석으로 고객의 니즈를 확인하고, 경쟁사 분석으로 경쟁 상품의 가격 구조, 프로모션, 고객층의 특성을 살핀다. 그다음엔 확보한 인사이트를 바탕으로 자사 상품의 고유한 가치를 잠재고객에게 어떻게 전달할지 정리한다. 예컨대 마케팅을 위해 '가장 저렴한 가격', '프리미엄 품질' 등의 후킹 문구를 작성하는 것이다.

이후 고객 세그먼트별로 적합한 가격 전략을 설계한다. 다단계 가격, 묶음 가격, Good-Better-Best 가격 책정 전략 등 다양한 가격 차별화 전략을 수립한다. 이후 웹사이트, SNS, 광고로 고객과의 커뮤니케이션을 강화하고, 고객의 반응에 따라 전략을 지속적으로 조정하고 추가 프로모션으로 보완한다.

가격 차별화는 상품의 가격이나 서비스에 있어 '어떻게 다른 방법으로 경쟁할 것인가'와 시장의 구조나 특성을 파악해 '어디에서 경쟁할 것인가'를 심도 있게 파악해야 한다. 또한 세분화된 고객 집단이 서로 다른 가격에 대해 실제로 반응이 있어야 한다. 즉 차별화된 가격에 대한 구매 고객이 없으면 그 가격화 전략은 성공할 수 없다. 또한 차익 거래 Arbitrage Transaction에 따른 이익을 가능한 한 방지해야 하나, 쉽지 않은 것이 현실이다. 특히 이는 묶음 가격 전략을 취할 때 많이 발생한다. 예컨대 홈쇼핑에서 판매하는 건강보조식품을 3개월 묶음짜리로 구매한 뒤 1개월분으로 소분해 되파는 경우가 종종 있다. 이를 방지하기 위해 낱개 포장과 의무 표기 사항 등을 개별 표기하지 않아야 차익 거래를 어느 정도 방지할 수가 있다.

각 세분화된 고객은 분리될 수 있어야 하며, 충분한 규모를 보유하는 것이 바람직하다. 기존 표준 가격으로 구입한 고객에 대한 배려 정책(1개월 이내 가격 변동 시 차익을 보전해주는 등)도 고려되어야 하며 독점규제 및 공정거래에 관한 법률(공정거래법), 표시·광고의 공정화에 관한 법률(표시광고법)과 같은 관련 법에 저촉되지 않아야 한다.

전통 경제학 관점에서 가격 차별화 전략은 세 가지 유형으로 분류할 수 있다. 실무에서 참고할 세 가지 유형은 다음과 같다.

- **제1급 가격 차별(완전 가격 차별):** 고객의 최대 지불 의사 금액에 따라 가격을 책정하는 방식이다. 경매나 맞춤형 제품 판매에서 활용된다. 소비자 잉여를 기업의 수익으로 흡수가 가능하지만, 실행 난이도가 높다는 단점이 있다.
- **제2급 가격 차별(수량·메뉴 기반):** 구매하는 수량, 버전에 따라 단위 가격을 다르게 책정하는 방식이다. 대량 구매 시 할인, 소량 구매 시 표준 가격 유지 등의 방식으로 구매량에 따라 고객의 선호를 반영할 수 있다. 비선형 가격 전략이라고도 부른다.
- **제3급 가격 차별(소비자 그룹 기반):** 연령, 지역, 직업 등 그룹별로 가격을 다르게 책정하는 방식이다. 학생 할인, 지역별 가격 책정, 기업 고객용 맞춤 가격 설정 등이 해당되며, 각 그룹별 수요를 효율적으로 공략하여 시장 점유율을 확대할 수 있다.

이론의 1·2·3급 분류가 실무에서 그대로 쓰이기도 하나, 상품과 서비스 성격, 최신 시장 환경에 따라 혼합·다변화되고 있어 실무에서는 응용 전략이 사용된다. 몇 가지 예를 들면 동적 가격 결정(시간·수요를 기반으로 하며 다이내믹 프라이싱Dynamic Pricing이라고도 함)은 시간, 시점, 재고, 수요에 따라 실시간으로 가격을 조정하는 방식이다. 예약 시점에 따른 항공권 가격 변화나 호텔의 성수기 요금 정책 등이 해당되며, 수요 변동에 유연하게 대응해 수익을 극대화할 수 있다.

두 번째는 묶음 가격이다. 맥도날드에서 세트 메뉴를 구매하는 것이 개별적으로 단품들을 모아 사는 것보다 저렴하다. 이처럼 여러 제품이나 서비스를 묶어서 단일 가격으로 제공하는 전략이다.

세 번째는 다차원 가격 책정 전략이다. 이 전략은 인구 통계학적 특성, 지역 및 채널, 시간대, 과거 구매 패턴, 선호도 등 여러 차원의 특성을 반영해 맞춤형 가격을 제공하는 방식이다. 영화관 조조 할인, 심야 전기 요금 할인, 성수기 항공권 예약 등이 해당된다.

네 번째 구조화된 가격 책정 전략은 상품의 소유 구조나 가격 지불 방식을 창의적으로 설계해 진입 장벽을 낮추거나 고객의 지불 선호에 맞춰 다변화시키는 방식이다. 자동차 할부, 스트리밍 서비스 구독 모델 등이 해당된다.

결국 가격 차별화 전략은 각기 다른 지불 의향과 능력을 가진 고객에게 맞춤형 가격을 제시하여 선택의 폭을 넓혀주어 다양한 고객층을 공략하는 것이다. 또한 고가 전략에서는 높은 마진 확보, 저가 옵션에서는 시장 침투율을 증가시켜 경쟁사와 차별화된 가격으로 브랜드의 신뢰성과 충성도를 확보하는 계기를 만들어야 가격 전략을 성공시킬 수 있다.

이제 실무에서 활용하는 다양한 가격 차별화 전략 중 대표적인 몇 가지를 더 상세히 소개하고자 한다.

| 골디락스 프라이싱 전략 |

'골디락스 프라이싱_{Goldilocs Pricing} 전략'이라는 용어는 영국의 동화 『골디락스와 곰 세 마리_{Goldilocks and the Three Bears}』에서 유래했다. 동화 속 주인공인 소녀 골디락스가 곰들이 만든 뜨거운 죽, 차가운 죽, 알맞게 식은 죽 중 알맞게 식은 온도의 죽을 고르는 장면에서 아이디어를 가져온 것이다.

사람은 무언가 선택할 때 '적당한 것'을 선호하는 경향이 있다는 전제에서 기반한 것이 골디락스 효과 또는 원리이다. 가격 책정 전략을 활용해 각기 다른 세 가격대(저가·중가·고가)를 제시하고, 중간 가격 옵션으로 자연스럽게 유도하는 것이다. 이 전략은 고객의 심리적 선택 경향과 가격 차별화의 핵심 원리인 고객 세분화와 지불 의사에 기반한 가격 차별 전략이라고 할 수 있다.

각 가격대의 역할을 설명하면 다음과 같다. 저가 옵션은 기본 기능만을 제공해 가격 민감도가 높은 고객을 흡수한다. 중가 옵션은 가격과 기능의 균형을 맞춰 제공해 대다수 고객에게 가장 합리적인 선택지로 보이도록 설계한다. 고가 옵션은 프리미엄 기능과 용량을 제공하지만, 가격 부담이 있어 실제 구매를 망설이게 한다.

일상에서 보기 쉬운 예를 들어보자. 커피 전문점에서 작은 크기, 중간 크기, 큰 크기의 커피를 판매할 때에도 중간 크기의 판매 비중이 가장 높다. 많은 기업은 이 전략을 사용할 때, 이익률이 가장 높은 옵션을 중간에 배치하는 전략으로 수익을 극대화한다.

경산대추 선물세트
명품1호 추석 명절...
28% **48,000원**

[한방보감] 경산대추
선물세트 명품 2호
51,900원 무료

경산대추 선물세트
명품4호 추석 명절...
29% **53,000원**

특히 위와 같은 명절 선물 세트와 농·특산품 등의 결합 상품에서도 이 전략을 자주 사용한다. 가격과 구성에 차등을 두어 고객의 선택의 폭을 넓혀 구매 결정이 빨라지도록 돕는 역할도 하면서, 매출과 이익을 동시에 노릴 수 있다.

참고로 Good-Better-Best 가격 책정 전략도 가격을 세 단계로 구분한다는 점이 비슷하다. 하지만, 이 가격 책정 전략은 가격뿐만 아니라 품질과 기능을 명시적으로 차별화해 소비자의 선택의 폭을 넓히는 데 초점을 맞추었고, 골디락스 가격 책정은 소비자의 심리적 선호를 활용해 중간 옵션 선택을 유도한다는 점에서 미묘한 차이가 있다.

| 종속 상품 프라이싱 전략 |

종속 상품 프라이싱Captive Product Pricing 전략은 주 상품Main Product과 함께 필수적인 종속 상품Captive Product에 대하여 가격을 책정하는 방식이다. 이 전략은 주 상품의 가격을 낮게 설정하여 고객을 유인하고, 종속 상품에서 높은 마진을 확보해 장기 수익을 극대화하는 데 목적이 있다.

이 전략은 초기에 낮은 가격으로 진입 장벽을 낮춰 고객을 빠르게 유치해 시장 점유율을 확대하는 데 유리하다는 장점이 있다. 그러나 종속 상품의 가격이 너무 높아 소비자가 이를 부당하다고 느낄 경우 소비자 불만이 커져 이탈하거나 이미지 훼손으로 이어질 수 있고, 수익의 상당 부분이 종속 상품 판매에 의존하는 구조라면 대체재가 등장하면 수익 기반이 흔들릴 위험이 있다.

대표적인 사례로 코닥Kodak을 들 수 있다. 코닥은 필름 판매가 안정적인 수익원이었다. 코닥은 1975년에 디지털카메라를 세계 최초로 개발했으나, 필름 사업을 잠식할 것을 우려해 상업화를 미루었다. 이후 경쟁사에서 디지털카메라의 출현으로 핵심 수익원이 약화되는 수모를 겪었다.

종속 상품 가격 전략은 장기적인 수익과 브랜드 생태계를 강화하는 데 유용하다. 그러나 종속 상품의 가격을 지나치게 높게 설정하거나 선택의 폭을 과도하게 제한하면 소비자 반발을 야기하고, 브랜드 이미지에 타격이 생기거나 소비자의 만족도가 떨어지면서 경쟁사로의 이동을 초래할 수 있다.

종속 상품의 대표적인 예시인 면도기와 면도날, 브리타 본체와 필터

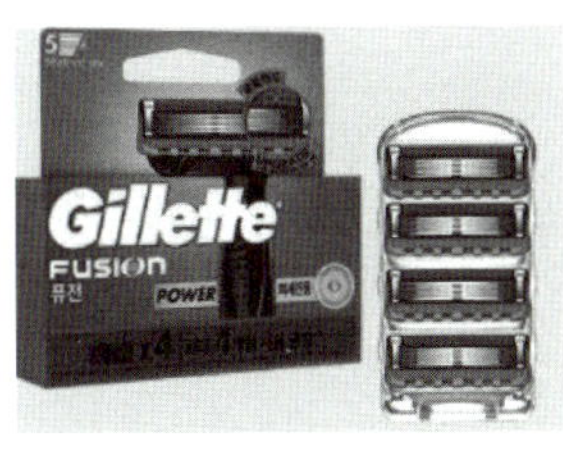
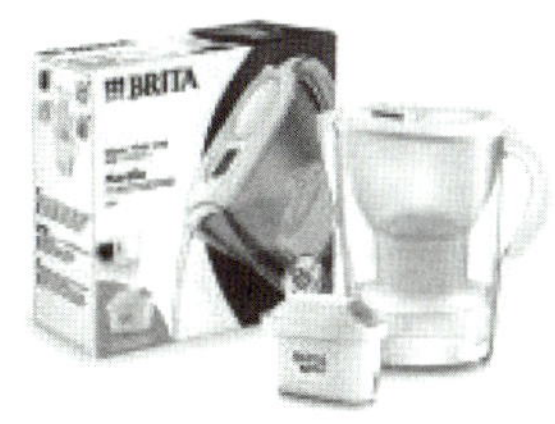

| 묶음 가격 |

묶음 가격Price Bundling은 여러 상품이나 서비스를 하나의 패키지로 묶어 고객에게 할인된 가격으로 판매하는 방법이다. 번들링이라고도 부르며, 마케팅에서 널리 쓰이고 있다. 이 전략은 고객에게 더 많은 가치를 제공해 구매를 유도한다. 동시에 기업의 매출 증대와 재고 관리 효율화, 시장 확장의 기회를 만든다. 일반적으로 묶음 가격은 개별 상품의 가격 합계보다 낮은 가격으로 판매해야 효과가 있다.

묶음 가격은 크게 순수 묶음과 혼합 묶음으로 나뉜다. 순수 묶음은 특정 제품을 묶음으로만 판매하고 단품으로는 구매할 수 없게 하는 방식으로, 항공권, 숙박권, 일부 밀키트, 패키지 투어 등이 있다. 고객 입장에서는 선택 부담이 줄고 제품을 상대적으로 저렴하게 구매할 수 있다는 장점이 있다.

혼합 묶음은 묶음 구매와 단품 구매 모두 가능한 방식이다. 고객의 선택권을 넓혀 만족도를 높이는 장점이 있다. 통신사 패키지, 스포츠 센터 프로그램, 놀이공원 BIG 5 이용권 등이 있다. 또한 특정 인기 제품에 다른 제품을 덧붙여 세트로 판매하느냐, 개별 상품으로도 팔지만 묶음 판매로 더 싸게 판매하느냐에 따라 혼합 선도형과 혼합 결합형으로 나뉜다.

혼합 선도형은 주력 상품을 정가로 판매하고, 인기가 낮은 보조 상품을 할인해 보조 상품의 시장 확대를 꾀하는 방식이다. 예를 들면 자동차 구매 시 내비게이션 할인, 자동차 정비를 할 때 엔진오일 교환 시 에어필터를 할인해 동반 구매를 유도하는 경우가 있다. 유튜브의 광고 없는 동영상(선도 상품) 구독 시 유튜브뮤직(보조 상품)을 추가 비용 없이 제공하는 프리미엄 상품도 이에 해당한다.

반면 혼합 결합형은 두 개 이상의 상품이나 서비스를 고정된 가격으로 함께 제공하는 방식이다. 햄버거, 감자튀김, 음료를 각각 개별로 구매할 수 있지만, 세트로 구매하면 더 저렴한 것이 이에 해당한다.

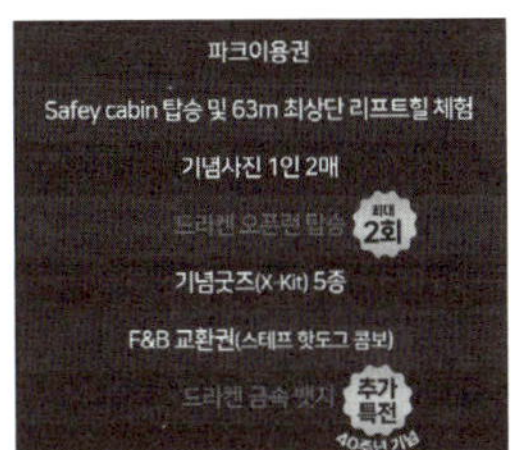

묶음 가격은 고객별로 선호도와 지불 의사가 다를 때 효과적이다. 개인별 가치 차이를 상쇄할 수 있고, 한 상품의 초과 지불 의사가 다른 상품으로 이전되도록 설계할 수 있다. 특히 고정비가 높고 한계 비용이 낮은 산업에서 적용하면 더 효과적이다. 예를 들면 소프트웨어 패키지, IPTV, 넷플릭스 등의 스트리밍 서비스가 대표적이다.

또한 유사 상품이 많은 시장에서는 묶음 상품을 통해 차별화된 가치를 제공할 수 있다. 고객의 거래 비용을 낮추고 구매 의사 결정을 단순화하면서, 고객의 시간과 노력을 줄여주는 역할을 강조하고, '혜택을 더 많이 받는다'라는 인식을 강화해 브랜드 및 상품의 충성도를 높일 수 있다.

묶음 가격을 응용하는 것도 가능하다. 자사 상품과 타사 상품을 함께 묶어 브랜드 파워의 전이를 노릴 수 있다. 이 역시 고객의 선택지를 넓히는 장점이 있다. 예를 들어 편의점 수입 맥주처럼 기업에서 상품을 묶는 것이 아니라 고객이 원하는 맥주를 마음대로 '골라 담기'하는 것도 창의적인 묶음 가격의 성공 사례라고 할 수 있다.

묶음 가격은 상품 간의 상호 보완성, 고객 가치 차이, 고정비 구조, 매출 증대, 거래 및 생산 비용 절감 등 다양한 상황에서 효과적인 가격 차별화로 활용되고 있다. 기업은 자사 상품의 특성과 시장 상황을 분석하여 묶음 가격 전략을 적용하면 매출과 고객 만족도를 동시에 높일 수 있다.

다만 주의해야 할 점이 있다. 동일 상품을 과도하게 저렴한 가격으로 묶을 경우 기존 단품 구매 고객의 반발이 생길 수 있다. 또한 역마진(싼 값에 구매하여 비싼 값에 되파는 현상) 문제가 발생하지 않도록 설계해야 하고, 경쟁사 상품과 가격 비교가 쉽지 않도록 하는 것도 중요하다.

앞에서 살펴본 바와 같이 묶음 가격은 이익을 개선할 수 있는 여지가 있으나 항상 정답은 아니다. 고객의 지불 의사 가격, 라이프스타일의 변화, 경기 변동에 따른 소비 감소 등의 요인을 잘 파악해 유연하게 대책을 강구해야 한다. 이런 다양한 요인에 따라 묶음을 풀어 단품화하거나 수량을 줄여 소포장으로 전환해 더 큰 이익을 낼 수도 있다. 이러한 방식을 언번들링unbundling, 묶음 가격 풀기라고 부른다. 개별 물품의 마진을 높일 수 있을 때, 또는 소포장으로 시장 확대 가능성이 크다고 판단되거나 가치 사슬의 변화에 따라 기존의 패키지 묶음 서비스를 각각 별도로 제공하는 경향에 따라 사용하는 전략이다.

예를 들어 초코파이는 고물가, 1인 가구 증가의 영향으로 2개입 소포장이 6×12개입보다 편의점 매출이 두세 배 증가했다. 생리대 역시 3개 소포장이 14개 포장보다 매출이 크게 증가했다. 또한 항공사의 수하물 요금이 기본 요금을 최소화하고 추가 용량에 별도 요금을 부과하는 방식을 취하고 있듯, 다양한 분야에서 묶음을 풀어 별도 과금으로 추가 수익을 창출하기도 한다.

스키밍 가격 전략Skimming Pricing은 기업이 신제품을 시장에 출시할 때 사용하는 전형적인 전략이다. 신제품 초기에 높은 가격을 책정해 초기 구매층의 지불 의사 상한(유보 가격)을 반영하여 초기 수익을 극대화한 뒤, 수요 변화로 인한 판매량 감소나 경쟁 심화 등이 발생함에 따라 가격을 단계적으로 인하하면서 시장 점유율을 유지하거나 높인다.

주요 대상 고객은 신제품을 먼저 사용하고 싶은 욕구가 충만한 이노베이터 및 얼리어댑터다. 가격이 비싸더라도 남들보다 일찍 구매하여 신상품을 경험하고 타인의 부러움을 사면서 남들보다 앞서 나간다는 만족을 누릴 수 있는 니즈를 자극하여 대체품이 출시되기 전에 높은 가격으로 수익을 극대화한다. 초기 시장 진입 이후에는 점차 가격을 내려서 실용주의자 및 보수주의자, 심지어 최저 가격을 찾아서 구매를 결정하는 회의론자에 해당하는 주류 시장의 고객까지 공략하는 전략이다.

이 전략은 모든 기업이나 모든 상품에서 다 성공하는 것이 아니다. 가격이 구매 요인에 민감하지 않은 품목이어야 하고, 기술성이나 차별화가 확실한 상품으로 살 수 밖에 없어야 한다. 또한 확고한 브랜딩이나 경쟁사 대비 우위 요소를 갖춘 상품이 성공할 확률이 높다.

대표적인 사례로 2007년 6월 처음 출시된 아이폰을 들 수 있다. 첫 출시 가격을 599달러로 높게 제시해 초기 이익을 극대화한 이후 무려 399달러로 가격을 대폭 인하했다. 그러자 수요는 급상승했으나, 초기 고객의 반발이 있었다. 결국 100달러 기프트카드를 제공하는 보상 조치가 뒤따랐지만, 기업의 입장에서는 폭발적인 초기 이익과 시장 확장이라는 두 가지 목표를 성공적으로 달성시킨 전략으로 평가된다.

이후로도 애플은 끊임없는 가격 차별화 전략을 통하여 소비자가 가진 다양한 수준의 지불 의사 가격을 연구하고 탐색하며, 끊임없는 기술 혁신으로 원가 절감 및 생산성을 향상시키면서 새로운 버전의 제품을 지속적으로 출시하고 있다. 충성고객을 락인시키면서 성장을 지속하고 있는 기업이다.

국내 사례를 살펴보자. 풀무원은 이미 많은 경쟁사가 자리 잡은 라면 시장에 후발 주자로 뛰어들었다. 풀무원은 자사의 라면을 기존 경쟁 제품보다 두 배 높은 가격으로 판매했고, 이 전략은 성공을 거두었다. 튀기지 않은 생면이라 몸에 나쁘지 않으면서 맛있는 라면이라는 인식, 기존 풀무원 브랜드의 이미지, 초기의 높은 가격이 오히려 품질에 대한 신뢰를 주는 효과를 얻은 것이다.

최근 제품 수명 주기Product Life Cycle가 점점 짧아지고 있고, 스타트업은 소량 생산으로 원가 부담이 커 가격 전략 설계가 어렵다. 이런 환경에서 스키밍 전략은 브랜드 파워는 약하지만, 차별적 요소가 뚜렷한 스타트업 제품에 적합하다. 초기 준거 가격을 높여 이익률을 개선하고, 이후 단계적 인하로 시장 점유율을 높일 수 있다. 제품의 혁신성이나 고객의 문제를 명확하게 인식하고 차별화 요소인 뚜렷한 해결책을 제시한다면 고객은 높은 가치를 인식하고 구매로 이어질 가능성이 크다.

앞서 말했듯 스타트업은 시장 진입 시 원가 경쟁력이 부족하다. 낮은 가격으로 시작해도 판매를 보장할 수 없다. 반면 스키밍 가격 전략으로 초기에 높은 가격을 설정하면 프리미엄 이미지를 구축할 수 있고, 초기 투자비 회수를 앞당길 수 있다. 경쟁사가 등장해도 가격 인하로 대응할 수 있고, 유통 마진의 여유가 커 딜러나 유통업체들의 판매 동기 부여가 가능하다.

다만 높은 마진은 경쟁사 유입을 자극하고, 초기 구매 고객의 반발이 발생할 수 있다. 자사 상품이 가격 민감도가 낮은지, 제품의 차별화가 충분한지 사전 검증이 필요하다.

최근에 나온 한 스타트업의 제품을 소개하고자 한다. 사과에 땅콩버터를 발라서 먹는 것이 유행하면서 땅콩버터 시장이 급성장하는 시점에, '레미레미 짜먹는 땅콩버터'는 뚜렷한 차별성을 제시했다. 병에 포장한 땅콩버터는 냉장 보관 시 기름층이 분리되는 현상, 스푼으로 떠먹어야 하는 번거로움, 위생 등의 이슈가 있다. 이 제품은 이런 불편을 해결하기 위해 스틱형 소포장으로 개발되었다. 경쟁 상품에 비하여 용량 대비 단가가 높음에도 편리성을 느낀 소비자가 가치를 인정하여 선풍적인 인기를 얻고 있다. 출시 초기인 만큼 현재는 가격 인하 없이 운영 중이지만, 스키밍 전략 관점에서 이후 단계적 가격 조정 여지가 있고, 더욱 성장할 것으로 전망되는 상품이다.

스키밍 가격 전략의 예시인 레미레미 짜먹는 땅콩버터

| 시장 침투 전략 |

신제품이 시장에 진입하기 위한 가격 전략으로는 스키밍 전략과 더불어 시장 침투_{Market Penetration} 전략이 널리 쓰인다. 시장 침투 전략은 경쟁사보다 초기 가격을 낮게 출시해 단기간에 시장에 상품을 침투시킨 뒤, 상품이 널리 알려지면서 파급 효과를 노리는 전략이다. 대체로 공급 능력과 채널 및 브랜드 파워를 지닌 대기업에 유리하다.

일본의 도요타가 럭셔리 모델인 렉서스를 출시하면서 도요타 브랜드를 숨기고 렉서스_{LEXUS}라는 새로운 브랜드를 런칭했다. 초기에는 상품력에 비해 낮은 가격, 캠리와 코롤라 모델을 통하여 각인된 도요타 브랜드의 높은 신뢰도와 명성으로 고객의 마음을 움직여 단기간에 시장에 침투하는 데 성공했다. 이후 6년에 걸쳐 가격을 무려 46% 인상했으나 판매량은 오히려 증가하는 결과를 가져왔고, 고객 만족도 또한 꾸준히 최상위권을 유지했다. 이 전략은 미국에서는 성공한 반면, 독일에서는 성공하지 못했다. 자국 프리미엄 브랜드에 대한 높은 충성도, 제한적 딜러 네트워크, 1990년대 당시의 수입 규제 및 디젤 엔진 자동차에 대한 선호 등이 그 요인이었다.

시장 침투 전략을 적용할 때, 초기 가격을 너무 낮게 설정하는 것은 피해야 한다. 소비자가 먼저 경험했을 때 구매 전환의 효과가 있는 상품이라면 시장 침투 전략의 적용을 검토해볼 가치가 있다. 고객이 저렴한 가격으로 일단 제품을 경험하고, 입소문을 내거나 재방문을 하여 파급 효과가 일어나는 것을 노려볼 수 있기 때문이다.

앞에서 다룬 가격 차별화 전략 외에도 기업들은 다양한 가격 전략을 활용한다. 복수 고객 가격 전략Group pricing은 고객을 집단(그룹)별로 나누어 각 그룹에 특화된 가격을 적용하는 방식인데, 여행사의 단체 고객에게 사용하는 것이 그 예이다. 여행사는 항공사, 호텔, 현지 관광업체 등과 협력하여 10명 이상의 단체 고객에게 일반 개별 여행 상품보다 훨씬 저렴한 가격으로 패키지를 구성해 판매한다. 또한 영화관·스포츠 경기장·소프트웨어 등을 학생에게 할인하는 사례, 통신사가 지역별 특화 요금을 적용하거나 저소득 가구에게 특별 요금을 적용하는 사례, 직장인 할인, 단체 할인, 공연장이나 박물관·지하철 등의 연령 기반 가격 차별화 등의 사례가 이에 해당된다.

구매 수량에 따라 가격을 달리하는 수량 할인 가격 전략Quantity Discount Pricing은 고객이 더 많은 양의 상품을 구매할수록 단가가 낮아지는 전략이다. 대형 마트에서 음료수, 아이스크림, 과자 등을 낱개로 구매할 때보다 묶음으로 많은 양을 훨씬 저렴한 가격에 판매하는 전략이다.

또한 예약이나 예매 등에 주로 사용되는 시간 기반 가격 차별 전략 Time-Based Price Discrimination은 상품이나 서비스가 제공되는 시간에 따라 가격을 달리하는 전략이다. 대표적으로 영화관의 조조 및 심야 시간대 티켓, 항공권, 기차표, 놀이공원 이용권 등은 수요가 몰리는 시기에 가격을 높이고, 비수기에는 가격을 낮추는 전략을 사용한다.

최근 이커머스는 인공지능과 빅데이터로 시장 수요, 경쟁사 가격, 재고 현황, 시간대·요일·시즌, 고객의 행동 변화(검색·클릭·구매 이력) 등을 분석해 가격을 실시간으로 조정하는 다이내믹 가격 전략을 적극 활용한다. 기업들은 이처럼 가격 차별화 전략을 복합적으로 설계해,

고객 세그먼트의 특성과 니즈를 가격 설계에 반영하고 있다.

가격 차별화 전략은 기업이 반드시 사용해야 하는 매우 중요한 가격 책정 전략이다. 그러나 간과하기 쉬운 수많은 함정이 있다는 점을 잊어서는 안 된다. 단일가보다 더 많은 고객의 행동 변화와 다양한 유통 채널에 대한 특성을 파악하고, 많은 자료와 정보를 수집하여 검토한 후 맞춤형 전략을 수립해야 실수를 줄일 수 있다.

특히 스타트업은 시장 침투 가격이나 스키밍 가격 전략 등으로 초기 시장 진입에 성공한 뒤 더 다양한 가격 차별화를 통한 시장 확대 전략을 사용하는 것도 리스크를 줄이는 방편이 될 수 있다. 원가 경쟁력이 부족한 상태에서 가격 차별화 전략을 잘못 선택하면 오히려 원가가 상승하고 이익은 줄어들 수도 있다는 점, 그리고 이로 인해 시장 진입 자체가 무산될 수 있다는 사실을 주의해야 한다.

사용한 만큼 가격을 지불하게 하라

지금까지 대부분의 거래에 있어서 고객은 물건을 구매할 때 그에 해당하는 가격을 지불하고 온전히 그 물건을 소유하고 사용하는 것이 기본적인 관습이었다.

사용량 기반 가격 전략Usage-Based Pricing은 고객이 상품이나 서비스를 실제로 사용한 양에 따라 비용을 지불하는 가격 차별화 전략이다. 즉, 정액제가 아니라 고객이 사용한 용량·거래 횟수·처리량 등 사전에 설정한 기준에 맞춰 사용한 만큼 요금을 지불한다. 많이 사용하면 많이, 적게 사용하면 적게 지불하므로 고객 입장에서는 초기 부담이 낮고 유연성이 크다고 느낄 수 있다. 이 전략은 대표적으로 SaaSSoftware as a Service, 클라우드, 통신, 전기, 수도 등에서 널리 쓰이고 있다.

이 가격 전략의 장점은 사용량에 따라 비용을 부과하므로 요금이 사용 가치와 일치하고, 다양한 구매 패턴을 가진 고객을 포괄할 수 있다는 점이다. 초기 비용 장벽이 낮아 신규 고객 확보에도 유리하다.

단점은 고객별 사용량이 매월 달라지는 변동성을 지니고 있어 수익 예측이 어렵고, 사용량 측정과 과금에 따른 시스템의 구축이 필요하다는 점이다.

대표적인 사례인 미쉐린Michelin을 살펴보자. '이동성 향상에 기여하라'라는 창업 철학을 계승하고 있는 프랑스의 타이어 기업 미쉐린은 100년이 넘는 오랜 기간 동안 고품질 프리미엄 타이어로 명성을 쌓으며 높은 가격 전략을 구사해왔다. 그러나 2000년대 초반, 중국 및 한국 소재의 신흥 제조업체가 저가 타이어를 대거 출시하며 가격 경쟁력이 약화되기 시작했다. 이에 따라 미쉐린은 내구성이 20% 향상된 신제품을 개발했지만, 오히려 타이어 교체 주기가 길어져 매출이 감소하는 역효과가 발생했다. 이로 인해 미쉐린은 수익 모델 전환을 모색했다.

미쉐린은 타이어 판매 기업에서 벗어나 고객의 실제 사용량에 따라 과금하는 새로운 가격 모델인 미쉐린 플릿 솔루션Michelin Fleet Solutions, MFS을 도입했다. 2001년에 대형 차량 운송 사업자를 대상으로, 주행 거리 기반 요금을 월별로 부과하는 획기적인 가격 전략을 시행했다. 운송사는 초기 구매비 부담 완화, 운행량 감소 시 요금이 감소되는 유연성 덕에 좋은 반응을 보였다. 그러나 충분히 시뮬레이션을 하지 못한 상태에서 새로운 가격 모델을 도입한 부작용이 생겨났다. 실제 유지 비용이 예상보다 높았고, 낮은 가격 설계로 인해 수익성이 저하되어 내부에서 불만이 터져 나왔다. 결국 복잡한 운영에 따른 비용 문제까지 겹치며 해당 서비스는 종료됐다.

미쉐린 커넥티드 플릿 서비스

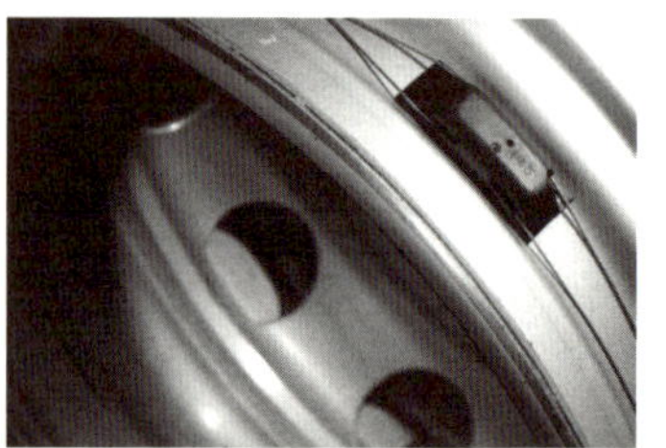

이후 미쉐린은 차량 데이터 기반 구독형 플릿 관리 서비스로 방향을 전환했다. 미쉐린 커넥티드 플릿Michelin Connected Fleet 서비스는 차량과 타이어에 부착된 센서·사물인터넷(IoT) 기술로 타이어 마모도, 공기압, 연료 소비량, 운전 습관, 도로 상태 등의 데이터를 수집 및 분석

해 기업 고객(물류 회사, 택배사, 대규모 차량 운영사)에게 월 단위 서비스료를 받고 제공한다. 2013년에는 상용차, 특히 트럭용 서비스를 전담할 별도의 사업부인 미쉐린 솔루션즈Michelin Solutions를 설립하고, 차량 내부 센서 데이터를 활용한 에피퓨엘EFFIFUEL 생태계를 출시했다. 미쉐린은 MFS에서 얻은 교훈을 바탕으로 빅데이터 분석 분야를 강화하기 위해 전문 파트너들과 협력하고 있다. 또한 텔레매틱스 분야에 전문성을 갖춘 브라질 디지털 차량 관리 기업인 사스카Sascar와 같은 외부 기업을 인수하여 데이터·플릿 운영 역량을 확충하고 있다.

핵심은 조직·문화 변화로 직원들에게 새로운 비즈니스 모델의 이점을 설득한 것, 그리고 미쉐린 솔루션즈라는 독립된 조직을 운영한 것이었다. 이를 통해 미쉐린은 단순히 타이어를 판매하는 기업에서 타이어의 성능을 보장하는 서비스 기업으로 포지션을 전환했다. 그 결과 더 높은 고객 만족도, 충성도, 서비스 유지율과 수익 증가로 이어졌다. 동시에 기술 주도 제품을 도입함으로써 미쉐린은 로봇 공학, 3D 프린팅, 증강 현실을 활용한 생산 기술을 통해 미래형 공장을 구축하고 운영을 디지털화했으며, 사내 인큐베이터(벤처 시스템)을 통해 직원들이 더욱 열린 마음으로 혁신에 동참하게 하는 데 성공했다.

이 사례는 글로벌 기업도 가격 전략을 전환하고 설계하는 과정에서 리스크가 있다는 점을 보여준다. 다만 적절한 전환 설계와 데이터 기반 서비스화가 뒷받침되면 새로운 가격 전략을 구축할 수 있음을 시사한다. 미쉐린은 지속적인 제품 개발과 R&D 투자로 전기차용 타이어 등 신시장에서도 성장을 이어가고 있다. 핵심 교훈은 '고객에게 주는 가치'를 기준으로 가격과 비즈니스 모델을 함께 재설계해야 한다는 점이다.

고객을 끌어들이고 붙잡는 힘, 프리미엄 전략과 정기 구독 전략

프리미엄Freemium 가격 전략에서 프리미엄은 'Free'와 'Premium'의 합성어로, 기업이 제품이나 서비스의 기본 기능은 무료로 제공하고, 고급 기능과 확장된 사용량 등은 유료로 제공하는 가격 전략이다. 이 전략은 사용자가 제품을 부담 없이 체험하도록 진입 장벽을 낮추고, 만족한 고객이 필요에 따라 유료로 전환하도록 유도하는 구조이다. 시장 진입 초기에 사용자 저변을 빠르게 확보하고, 상품의 가치를 체험한 고객을 유료로 전환해 수익을 창출하는 데 효과적인 가격 전략이다. 이러한 점에서 시장 침투 전략의 한 형태라고 할 수도 있다.

프리미엄 가격 전략의 핵심은 무료로 제공되는 기본 상품과 유료 상품의 경계를 어떻게 설계할 것이냐에 달려 있다. 기본 상품이 지나치게 만족스럽거나 끼워 넣은 광고가 사용을 방해하지 못할 경우, 무료 고객은 많이 모이지만 유료 고객으로의 전환은 어려움이 따를 수 있다. 반대로 기본 상품의 가치가 지나치게 빈약하면 무료 고객 유입 자체가 어려워진다. 이때는 전환율은 높을 수 있으나, 절대적인 고객 수가 적어 총매출에는 한계가 생긴다. 결국 무료 가치와 유료 유인의 균형이 관건이다.

이 전략은 앱이나 웹을 기반으로 한 플랫폼 등을 서비스하는 스타트업에 적합하다. 초기 고객 확보는 상대적으로 쉬운 반면, 마케팅 비용 부담이 크고 유료로 전환하는 데 소요되는 기간이 길어질 경우 현금 흐름과 수익 확보에 어려움이 따를 수 있다는 단점도 있다.

듀오링고는 대표적인 프리미엄 가격 전략의 사례이다. 기본 무료 서비스로 40개 이상의 언어 학습 코스, 게임화된 레슨, 퀴즈, 단어 연습 등 핵심 기능을 제공하되, 광고 노출과 일부 고급 기능(오프라인 학습, 무제한 하트, 진행도 퀴즈 등)을 제한해 유료 전환으로 유인한다. 유료 서비스(Super Duolingo, Super Family 등)는 광고 제거, 오프라인 학습, 무제한 하트, 진행도 분석, 맞춤형 연습 등 다양한 프리미엄 기능을 추가로 제공한다. 가족 요금제(최대 6인)도 있어 경제적으로 이용할 수 있다.

2023~2024년 자료에 따르면 듀오링고는 전 세계에서 6억 명 이상이 사용하고 있다. 그중 유료 고객은 8~10%에 불과하지만, 전체 수익의 80%를 차지한다. 과테말라 출신의 CEO 루이스 폰 안_{Luis von Ahn}의 "누구나 무료로 좋은 교육을 받을 수 있어야 한다"라는 가치관을 실현한 듀오링고는 단순히 재미있는 언어 교육 앱을 넘어 경제·사회적으로 외국어 교육을 받기 어려운 사람들에게 대체하기 어려운 플랫폼으로 자리 잡았다.

| '정기 구독하고 절약하라'를 이해하고 활용하라 |

아마존은 2007년 '정기 배송 할인 프로그램'_{Subscribe & Save}이라는 프로그램을 시행하기 시작했다. 미국 고객들이 생활 필수품을 최대 15% 할인된 가격에 무료 배송 혜택을 받고 정기 구매할 수 있도록 한 것이다. 이는 전형적인 구독 가격_{Subscription Pricing} 전략이다. 잡지나 신문처럼 정기 구독은 오래전부터 사용되고 있는 방식이지만, 신선식품을 정기적으로 받아보는 모델은 생긴 지 불과 몇 년이 되지 않았다. 신선식품은 제품의 신선도 유지와 반품에 따른 부담이 크기 때문에 오프라인 매장에서 구매하는 것이 일상적이었다. 최근에는 신선 냉장 배송 시스템의 발달로 많은 업체가 식료품을 정기적으로 배송하는 구독 모델을 출시 및 운영하고 있다.

구독 가격 전략은 고객이 일·월·분기·연 단위로 책정된 구독료를 지불하고, 상품이나 서비스를 정기적으로 배송받거나 지속적으로 서비스 접근 권한을 얻는 가격 책정 전략이다. 넷플릭스·스포티파이·멜론 등 각종 디지털 콘텐츠, 각종 소프트웨어, 뉴스레터 형식의 잡지·신문 콘텐츠 등 다양한 산업에 적용되며, 최근에는 국내 가전 대기업도 대형 가전제품에 구독 가격 전략을 도입해 초기 구입 부담을 낮춘 사용 서비스를 출시하여 운영하고 있다.

국내에서도 한동안 농산물 및 식료품 정기 배송이 빠르게 확산되는 듯 했으나, 새벽 배송 등 초단기 배송 경쟁이 자리 잡은 이후에는 굳이 구독하지 않고 필요할 때 주문하는 쪽으로 고객들의 구매 패턴이 바뀌었다. 늦은 밤에 주문해도 이튿날 새벽이면 문 앞으로 신선식품이 배송되기 때문이다. 이에 기업들은 다양한 프로모션을 시행하고 가격 전략을 고도화하고 있다. 고객의 지불 의사에 따라 차등 요금제를 제시하고, 상품과 기능, 사용자 수에 따라 서비스 옵션을 세분화하고 있다.

국내 구독 가격 전략의 사례

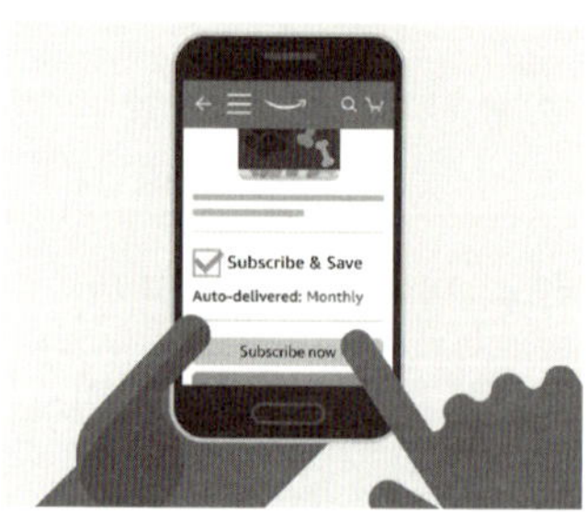

실제 시장에서는 같은 서비스라도 고객 특성에 따라 서로 다른 가격을 적용한다. Good-Better-Best 가격 책정 전략, 사용자 및 동시 접속자 수 기반 과금, 장기 구독 할인 등 가격 차별화 전략을 다양한 방식으로 활용한다. 초기에는 우유, 녹즙 등을 단순히 정기 배송하는 서비스에서 출발해 맞춤형, 경험 중심의 서비스로 진화했다. 최근에는 전통주, 건강기능식품에 이르기까지 소비자의 취향이나 건강 상태, 라이프스타일을 반영한 개인 맞춤형 추천 구독 서비스로 진화하고 있다. 인공지능 기반 맞춤 추천 및 고도화와 구독자 이탈을 최소화하기 위한 품질 유지, 맞춤형 할인 혜택, 쿠폰, 멤버십, 이벤트 등을 강화해 구독자 이탈을 최소화하는 데 마케팅 역량을 집중하고 있는 상태다.

자기 것으로 소유하는 성향이 강한 국내 고객 특성상 사용량 기반 구독 서비스나 공유 모델은 빠르게 성장하지 못한 측면도 있었다. 그러나 현재 식료품을 포함한 소비재의 정기 구독은 소유와 공유의 개념을 넘어섰다. 미 경제지 포브스는 "Z세대는 소유보다 경험을 중시한다"라며 그들은 비싼 상품을 과시하기보다는 합리적인 비용으로 '빌려 쓰는' 선택을 선호한다고 분석했다.

스타트업 입장에서는 구독 가격 전략을 적용하고 싶어도 초기 상품의 재고 문제, 회원 유치 비용 등 현실적 제약이 크다. 따라서 회사가 감당할 수 있는 범위 내에서 특정 지역 타기팅으로 시작해 리스크를 제한하고, 고객의 반응이나 문제점을 조기에 파악하는 접근이 유효하다. 앱이나 웹서비스는 생산 원가 부담이 줄어든다는 장점이 있으나, 회원 모집과 확산에 따른 마케팅 비용이 많이 소모되는 부담이 있다. 그러나 생산해야 하는 상품과 비교하면 부담이 덜한 측면도 있다.

특히 구독 가격 전략은 다양한 가격 책정 전략과 함께 구사할 수 있다. 자사의 제품과 고객의 특성에 맞는 가격 전략을 선택하여 사용하면 된다. 예를 들면 단일 요금제, 계층형 요금제, 사용량 기반 요금제, 프리미엄, 하이브리드 요금제 등 다양한 가격 전략을 검토해 고객이 각기 다른 옵션에 어떻게 공감하는지를 바탕으로 타깃 고객의 특정 니즈와 선호도에 따라 가격 전략을 조정하면 성공 가능성을 높일 수 있다. 또한 구독 가격 모델에서는 고객 이탈 관리가 매우 중요하므로, 고객의 반응을 지속적으로 모니터링해서 원인을 파악하고 다양한 혜택, 가격, 구성 전략을 기민하게 조정해 잔존율을 끌어올리는 것이 지속적인 성장의 관건이다.

나라별 구독 습관과 지불 방식이 다른 점을 이용해 이익률을 높이는 기업도 많다. 다만 모객을 위한 마케팅 활동은 공격적이지만, 이탈률 방지와 고객 유지 비용을 들이는 데 인색한 기업 역시 생각보다 많다. 예컨대 국내의 대부분 가정이 이용하는 케이블 TV·IPTV 같은 구독 서비스는 초기 모집에 몇십만 원의 상품권 등 강력한 가입 프로모션을 벌이며 큰 비용을 투입한다. 하지만, 계약 기간을 잘 기억하지 못하는 고객의 습성 탓에 계약 만료 알림이나 재약정 관리가 잘되지 않아 소비자에게 불리하게 작동하는 사례가 지적되곤 한다.

결론적으로 국내의 다양한 구독 가격 전략은 단순 반복 배송으로 시작해 개인 맞춤형, 경험 중심, 데이터 기반 최적화로 다양하게 진화하고 있다. 이는 고객의 실용적이고 개인화된 소비 트렌드 변화, 식품 업계 및 배송 시스템의 비약적인 발전, 디지털 기술 발전이 맞물린 결과로 볼 수 있다.

버전 전략과 묶음 전략으로
비교 불가능한 가격 만들기

상품을 개발하다 보면 단품의 가격이 만 원 이하인 상품이 적지 않다. 이런 상품 중 특히 온라인으로 유통해야 하는 상품이라면 단품 판매보다는 결합 상품으로 구성하여 객단가를 높이는 것이 판매 촉진에 유리하다. 고객 입장에서도 만 원 이하의 상품의 배송비 부담이 줄어드는 장점도 있다.

결합 상품은 옵션을 확장하거나 세트 구성이 가능한 상품에 용이하다. 이런 경우에는 수량을 홀수로 구성하는 것이 좋다. 예를 들면 7 + 1, 14 + 2, 30일분 + 3일분, 또는 Basic − Special − Premium − Royal 등으로 구성하는 것이다. 이 전략의 목적은 단순히 단가를 비교하는 것보다, 조금 복잡한 구성이 될지언정 가격보다 상품의 품질과 내용에 집중하도록 유도하는 데 있다.

물론 일부 대형 이커머스 채널에서는 가격 비교를 할 수 있도록 단위당 단가를 작게 표시하는 경우도 있다. 그럼에도 세트 구성과 본품 + 추가 상품 등을 조합하여 묶음 가격으로 제시하는 것이 고객의 구매 욕구를 자극하는 효과가 크다. 이 묶음 가격은 가격에 추가 서비스나 혜택을 포함하여 고객에게 새로운 가치를 제공하며, 이는 단순 가격 비교보다는 전체적인 가치를 평가하도록 유도하는 역할을 한다. 또한 고객에게 더 많은 혜택을 제공하는 것처럼 느끼게 구성을 하는 것이 핵심이다.

예를 들어 호텔은 숙박 + 조식 + 스파 패키지를, 소프트웨어는 기본 라이선스 + 추가 기능 + 무상 기술 지원 3년 등의 패키지를 제시한다. 이렇게 버전(등급)과 묶음(패키지)를 함께 설계하면, 고객은 가격 그 자체보다 자신의 필요에 맞는 조합을 고르게 된다. 결과적으로 가격을 직접 비교하기 어려운 환경이 형성되어, 기업은 주문당 평균 결제 금액과 구매 전환 비율을 함께 높일 수 있다.

결합 상품을 구성할 때는 대다수 이커머스 채널은 단품 등록이 중심이라는 것을 고려해야 한다. 그래서 선물 세트와 같은 결합 상품은 카테고리, 옵션, 승인 기준 등의 등록 절차가 더 까다로울 수 있다. 또한 바코드 등 상품 코드를 부여하는 데 신중해야 한다. 결합 상품의 카테고리가 같을 경우 큰 문제가 되지 않으나, 카테고리가 서로 다를 경우 유통 기한, 보관 방법, 표시 기준 등으로 인하여 상품 등록 자체가 안되는 문제가 발생할 수도 있다.

결합 상품의 예로 스타트업이 개발한 백로앙금을 살펴보자. 백로앙금은 튜브형 단팥 스프레드 상품과 모나카 깍지 상품을 묶어, 고객이 직접 모나카를 만들어 먹는 결합 상품을 구성했다. 이때 단팥 스프레드는 잼류로, 모나카 깍지 상품은 과자류로 분류되어 유통 기한과 보관 방법 등이 상이할 수 있다. 아래와 같이 선물 세트로 판매할 경우에는 결합 상품 자체로 세트 단위 상품 코드를 부여하고, 포장 박스(세트 박스)에도 상품 표기 사항(제품명, 구성, 중량, 보관, 유통 기한 등)을 별도 표기해야 혼선을 줄일 수 있다.

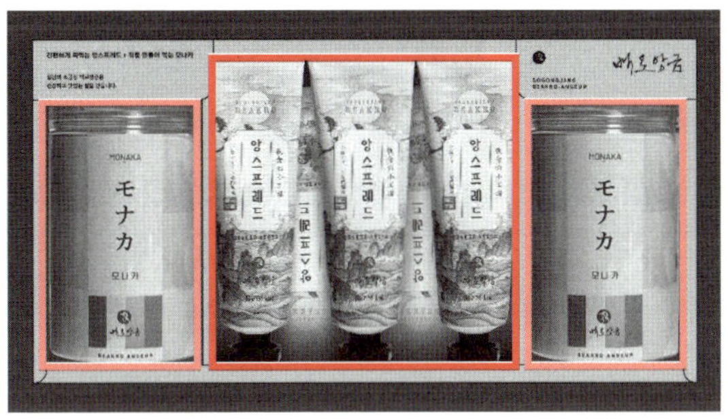

상품의 단품 가격이 낮은 종류일 경우 단품 배송 시 배송비가 고스란히 상품 가격에 영향을 미치게 된다. 백로앙금 선물 세트에서 모나카 깍지는 단팥 잼이 없으면 가치가 떨어지는 보조제 역할의 상품이다. 이처럼 상호 보완적인 상품은 고객에게는 편의 가치를 부여하고, 제조사에는 전체 객단가를 높이는 역활을 한다.

특히 떡류는 종류, 구성, 중량 표시가 제각각이라 단순 가격 비교가 어려운 품목이다. 중량은 그램(g)으로 표기하지만, 고객이 실제로 구매할 때는 용량보다 맛, 건강에 좋다는 소구점, 박스당 봉지 수 같은 요소가 더 크게 작용한다. 그래서 배송을 받고 보면 크기에 놀라고, 개수에 놀라고, 맛에 놀란다는 우스갯소리가 있을 정도다.

여기서 고객이 놓치기 쉬운 부분이 바로 가격이다. 백설기를 예로 들면, 크기와 속재료(잼류 등)에 따라 구성이 다양하고, 보통 20개를 한 박스 기준으로 1·2·3·4박스 묶음 가격을 제시해 구매를 유도한다. 이때 두 박스를 구매하면 600원, 세 박스는 1,640원, 네 박스는 3,490원 절약됨으로써 누진 할인이 된다는 점을 강조한다.

위 상품은 가격 전략을 매우 잘 수립한 상품이다. 표기상 포장 단위가 한 박스 단위임에도 상품 1개라고 표현했고, 전체 내용물의 용량을 900g으로 표기해 고객이 개당 단가보다 세트의 총가치에 주목하도록 유도했다. 상세 페이지에 들어가야 한 박스에 낱개 20개가 들어 있음을 알 수 있도록 했다. 이 상품은 구매 후기가 매우 많은 히트 상품인데, 리뷰는 맛과 편의성에 집중되었고 용량이나 구성에 관한 불만은 거의 없는 편이다. 결국 상품력이 우수하면, 가격 설계가 고객이 인식하는 가치를 높여 더 많은 판매를 촉진할 수 있다는 것을 알 수 있다.

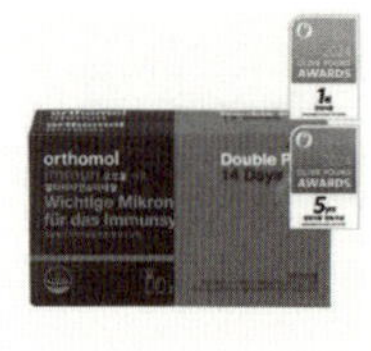

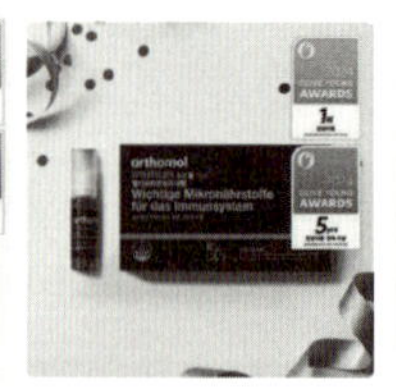

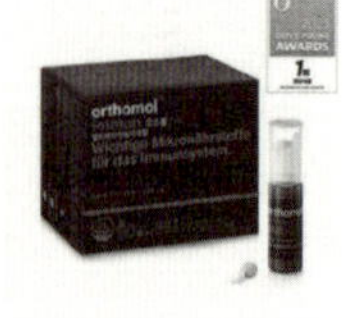

이 결합 상품의 가격 구조를 보면, 1주일분 2개(69,800원)가 2주분 (75,000원)보다 저렴하도록 설계되어 있다. 일반적으로 수량이 많을 수록 가격을 낮추지만, 이 상품은 가격을 반대로 구성해 진입 장벽을 낮춰 1주분을 가볍게 체험하게 만들고, 동시에 상위 옵션인 1개월분 을 구매하도록 유도한다. 결과적으로 마진이 높은 상품의 판매 비중 을 높이려는 의도가 읽히며, 이는 Good-Better-Best(기본형-중간 형-고급형) 가격 책정 전략을 응용한 것으로 볼 수 있다.

또한 개별 제품이 아니라, 제품군 전체로 확장하면 라인업 가격 전 략을 사용할 수 있다. 라인업 가격_{Product Line Pricing} 전략은 다양한 가 격대의 제품군을 구성해 고객의 선택의 폭을 넓히고, 고객이 가격보 다 기능과 품질 등 상품의 가치에 집중하도록 유도하는 전략이다. 이 전략은 프리미엄 상품으로 수익성을 높이며 다양한 고객층을 확보하 는 계기를 만든다. 예를 들면 와인 시장에는 저가-중가-고가-프리미 엄 라인까지 다양한 상품들이 포진되어 있다. 이렇게 다채로운 선택 지를 제공하면 고객은 제품의 가치에 집중하게 된다. 그러다 점차 눈 높이가 높아져 자연스럽게 더욱 상위 상품을 선택할 수 있게 된다.

더불어 고객의 구매 이력, 선호도, 충성도 등에 따라 고객 등급을 분류하고 가격과 혜택을 차등하는 전략도 활용된다. 주로 항공사의 좌석 등급, 예약 시점별 요금, 백화점 VVIP 고객의 세일 가격 및 세 일 기간 등을 맞춤형으로 적용하여 관리하는 것이 대표적인 사례로, 고객의 만족도와 충성도를 높이며 수익성을 극대화할 수 있다.

작은 차이로 구매를 유도하는 심리적 가격 전략

대학 시절 남대문시장에서 의류점 아르바이트를 시작했을 때, 사장이 가장 먼저 가르쳐준 것은 손님에게 가격을 제시하는 방법이었다.

예를 들면 4천 원을 받아도 충분한 옷을 손님에게 가격이 6,500원이라고 제시하면, 많은 손님이 5,000원에 안 되겠냐고 제안한다. 이때 못 이기는 척 받아들이는 것이 아니라, 우리는 흙 파먹고 살란 말이냐며 반색하면서 5,500원이라는 기준점을 분명하게 제시하면 실제로 5,500원에 거래가 성사된다는 것이다.

돌이켜보면, 화폐 단위가 5의 배수 단위로 구성된 점이 소비자의 마음속에 고정 관념으로 자리해 5,000원 이하로 깎을 생각조차 하지 않았다는 점을 알 수 있었다. 이 경험은 소비자의 심리를 활용한 가격 전략의 중요성을 깨닫게 해주었다.

재래시장도 2000년대 초반부터 '가격표시제'가 보편화되었다. 하지만 막상 물건을 살 때 고객은 표시가에서 어느 정도 할인된 가격에 구매하기를 원하고, 판매자가 이를 수용하는 관행이 여전히 남아 있다.

거의 대부분의 국가 화폐가 5의 배수 단위로 구성된 점을 활용해 한 푼이라도 이익을 더 내는 방법을 판매자 입장에서 역으로 활용해 가격 책정 전략을 수립하면, 가격이 저렴해 보이면서도 더 많이 팔릴 가능성을 높이는 방법이 된다. 바로 이것이 단수 가격Odd Pricing 전략으로 발전한 것이라고 생각된다.

단수 가격 전략은 미국에서 자주 사용되다가 지금은 대부분의 국가와 기업이 사용하는 전략이다. 제품 가격의 끝자리에 홀수Odd number를 쓰는 데서 유래했다. 예컨대 소비자는 100달러보다 99달러를 저렴하다고 느낀다. 그래서 화폐 단위인 5배 배수 500원, 1,000원, 10,000원 등의 정수 대신 95원, 980원, 9,900원 등 단수로 가격을 책정한다. 실제 가격 차이는 크지 않으나 첫 자리의 숫자가 바뀌는 순간 고객은 그 차이를 실제보다 훨씬 크게 느끼기 때문이다.

물론 이를 남용하면 역효과가 난다. 너무 많이 사용되는 가격 전략이라 이를 눈치채고 얄팍한 상술로 인식해 반감을 보이는 소비자가 있기 때문이다. 그럼에도 이 방법은 여전히 보편적으로 많이 사용되고 있다. 오히려 이를 역으로 활용해, 가격을 정수로 설정해서 소비자의 반감을 최소화하고 신뢰를 얻으려는 기업도 생겨나고 있다. 다이소가 대표적인 사례이다.

신용카드가 보편화되기 전에는 잔돈을 매일 은행에서 바꿔야 하는 번거로움이 있었지만, 지금은 카드 결제가 일상화되어 거스름돈에 대한 부담이 거의 없다. 따라서 단수 가격을 더 적극적으로 활용해 한 푼이라도 저렴해 보이게 하는 것이 판매량을 늘리는 데 유효한 전략이 될 수 있다.

단수 가격의 예시

앵커링·디코이 효과,
첫 번째 가격과 옵션의 심리학

우리는 살아가는 동안 매 순간 수많은 선택을 해야 한다. 가령 점심은 어떤 걸 먹을까? 어떤 옷을 살까? 여유 자금을 어디에 어떤 조건으로 투자할까? 이렇듯 수많은 결정을 내릴 때 어떠한 기준을 의식하면서 결정하게 된다. 그렇다면 이 기준이 우리가 처음 접한 정보로 쉽게 조종될 가능성이 있다면 어떨까? 이를 설명하는 개념이 앵커링 효과 Anchoring Effect다. 여기서 앵커는 배의 닻이다. 배가 닻을 내리면 배는 배와 닻을 연결한 밧줄의 길이 내에서만 움직일 수 있다. 이렇듯 최초로 접한 숫자나 정보가 기준점이 되어 판단에 닻처럼 작용한다고 해 닻내림 효과라고 하기도 한다. 이 말은 처음 형성된 가격에 대한 고정관념이 소비 습관에 큰 영향을 미치는 현상을 의미하며, 기업은 이 심리를 활용해 소비자의 구매 결정을 유도하고 이익률을 높이는 가격 전략을 설계한다.

앵커링 효과는 행동 경제학자 대니얼 카너먼Daniel Kahneman과 아모스 트버스키Amos Tversky가 연구하면서 널리 알려지게 되었다. 이들은 이스라엘 출신으로 미국 스탠포드 대학에서 활동한 학자다. 대니얼 카너먼은 2002년 노벨 경제학상을 수상하기도 했다. 이들의 연구는 소비자 심리학에서 중요한 역할을 했으며 이는 가격 비교와 의사 결정에 큰 영향을 미쳤다. 이들은 사람들이 객관적인 분석보다 먼저 접한 숫자나 정보에 크게 의존한다는 점을 실험을 통해 밝혀내기도 했다.

예를 들어 어떤 상품의 가격이 만 원이라고 제시하면, 이후의 가격 비교는 만 원을 기준점으로 이뤄진다. 세일즈를 위한 미팅에서도 가격을 먼저 말하면 고객의 관심은 가격에 매몰되기 쉽다. 따라서 상품의 가치와 효능을 충분히 설명한 뒤 마지막에 가격을 제시하면, 같은 가격이라도 계약할 확률이 커지기도 한다.

가격 결정에서도 마찬가지이다. 기업은 고객이 가격을 어떻게 인식할지 철저하게 분석하고 가격을 결정해야 되는데, 이때 앵커링 효과는 가격을 더 가치 있어 보이도록 만들거나 구매 결정을 빨리 내리도록 유도하는 데 활용하기도 한다. 예를 들어 의류 판매점에서 "정가 40만 원에서 20만 원 할인!"이라는 문구를 보면, 고객은 20만 원이 합리적인 가격인지 분석하기 전에 40만 원 옷을 반값에 살 수 있다는 생각에 매몰된다. 이처럼 앵커링 효과는 최초 가격인 40만 원을 기준점으로 20만 원이 상대적으로 더 저렴하게 보이도록 만드는 전략이다.

한편 유인, 미끼 효과라고 불리는 디코이 효과_{Decoy Effect}는 덜 매력적인 옵션(디코이)를 추가해 타깃 옵션이 상대적으로 더 좋아 보이게 만들어 고객이 타깃 옵션을 선택하도록 유도하는 전략이다. 디코이 효과의 옵션은 타깃 옵션과 가격이나 기능이 비슷하지만, 가치가 상대적으로 낮도록 설계해 고객이 타깃 옵션을 더 나은 선택으로 인식하도록 만든다.

영화관의 팝콘 세트를 예로 들어보자.

디코이 효과의 예시인 영화관 팝콘 세트

세트	S 사이즈 팝콘	M 사이즈 팝콘	L 사이즈 팝콘 + 음료
가격	5,000원	6,000원	10,000원

음료가 필요 없는 고객에게는 L 사이즈 팝콘 + 음료는 덜 매력적이므로, M 사이즈 팝콘이 가장 합리적으로 느껴질 것이다. 이 경우 L

사이즈 팝콘 + 음료가 디코이 옵션의 역할을 해 M 사이즈 팝콘의 선택률을 높인다.

디코이 옵션을 설계할 때는 명확한 타깃 옵션의 가치를 강조할 수 있는 요소를 만들어야 하고, 디코이 옵션을 타깃 옵션과 비교할 수 있도록 시각적으로 잘 표현해야 한다. 옵션의 위치 역시 근접하게 배치해 고객이 두 옵션을 쉽게 비교할 수 있도록 해야 한다. 무엇보다 고객에게 실제 가치 차이를 정직하게 제시해야 브랜드에 대한 신뢰를 해치지 않으며 이윤 및 매출의 상승 효과를 가져올 수 있다.

앵커링 효과와 디코이 효과를 결합해 사용하는 방법도 있다. 먼저 고가의 상품이나 서비스를 제시해 기준점을 설정하는 고가 앵커를 설정한다. 이어 디코이 옵션을 배치해 타깃 옵션이 상대적으로 더 합리적이고 매력적으로 느껴지도록 한다. 이렇게 하면 고가 앵커에 비해 타깃 옵션의 가격이 상대적으로 저렴하게 인식된다. 예를 들면 다음과 같이 구성할 수 있다.

앵커링 · 디코이 효과 결합 설계 예시

옵션	가격	구성/혜택	역할
고가 앵커	50,000원	풀옵션	가격 비교 기준점
디코이 옵션	45,000원	타깃 옵션과 유사하나 핵심은 열세	비교적 덜 매력적인 옵션
타깃 옵션	47,500원	핵심 혜택 중심 (가성비 설계)	고객의 선택 유도

영국 시사 주간지인 이코노미스트의 구독 모델은 앵커링과 디코이 효과를 가격 전략에 성공적으로 활용한 대표적인 예시이다.

옵션	가격	구성/혜택	역할
웹 전용 구독	59달러	웹 콘텐츠	입문용 기준점
인쇄 전용 구독	125달러	인쇄	디코이 옵션
인쇄 및 웹 구독	125달러	인쇄 + 웹 콘텐츠	타깃 옵션

인쇄 전용 구독을 디코이 옵션으로 설정해 인쇄 및 웹 구독을 동일한 가격으로 제공하면서, 같은 가격이라면 혜택이 더 많은 인쇄 및 웹 구독을 훨씬 합리적이고 매력적으로 보이게 했다. 이는 인쇄 및 웹 구독의 판매를 크게 증가시키는 결과를 가져왔다.

스타벅스도 커피 사이즈 옵션에서 앵커링과 디코이 효과를 활용한다.

스타벅스 아메리카노 사이즈별 가격

사이즈	가격	용량	역할
쇼트	3,900원	237ml	경쟁자 옵션
톨	4,700원	355ml	타깃 옵션
그란데	5,300원	473ml	디코이 옵션
벤티	6,100원	591ml	프리미엄 타깃 옵션

스타벅스 커피 사이즈는 아메리카노를 기준으로 사이즈별로 쇼트, 톨, 그란데, 벤티로 구분한다. 여기서 그란데 사이즈는 디코이 옵션으로, 벤티 사이즈가 더 나아 보이게 해 고객이 벤티 사이즈를 선택하도록 유도한다. 한국 스타벅스 역시 톨 사이즈가 디코이 옵션으로 작용해 그란데 및 벤티 사이즈의 판매량이 증가하는 것을 볼 수 있다.

이런 사례들은 앵커링 및 디코이 효과가 고객의 구매 결정을 유도하고, 특정 상품이나 서비스의 판매를 증대시키는 데 성공적으로 활용할 수 있다는 것을 보여준다.

프로모션 가격 전략, 할인은 실험이자 학습이다

대부분의 기업이 시장 진입 초기에는 홍보용 샘플 등을 제공해 상품을 알리고, 고객의 반응을 반영해 더 좋은 상품을 만들기 위해 노력한다. 다만 특정 채널 중심으로 시장 진입 전략을 구사할 경우, 제품 런칭 전 가격 전략을 수립할 때 런칭 이후 프로모션을 통한 판매량 증대와 이윤의 증대 효과를 고려해 가격 구조를 설계해야 한다.

프로모션 가격 전략은 신규 고객을 유치하고 매출을 늘리기 위해 기업이 일정 기간 동안 제품의 가격을 낮추거나 사은품을 제공하는 전략이다. 신제품을 출시했을 때나 재고를 일시에 소진할 때, 긴박감을 조성하는 역할을 하기도 한다. 그러나 마진 하락과 브랜드 인지도 및 장기적 수익성 저하 위험이 있기 때문에 이를 고려하여 신중하게 사용해야 한다.

하지만 적절하게 활용한다면 상당히 큰 이익을 창출할 수 있다. 가격이 비싸서 구매를 주저하던 고객의 진입 장벽을 낮추고, '주말 특가', '단 하루', '10분 한정' 등의 긴박감을 조성해 할인된 가격으로 상품을 사용하고자 하는 신규 고객을 유치할 수 있는 촉매제 역할을 한다. 또한 기존 고객의 유지뿐만 아니라 경쟁사 고객을 전환 유도하는 측면에서도 도움이 된다. 단기 매출을 늘려 현금 흐름을 개선하고, 고객의 충성도를 강화하는 부수적인 효과도 노려볼 수 있다.

효과적인 프로모션 가격 전략을 위해서는 타이밍과 잠재고객이 상품과 맞아떨어지는 것이 핵심이다. 잠재고객의 연령, 라이프스타일 등을 고려해 프로모션을 할 요일과 시간대를 정하는 것이 매우 중요하다. 예를 들어 맞벌이 부부를 대상으로 판매해야 하는 상품이라면 주말이나 평일 저녁 시간에 집중한다. 의류 등은 시즌이 끝날 무렵 대부분의 제품이 세일한다는 것을 고객도 인지하고 있으므로, 같은 시기에 하지 않고 선제적으로 프로모션을 하는 것이 효과적일 수 있다. 예를 들면 겨울 제품인 모피를 여름에 세일을 하거나 시즌 시작과 동시에 세일을 하기도 한다. 또한 회원이나 충성도 높은 고객에게는 선공개, 독점 할인 등 차별화된 혜택을 제공하면 브랜드 충성도를 높이고 반복 구매율을 높일 수 있다.

프로모션을 과잉 반복하면 효과가 반감되며 이익률에도 급격히 악영향을 미칠 수 있다. 따라서 최대한 수익에 영향이 적게 가는 방안을 시행하는 것이 좋다. 예를 들면 무료 배송, 적립금 혜택 등을 제공하고, 반드시 특정 기간을 명시하고 종료 후 정가로 환원되는 것을 고객에게 보여줘야 가격 신뢰가 유지된다.

올리브영, 롭스, 왓슨스 등의 드러그스토어에서 상품을 살 때 정가를 모두 지불하는 고객이 얼마나 될까? 드러그스토어들은 10~30% 이상 가격 할인, 추가 샘플 제공 등 끊임없는 상시 프로모션으로 고객을 유혹하고, 고객은 이를 놓치지 않고 활용한다. 이런 유통 채널뿐만 아니라 온오프라인 대부분의 채널도 사활을 걸다시피 하면서 프로모션에 매출을 의존한다.

문제는 제조사가 납품을 위한 가격 협상을 할 때 출고가와 소비자 가격만 고려해 납품가를 설정하는 관행이다. 이런 경우 어렵게 입점해도 거의 3개월을 넘기지 못하고 퇴출된다. 가격 설계 시에 프로모션 가격 룸(할인을 하기 위한 가격)을 고려하지 않아, 입점하면 당장 입점 기념 프로모션부터 움직일 수 있는 가격이 없어 정가로 판매가 촉진되기 어렵고 매출 부진으로 이어지기 때문이다. 또한 유통 채널별로 판매 수수료는 각기 다르다. 이를 잘 파악하여 채널별 프로모션 가격을 숨겨놓기 위한 가격 전략을 구사해야 공격적인 매출 증대 효과를 누릴 수 있다.

홈쇼핑 채널에서 실제로 '배보다 배꼽이 더 큰 프로모션'이라는 타이틀을 걸고 방송한 사례가 있다. 도깨비방망이 핸드 블렌더를 방송할 당시 상품 가격은 79,000원인데, 프로모션으로 제공되는 상품의 소비자 가격은 79,000원을 넘긴 적도 있다. 물론 해당 사은품은 실제로 낮은 단가로 매입한 제품이지만, 방송에는 소비자 가격이 노출된다. 그결과 고객은 본품의 가격보다 더 큰 할인 혜택을 받는다고 인식하게된다. 이는 주문으로 연결되는 고도의 마케팅 전략이라 할 수 있다. 본품의 가격도 방송 중 '구매 시, 오늘 단 한번', '주말 특가', '적립금', '카드 할인' 등의 다양한 명분으로 가격을 할인하기도 하며 본품의 가격은 79,000원에 사은품으로 제공되는 칼 블록 세트 69,000원, 프라이팬 세트 39,000원 등의 가격을 방송에 노출했다. 특히 사은품도 고급 상품이라는 느낌을 전달하기 위하여 백화점 판매가 등을 끊임없이 반복하면서 주문을 유도하기도 했다.

여기서 주의할 것은 프로모션을 시행할 경우 반드시 일정한 기간을 설정해야 긴박감을 촉진하며 사은품으로 프로모션을 하는 데 대한 명분을 만들어야 효과가 있다는 것이다. 예를 들면 '1,800억 판매 돌파 기념', '250만대 판매 돌파 기념 사은품 행사' 등의 타이틀을 걸고 시행해야 효과가 있다. 명분 없이 프로모션을 할 경우 '정가를 주고 사면 비싸게 주고 사는 거구나' 하는 느낌을 줄 우려가 있기 때문이다. 명분이 있는 경우는 이익의 많은 부분을 포기하고 고객에게 감사의 표시로 할인이나 사은품을 준다는 느낌을 줄 수 있다.

수출에서도 같은 원칙이 통한다. 예를 들어 바이어를 상대로 매년 11월에 '1년에 단 한 번, 10 + 1 프로모션'을 시행하는데 바이어 입장에서는 10% 할인 효과가 있는 점을 활용하여 평소에 비하여 2배 이상의 주문이 들어오는 매출 증대 효과가 있다. 바이어 입장에서는 매입 원가 기준으로 10% 가격 할인 효과를 누릴 수 있다. 제조사는 제조 원가를 기준으로 계산하면 상품 1대를 더 주는 것이 이익이다. 이러한 구조를 활용해 '10 + 1 프로모션'을 시행한 경우도 있다.

그런데 왜 11월에 프로모션을 시행할까? 앞서 사례로 든 핸드 블렌더는 겨울이 비수기인 점을 고려하여 11월에 많은 주문을 받았다. 그리고 동절기 3개월은 생산 계획을 정상 근무 기준으로 수립하여 생산 직 인건비를 줄여 직접 비용을 절감하는 효과를 가져오도록 하면 프로모션으로 인한 이익 감소를 상당 부분 막을 수 있다.

실시간으로 바뀌는 가격, 다이내믹 프라이싱

앞에서 잠시 언급했던 이커머스가 사용하고 있는 가격 차별화 전략인 다이내믹 프라이싱은 가변적 가격 책정 전략이다. 이는 기업이 소비자의 수요와 공급에 따라 서비스나 상품의 가격을 조정하는 가격 전략이며, 기업에 따라 이 전략을 다양한 관점에서 포커싱을 달리해 사용한다. 기업은 앞에서 설명한 스키밍 가격 전략, 침투 가격 전략, 묶음 판매 전략 등 다양한 가격 차별화 전략을 혼용해서 이익을 극대화하려는 노력을 하고 있다. 특히 다이내믹 프라이싱은 알고리즘과 데이터 분석을 활용해 최적의 가격 포인트를 지속적으로 찾아내 수익 최적화를 추구한다. 항공권 예약, 호텔 객실 예약, 전자상거래 플랫폼, 운동 경기나 공연 티켓 가격을 남은 좌석 수에 따라 변동하거나, 택시 요금이 교통 상황과 이용 시간대에 따라 다르게 책정되는 경우 등 다양한 산업에서 폭넓게 활용되고 있는 현대적인 가격 책정 방식이다.

다이내믹 프라이싱은 수요와 공급, 시장 상황, 경쟁 환경, 고객 행동 패턴 등 다양한 변수를 실시간으로 분석하여 최적의 가격을 산출하는 메커니즘이다. 기업은 이를 통해 재고 상황, 판매 시점, 경쟁사 가격, 개별 고객의 구매 패턴과 가격 민감도에 따라 유연하게 가격을 조정함으로써 매출과 이익을 극대화할 수 있다.

다이내믹 프라이싱에 이용되는 알고리즘은 크게 세 가지 접근법으로 구분할 수 있다. 첫 번째 접근법인 비용 기반 접근법은 제품 원가와 목표 마진을 기준으로 시장 상황에 따라 가격을 변동시킨다. 두 번째 접근법인 경쟁 기반 접근법은 경쟁사의 가격 움직임을 실시간으로 모니터링하고 대응하는 방식이다. 세 번째 접근법은 가치 기반 접근법으로 고객이 인식하는 제품 가치와 지불 의향을 분석하여 최적의 가격 포인트를 설정한다. 가장 효과적인 전략은 이 세 가지 접근법을 상황에 맞게 조합하여 활용하는 것이다.

다이내믹 프라이싱은 스타트업이 경쟁력을 확보하고 수익을 최대화하기 위해 특히 더 중요한 가격 및 경영 전략 중 하나라고 할 수 있다. 스타트업은 자원이 제한적이고 시장에서 입지가 아직 확고하지 않기 때문에, 다이내믹 가격 전략으로 고객의 다양한 요구를 충족시키고, 시장 트렌드에 빠르게 대응하기 위한 수단으로 활용할 수 있다.

예를 들어 특정 시간대에 소비자 수요가 급증하는 상황에서는 가격을 올려 수익을 극대화하고, 반대로 수요가 적은 시간대에는 할인된 가격을 제공하여 판매를 촉진할 수 있다. 또한 특정 고객 그룹에 특별 할인을 제공하거나, 구매 빈도가 높은 고객에게 혜택을 주면서 고객 충성도를 높일 수도 있다. 주말이나 공휴일과 같은 특별한 시간대에는 프리미엄 가격을 책정하고, 비수기에는 할인 이벤트를 시행하는 방식으로 수익의 변동을 최소화하고 소비자의 지출 의욕을 자극할 수 있다.

뿐만 아니라, 스타트업은 기술을 활용한 다이내믹 가격 전략을 통해 고객의 행동 패턴을 분석하고, 이에 따라 맞춤형 가격 책정을 할 수 있다. 예를 들어, 온라인 쇼핑몰은 고객이 어떤 제품을 자주 검색하고 구매하는지를 분석하여, 해당 제품에 대한 맞춤형 할인가를 제공함으로써 고객의 관심을 끌 수 있다. 특정 시즌에 맞춘 한정판 상품이나 특별 패키지 상품을 마련하여 구매를 유도하는 전략도 다이내믹 프라이싱의 한 방법이다.

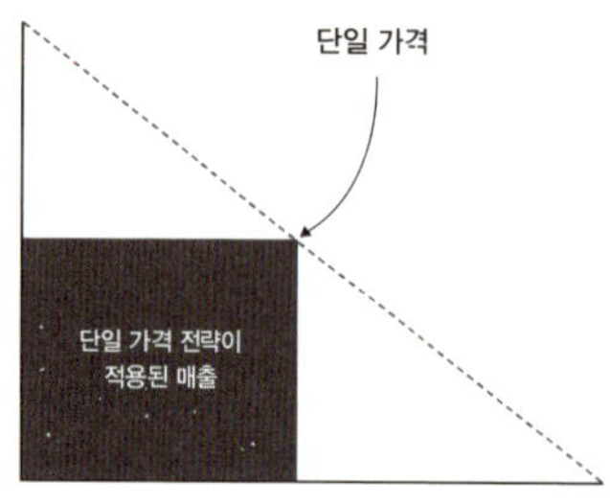
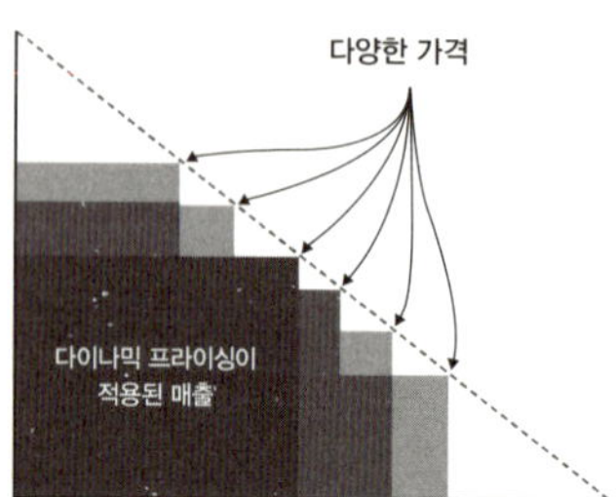

X축: 고객수 또는 거래량, y축: 가격

위 두 그래프는 단일 가격 전략을 적용한 매출과 다이내믹 프라이싱을 적용한 매출이다. 그래프의 사각형 영역은 특정 가격에 팔린 상품의 전체 매출이다. 왼쪽 그래프는 시장 내 모든 고객에게 동일한 가격을 적용한 상황인 단일 가격 전략이다. 단일 가격 전략 그래프를 살펴보면, 이 가격보다 더 높은 가격을 지불할 의사가 있는 잠재고객(그래프 좌측 상단 공간)과 이 가격이 너무 비싸서 구매를 포기하는 잠재고객(그래프 우측 하단 공간) 모두를 놓치고 있다는 것을 알 수 있다.

오른쪽 그래프는 다이내믹 프라이싱이다. 가격을 다양한 요인에 따라 실시간으로 변동시켜 여러 가격대에서 매출이 발생해 그래프의 사각형 영역이 계단식으로 만들어진 것을 볼 수 있다. 즉 한 상품에 다양한 가격대가 존재함을 보여준다.

두 그래프를 비교해보면 다이내믹 프라이싱은 단일 가격 전략에서 놓쳤던 잠재고객의 수요를 흡수하여 전체 매출 면적을 더 크게 만드는 효과를 가져옴을 알 수 있다. 즉 상품의 가치를 가장 높게 평가하는 고객부터 상품을 낮은 가격에 구매하려는 고객까지 모두에게 맞춤형 가격을 제시하여 이익과 매출을 극대화하는 전략을 시각적으로 보여주고 있다.

다이내믹 프라이싱의 장단점 비교

장점	단점
시장 변화에 신속하게 대응 가능	가격 변동성으로 인한 소비자 불만
수익 및 마진 극대화	가격 투명성 부족, 신뢰 저하
재고 및 자원의 효율적 관리	충성고객 역차별, 고객 이탈 가능성
경쟁사 가격에 즉각적으로 대응	지나친 가격 경쟁으로 시장 질서 혼란
특정 고객·상황별 맞춤 가격 제공	규제 및 사회적 비판의 위험

다이내믹 프라이싱 전략을 사용할 때 중소기업과 스타트업에 무엇보다 중요한 것은 고객의 신뢰다. 이를 유지할 수 있도록 합리적이고 투명한 가격 책정 방식을 취하고, 가격 변동의 이유를 적절히 설명해 소비자의 이해를 구하는 것이 반드시 필요하다.

이를 통해 스타트업은 장기적인 브랜드 로열티를 확보할 수 있으며, 지속 가능한 수익 모델을 구축할 수 있다. 다이내믹 가격 전략은 단순히 가격을 변동시키는 것이 아니라, 고객과의 긴밀한 소통 및 신뢰 구축을 기반으로 한 포괄적인 경영 전략이면서 마케팅 도구로 활용할 수 있는 기업 이익의 무기이다.

글로벌 이커머스 시장의 선두 주자인 아마존과 한국 이커머스의 절대 강자 쿠팡은 동일하게 다이내믹 프라이싱을 사용하지만, 타깃 시장의 특성과 운영 인프라가 달라 접근법에 차이가 있다. 두 기업의 다이내믹 프라이싱을 간략하게 비교해보고, 쿠팡의 전략에 대해 자세히 알아보자.

아마존은 'One product, one listing'이라는 독특한 시스템을 가지고 있다. 이 시스템은 동일 상품을 판매하는 셀러가 여러 명이어도, 목록에는 한 명만 대표로 노출되고, 해당 셀러들은 그 목록 안에서 단순하게 그들의 판매 제안Offer만 조회되는 방식이다. 아마존은 AI와 빅데이터를 활용해 경쟁사의 가격, 수요 변동, 재고량, 고객 행동(검색 및 구매 이력) 등 방대한 데이터를 실시간으로 분석해 10분 단위로 가격을 조정한다. '아마존 자동 가격 책정Amazon Automate Pricing'과 같은 자동화 도구를 통해 셀러에게 최적 가격을 제안하기도 한다.

또한 아마존은 고객별 구매 패턴이나 세그먼트별로 가격 차별화 전략을 구사한다. 프라임 회원과 비회원, 신규 고객과 기존 고객, 구매 빈도와 장바구니 크기 등 다양한 고객 특성에 따라 맞춤형 가격과 프로모션을 제공한다. 이는 개별 고객의 생애 가치Customer Lifetime Value를 극대화하기 위한 전략적 접근이다.

아마존의 최우선 가격 조정 목표는 '바이박스Buy Box' 확보다. 이는 경쟁사의 가격 변동에 즉각적으로 대응하는 것을 의미한다. 글로벌 시장을 겨냥하기 때문에 통화·지역별 가격 전략을 수립하며, 유럽과 아시아 등 지역별로 차등 가격을 적용한다. '프라임 데이'나 '블랙 프라이데이'와 같은 대형 이벤트 행사에서는 심리적 할인 전략을 적극적으로 활용해 수요를 집중시킨다.

'아마존 프라임'은 연회비 139달러를 내는 회원에게 무료 배송, 스트리밍 서비스 등 혜택을 주고 독점 할인가와 '라이트닝 딜[*]Lightning Deal'과 같은 특가 상품을 통해 가격 경쟁력을 강화하고 충성도를 높인다.

물류 측면에서는 AWS와 로봇 물류 시스템으로 전 세계 200개 이상의 물류 센터를 연결해 재고 관리 효율성을 극대화한다. 'FBA[**]Fulfillment by Amazon'를 통해 셀러의 재고를 아마존 물류망에 통합시켜 배송 비

---

[*] 라이트닝 딜(Lightning Deal) 아마존 딜 페이지 및 '오늘의 특가'에 상품을 4~12시간 등 특정 시간 동안만 표시하는 시간 제한 프로모션이다.
[**] FBA(Fulfillment by Amazon) 아마존이 제공하는 포괄적 주문 처리(풀필먼트) 서비스로, 판매자가 상품을 아마존 물류 센터로 보내면 이후 상품의 보관, 주문 처리, 포장, 배송, 고객 서비스(반품 포함)까지 아마존이 전부 대행해주는 시스템이다.

용을 절감하고 가격 경쟁력을 확보한다. 물류 센터별 재고 상황, 배송 비용, 보관 비용 등을 고려해 지역별로 다른 가격을 제시하기도 한다. 이는 아마존의 방대한 물류 네트워크와 데이터 분석 역량이 결합된 결과이다.

물론 이런 장점만 있는 것이 아니라 리스크도 상존한다. 개인화된 가격 차등으로 인한 소비자 불만이 빈번하게 제기되며, 유럽 등 일부 지역에서는 알고리즘 담합 의혹 등으로 규제 당국의 조사를 받은 사례도 있다.

쿠팡은 한국 시장의 특수성과 소비자 행동 패턴에 최적화된 다이내믹 가격 전략을 구사한다. 자체 배송 시스템인 '로켓 배송'을 핵심으로 삼고, 이를 물류 운영과 가격에 긴밀하게 연계한다. 로켓 배송 가능 제품과 일반 배송 제품 간의 가격을 차등화하고, 배송 가능 시간대에 따라 가격을 조정하는 등 물류 조건에 따라 가격 전략을 구사한다.

쿠팡은 AI와 데이터 기반 알고리즘을 사용하여 재고 위치, 배송 가능 여부, 시간대별 수요를 로켓 배송 네트워크와 연계해 즉시 가격에 반영한다. 동시에 11번가, G마켓 등 국내 경쟁 채널의 가격을 상시 모니터링하며, 동일 상품 최저가 경쟁을 유도하는 '아이템 위너Item Winner' 시스템을 운영한다. 또한, 새벽 주문 증가와 같은 시간대별 수요 변화가 감지되면 가격을 신속히 변동한다.

쿠팡의 아이템 위너 시스템은 아마존의 바이박스와 유사하나, 작동 방식과 강조하는 요소가 다르다. 빅데이터와 머신러닝 알고리즘을 활용하여 시장의 수요와 공급, 경쟁자의 가격 변동 등을 신속하게 분석하고 이에 따라 상품의 가격을 자동으로 조절하는 이 시스템은 사전 설정된 알고리즘에 근거하여 고객의 구매 이력, 검색 및 클릭 패턴, 시즌·시간대별 수요 변화, 시장 트렌드, 경쟁 플랫폼의 가격 변동 등 다양한 데이터를 수집하고 처리한다. 예를 들어 특정 상품의 인기가 급격히 상승하거나 경쟁사가 동일 상품의 가격을 낮추면, 자동으로 해당 상품의 가격을 조정하여 고객에게 항상 체감 최저가를 제공하도록 한다.

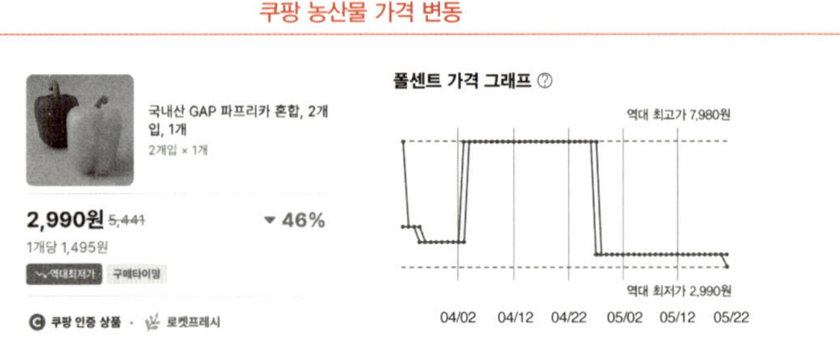

또 다른 예를 들어보자. 동일 제품을 판매하는 셀러가 A와 B, 두 명이 있다고 가정하자. A의 가격 설정 범위가 30만~50만 원이라면 B가 제시한 가격에 따라 A의 가격이 조정될 수 있다. B가 40만 원을 제시하면 A는 39만 원, 50만 원을 제시하면 A는 49만 원으로 가격이 자동 조정되는 방식이다. 실제로 쿠팡에서 판매하는 화장품, 식품, 농산물은 가격 변동 폭이 매우 큰 편이고, 일부 가전도 며칠 사이 30~40% 변동하기도 한다. 그래서 비싼 시점에 구매한 고객이 불만을 제기하기도 한다.

업계는 다이내믹 가격 전략이 고물가 시대에 고객의 가격 민감도를 충족시키고, 기업의 차별화 포인트가 될 수 있다고 강조하며 고객에게 더 저렴하게 상품을 구매할 기회를 제공할 수 있다고 설명한다. 고객은 가격 변동 알림 서비스 앱인 폴센트를 이용해 사고자 하는 물건의 최저가 시점을 포착할 수 있기도 하다. 반면 중간 유통업체인 셀러도 긍정적 효과를 얻을 수 있을까? '아이템 위너'로 선정되면 상품이 더 많이 노출되어 판매 기회를 얻지만, 그렇지 않으면 불리한 위치에 놓이게 된다. 따라서 셀러는 마진을 최소화하면서도 경쟁력을 유지하기 위해 끊임없이 가격을 조정해야 하는 악순환을 맞이하거나, 재고 관리에도 상당한 부담을 가질 수 있다.

시스템은 상품의 재고가 많으면 가격을 낮춰 재고를 빠르게 소진하도록 유도하지만, 이 역시 마진 압박을 가중시킬 수 있다. 반대로 재고가 적으면 가격을 높여 이익을 극대화하려 한다. 이는 셀러들이 재고를 적정 수준으로 유지하는 데 보다 복잡한 관리 전략을 필요로 한다. 재고 관리를 효율적으로 하지 못하면 공급망 문제, 재고 과잉 혹은 부족 등의 문제를 겪을 가능성이 커진다.

특히 스타트업은 가격 경쟁력, 가격 대응 역량, 상품 재고 확보 등에 불리한 여건을 감안하여 면밀히 검토하여 입점하는 것이 매우 중요하다. 다만 아이템 위너 정책은 고객의 쇼핑 경험을 다각도로 향상시켜 고객의 만족도와 충성도를 높이는 효과가 있다. 고객은 보다 효율적이고 경제적인 쇼핑 환경 속에서 높은 품질의 제품을 구매하고 서비스를 받을 수 있다. 이는 궁극적으로 쿠팡의 시장 경쟁력 강화로 이어질 것이다. 반면에 쿠팡에 자사의 물건을 입점한 판매자들은 끊임없는 가격 경쟁 속에서 살아남기 위한 몸부림을 치지 않으면 안 되는 상황에 직면하게 될 수도 있다.

아마존 바이박스와 쿠팡 아이템 위너 비교

항목	아마존 바이박스	쿠팡 아이템 위너
개념	동일 상품 판매자 중 대표 1인 노출	동일 상품 판매자 중 대표 1인 노출
노출 위치	상품 상세 페이지의 '장바구니 담기' 버튼 주인공	상품 상세 페이지 대표 판매자
선정 기준	가격, 프라임(FBA) 여부, 배송 속도, 판매 이력, 피드백, 재고 등	가격, 배송 조건, 재고, 고객 응대, 판매자 점수 등
가격 영향력	매우 큼 (단, 프라임 등 기타 요소의 영향도 큼)	매우 큼 (최저가가 유리, 기타 조건도 반영)
리뷰/평점	바이박스 보유 셀러가 기존 리뷰, 평점, 판매량 공유	위너가 기존 리뷰, 평점, 판매량 공유
셀러 경쟁 방식	실시간 경쟁, 로테이션 (여러 셀러에게 분배 가능)	실시간 경쟁(위너가 수시로 변경 가능)
판매자 자격	프로페셔널 셀러, 계정 상태 양호 필수	별도 제약 낮음(내부 기준 충족)
특이점	자격 미달, 판매량 저조 시 바이박스 부재 가능	2024년 7월부터 단위 가격도 선정 기준에 추가됨

　두 서비스를 비교한 표를 살펴보면 모두 대표 셀러를 앞세우지만, 작동 방식이 다르다는 것을 알 수 있다. 아마존 바이박스는 여러 셀러에게 로테이션으로 상품 노출 기회가 돌아갈 수 있고, 쿠팡은 위너가 실시간으로 바뀌며 노출 기회를 독점할 수 있다. 선정 기준에서는 가격이 공통적으로 가장 중요하지만, 아마존은 프라임(FBA) 여부, 셀러 등급 등 물류와 셀러 신뢰 지표 비중이 더 크게 작용한다. 쿠팡은 최근 단위 가격도 반영하기 시작했는데 소비자 입장에서는 실질적인 가격 비교 편의성(1개당, 1ml당, 100g당)이 더해져 합리적 구매 결정에 도움을 줄 수 있다. 그러나 판매자의 입장에서는 단위 가격이 낮을수록 아이템 위너로 선정되어 더 많은 노출과 판매량 증가를 기대할 수 있으나 경쟁은 더욱 심화될 수 있다. 셀러 자격은 아마존이 더 엄격하고, 쿠팡은 진입 장벽이 낮다. 리뷰 및 평점은 두 플랫폼 모두 동일하게 대표 판매자의 페이지에 노출된다.

두 플랫폼은 인공지능과 빅데이터를 활용하지만, 타깃 시장과 운영 인프라의 차이로 인해 기업 전략 방향도 다르다. 아마존은 글로벌 시장을 겨냥해 알고리즘 기반의 정교한 가격 전략을 펼친다. 반면 쿠팡은 빠른 배송, 가격 민감도가 중요한 한국 시장의 특수성에 최적화한 실용적인 접근을 추구한다. 아마존은 '바이박스' 장악과 글로벌 경쟁력 확보에, 쿠팡은 한국 시장 내 최저가 유지와 로켓 배송 효율성에 중점을 둔다. 아마존은 규제 리스크와 가격 차등 논란이 있고, 쿠팡은 신뢰도 하락 및 저가 이미지 고착 위험을 안고 있다.

스타트업이 다이내믹 프라이싱을 효과적으로 활용하려면, 단순히 가격을 올리거나 내리는 것을 넘어 고객 가치와 시장 상황에 대한 깊은 이해를 바탕으로 전략을 수립해야 한다. 모든 상품에 아마존과 같이 복잡한 가격 조정 시스템을 구축하는 것보다는 쿠팡의 접근 방식을 참고하는 것이 더 현실적이다. 즉 복잡한 알고리즘을 구축하기보다 고객이 구매하는 단위 및 단위 가격의 경쟁력 확보를 위한 소포장 및 소용량 등의 구체적인 전략을 수립하여 아이템 위너에 선정되도록 하는 것이 매우 중요하다. 또한 최소 마진 하한, 변동 폭 상한, 재고 임계치를 고려해 다이내믹 프라이싱을 활용하는 것이 가장 합리적이다.

제3장 가격 차별화를 실천하라

1. 가격 차별화 모델 및 전략

- 목표: 단순히 단일 가격을 책정하는 것에서 벗어나 고객의 특성과 상황에 따라 가격을 전략적으로 차별화하고 심리학적 요소를 활용해 수익을 극대화하는 방법을 다룬다.
- 지불 의사 반영: 가격 차별화는 고객의 지불 의사를 최대한 반영하기 위해 고객·상황별로 다르게 설계되어야 한다.
- 대표 모델
  - 고객이 사용량만큼 비용을 지불하게 하는 사용량 기반 가격 전략을 적용한다.
  - 프리미엄 모델과 정기 구독 모델을 활용하여 고객을 지속적으로 붙잡아두고 반복 구매의 힘을 확보한다.
- 비교 불가능한 가격 설계: 제품을 여러 가지 형태로 조합하는 전략과 묶음 전략을 사용하면 고객이 가격을 비교 불가능하게 만들어 경쟁 우위를 점할 수 있다.

2. 심리 가격 전략

- 심리적 가격 전략: 가격 끝자리를 조정하거나 옵션 혹은 사은품을 사용하는 전략으로 고객의 구매 심리를 자극하여 매출을 유도한다.
- 단수 가격 전략
  - 가격을 정수가 아니라 95원, 980원, 9,900원 등 단수로 책정한다.
  - 남용하면 반감을 가지는 소비자가 있다는 것을 유의한다.
- 앵커링·디코이 효과
- 앵커링 효과는 사람들이 먼저 접한 숫자와 정보를 기준점으로 한다는 것을 이용하여, 소비자가 첫 번째 가격을 기준으로 판단하게끔 유도하는 전략이다.
- 디코이 효과는 덜 매력적인 옵션을 추가해 타깃 옵션이 상대적으로 더 좋아 보이게 만들어 고객이 타깃 옵션을 선택하도록 유도하는 전략이다.

- 프로모션 전략: 일회성 할인이 아닌 시장 반응을 실험하고 학습하는 과정으로 프로모션 가격 전략에 접근해야 한다.
  - 반드시 일정한 기간을 설정해 긴박감을 촉진한다.
  - 사은품으로 프로모션을 하는 이유와 명분이 전해져야 효과가 있다.
- 다이내믹 프라이싱: 수요와 공급, 시장 상황, 경쟁 환경, 고객 행동 패턴 등 다양한 변수를 실시간으로 분석하여 최적의 가격을 산출하는 매커니즘이다.
  - 가격을 다양한 요인에 따라 실시간으로 변동시키면 여러 가격대에서 매출이 발생할 수 있다.
  - 고객의 신뢰를 유지할 수 있도록 합리적이고 투명한 가격 책정 방식을 취하고, 고객이 이해할 수 있도록 가격 변동의 이유를 적절히 설명해야 한다.

2부

'로'를 개척하라

길을 뚫었다면
실제로 판매하라

4장

스타트업이 '로'를 여는 법

스타트업 성장의 필수 요소, '로'

1부에서 우리는 '판'을 설계하고 구조를 만드는 데 집중했다. 어떤 상품과 서비스를 만들 것인가, 판매할 가격을 어떻게 책정할 것인가, 누가 우리의 고객인가, 어떤 가치를 제공할 것인가. 이 모든 질문에 답하며 팔릴 수 있는 구조, 즉 '판'을 만들고, 좋은 상품과 서비스를 만들었다. 다양한 가격 전략을 이해하고 팔릴 가능성이 있는 적정한 가격도 책정했다. 타깃 고객도 명확히 정의했다. 가격 차별화 전략도 수립했다. 이제 팔기만 하면 된다. 그런데 여기서 많은 스타트업이 막막함을 느낀다. '도대체 어디서부터 시작해야 하지?'

바로 여기서 2부의 주제인 '로路'가 등장한다. '로'는 길이다. 상품이 고객에게 도달하는 경로다. 시장으로 진입하는 통로다. 아무리 좋은 상품과 완벽한 가격 전략이 있어도, 고객에게 닿을 수 있는 길이 없으면 모든 것이 무용지물이다.

'판'이 무엇을 팔 것인가에 대한 답이라면, '로'는 어떻게 팔 것인가에 대한 답이다. 그리고 '어떻게 팔 것인가'에 뒤이은 첫 번째 질문은 바로 '어디서부터 시작할 것인가'다.

| 스타트업이 직면한 냉혹한 현실 |

이상과 현실 사이에는 늘 간극이 있다. 1부에서 설계한 완벽한 '판'을 가지고 시장에 나가보면, 스타트업은 곧 냉혹한 현실과 마주하게 된다.

일단 가격 경쟁력이 약하다. 대기업은 규모의 경제로 더 낮은 원가에 제품을 생산한다. 기존 경쟁사들은 이미 확보한 고객이 있기에 고객 획득 비용이 낮다. 반면 당신은 한 명의 고객을 얻기 위해 높은 마케팅 비용을 지불해야 한다. 가격을 낮추면 적자이고, 높게 유지하면 경쟁이 안 된다.

그뿐인가? 브랜드가 없다. 아무도 당신의 회사를 모른다. 검색해도 나오지 않고, 업계에서 들어본 적도 없다. "믿을 만한 회사인가요?"라는 질문에 답할 근거가 없다. 당신에게는 혁신적인 상품이지만, 시장에서는 그저 이름 없는 신생 기업에서 만든 상품일 뿐이다.

더구나 상품이 완벽하지 않다. 솔직히 인정하자. MVP(최소기능제품)라는 과정을 거쳐 최선을 다해 만들었지만 기능은 부족하고, 안정성은 검증되지 않았으며, 사용자 경험도 다듬어지지 않았다. 경쟁사의 제품과 나란히 비교하면 여러 면에서 뒤처진다.

자원도 턱없이 부족하다. 마케팅 예산은 거의 존재하지 않은 채 출발해야 한다. 전국 단위 광고는 꿈도 못 꾼다. 영업 인력은 손에 꼽을 정도다. 고객 지원은 전 직원이 돌아가며 맡는다. 제품을 개발하기에도 바쁜데, 마케팅과 영업까지 신경 쓰기 벅차다.

또한 신뢰를 얻기 어렵다. 특히 B2B 시장에서 기업 고객들은 검증되지 않은 스타트업을 경계한다. '이 회사가 1년 후에도 존재할까?', '중요한 업무를 맡겨도 될까?', '문제가 생기면 제대로 대응해줄까?' 그들은 스타트업에 대해 이런 의구심을 품고 있다.

이런 상황에서 어떻게 시장에 진입할 것인가? 모든 고객을 동시에 공략할 수는 없다. 대기업처럼 전방위적 마케팅을 할 수도 없다. 그렇다면 어디서부터 시작해야 할까?

| 잘못된 출발이 가져오는 치명적 결과 |

많은 스타트업이 시장에 진입하기 위한 첫 단추를 잘못 끼운다. 그리고 그 대가는 혹독하다.

실패 사례 1: 모든 고객을 타깃으로 삼기

"우리 제품은 20대부터 60대까지, 개인부터 대기업까지 모두 쓸 수 있어요." 이렇게 말하는 순간, 사실상 누구에게도 어필하지 못한다.

제한된 마케팅 예산을 이곳저곳에 흩뿌리다 보면, 어느 시장에서도 의미 있는 임팩트를 남기지 못한다. 메시지는 너무 일반적이 되어 누구의 공감도 얻지 못한다. '모두를 위한 제품'은 결국 '아무도 원하지 않는 제품'이 된다.

한 스타트업은 회계 관리 소프트웨어를 개발하면서 1인 자영업자부터 중견기업까지 모두를 타깃으로 삼았다. 결과는? 자영업자들은 너무 복잡하다고 했고, 중견기업은 기능이 부족하다고 했다. 모두를 만족시키려다 아무도 만족시키지 못했다.

실패 사례 2: 가장 큰 시장부터 공략하기

"대기업 고객을 확보하면 한 방에 해결이야!" 이 말은 직관적으로 봤을 때 정답인 것처럼 느껴진다. 큰 고객 한 명이 작은 고객 백 명보다 낫지 않은가?

하지만 현실은 다르다. 대기업 시장은 경쟁이 가장 치열하고, 진입 장벽이 가장 높으며, 의사 결정 과정이 가장 복잡하다. 조달 절차, 보안 심사, 법무 검토, 여러 부서의 승인……. 계약 하나 성사시키는 데에도 오랜 시간이 걸린다. 그 사이 스타트업의 자금은 바닥난다.

설령 계약이 성사되더라도, 대기업의 과도한 커스터마이징 요구로 제품은 특수 목적용으로 변질된다. 다른 고객에게 팔 수 없는 '맞춤형 프로젝트'가 되어버리는 것이다. 그리고 대기업은 가격 협상에서도 유리한 위치를 점한다.

실패 사례 3: 경쟁자의 고객 빼앗아오기

기존 시장 리더의 고객을 전환시키는 전략은 논리적으로는 타당하다. 이미 그 제품을 쓰고 있다는 것은 니즈가 있다는 뜻이니까.

하지만 고객 전환은 생각보다 훨씬 어렵다. 사람들은 현상 유지를 선호한다. '지금 쓰는 것도 나쁘지 않은데 굳이 바꿔야 하나?' 전환 비용도 부담스럽다. 데이터 마이그레이션, 새로운 시스템 학습, 업무 프로세스 변경…….

내가 운영하는 회사가 18년 이상 공급한 솔루션을 해외 사업장까지 사용하는 모 그룹이 있다. 많은 스타트업이 파격적인 가격 및 다양한 기능을 앞세워 공략해왔지만 우리 회사는 '더 저렴하고 업데이트된 솔루션'이라는 대안을 내세웠다. 또한 사용자들은 이미 그 생태계에 깊이 통합되어 익숙해져 있으며, 많은 데이터가 쌓여 있었다. 가격만으로는 고객을 움직일 수 없다.

실패 사례 4: 온라인 마케팅에만 의존하기

'요즘은 디지털 시대니까 SNS 광고랑 구글 광고만 돌리면 되겠지?'

이렇게 생각하는 스타트업이 많다.

온라인 광고는 클릭당 비용을 지불한다. 경쟁이 치열한 키워드는 클릭 한 번에 수천 원이 든다. 광고비를 쏟아부어도 실제 구매로 이어지는 비율은 낮다. 특히 B2B 상품이나 고가 상품의 경우, 온라인 광고만으로는 신뢰를 쌓기 어렵다.

결국 광고비만 날리고 유의미한 고객 확보는 이루어지지 않는다. 고객 획득 비용Customer Acquisition Cost, CAC은 치솟고, 고객 생애 가치Lifetime Value는 낮아져, 단위 경제성이 붕괴된다.

올바른 '로'의 출발점

1부에서 '판'이 시장에서 실제로 작동하는지 확인하는 가장 빠른 방법은 직접 고객을 만나서 판매하는 것이라고 하였다. 책정한 가격에 고객이 실제로 돈을 내는가? 정의한 타깃 고객이 정말 관심을 보이는가? 제안한 가치가 실제로 와닿는가?

이론과 현실은 다르다. 시장 조사에서는 90%가 관심 있다고 응답했지만, 막상 판매를 시도하면 10%도 구매하지 않는 경우도 허다하게 발생한다. 설문조사에서는 한 달에 5만 원 정도면 낼 수 있다고 응답했어도, 실제로는 만 원도 아까워하기도 한다.

직접 판매는 이런 간극을 빠르게 드러낸다. 10명의 고객을 직접 만나보면, 무엇이 문제인지 명확히 보인다. 가격이 문제인가, 기능이 부족한가, 타이밍이 안 맞는가, 아니면 문제 인식 자체가 없는가?

| 고객의 살아 있는 인사이트를 얻는다 |

깊이 있는 인사이트는 설문조사나 사용자 분석이 아니라 고객과 직접 대화하는 것에서 나온다. 고객이 원하는 것뿐만 아니라, 왜 그것을 원하는지를 이해할 수 있다.

"이 기능이 필요해요"라는 말 뒤에는 해결하고 싶은 더 근본적인 문제가 있다. "가격이 비싸요"라는 말 뒤에는 한정된 예산, 또는 제약이나 가치에 대한 의구심이 있다. 직접 대화를 해야만 이런 숨은 맥락을 파악할 수 있다.

한 프로젝트 관리 툴 스타트업은 직접 판매 과정에서 중요한 발견을 했다. 고객들이 '간트 차트 기능'을 요청했지만, 깊이 대화해보니 진짜 문제는 '상사에게 진행 상황을 보고하기 어렵다'라는 것이었다. 간트 차트가 아니라 원클릭 리포트 생성 기능이 진짜 솔루션이었다.

| 가격 전략을 테스트하고 조정한다 |

1부에서 설계한 가격 전략이 실전에서 어떻게 작동하는지 직접 확인할 수 있다. 어떤 가격대에서 저항이 생기는가? 어떤 패키징이 선호되는가? 어떤 할인이나 프로모션이 효과적인가?

직접 판매에서는 유연한 가격 실험이 가능하다. 고객 A에게는 이 가격으로, 고객 B에게는 저 가격으로 제안해보고 반응을 비교할 수 있다. 온라인에서는 모든 고객에게 동일한 가격을 제시해야 하지만, 직접 판매에서는 상황에 맞게 조정할 수 있다.

물론 이는 장기적으로 표준화되어야 한다. 하지만 초기에는 이런 유연성이 최적 가격점을 찾는 데 도움이 된다.

| 강력한 레퍼런스를 확보한다 |

직접 판매로 확보한 초기 고객들은 단순한 고객이 아니라 등대고객이 된다. 이들과의 깊은 관계는 강력한 레퍼런스로 발전한다. 직접 만나 관계를 맺은 고객은 추천사를 써주고, 케이스 스터디에 협조하며, 다른 잠재고객을 소개해준다. 이들은 당신의 제품이 성공하기를 진심으로 바라며 응원하게 된다.

한 HR 소프트웨어 스타트업은 초기 10개 고객사를 모두 직접 판매로 확보했다. 이들과의 긴밀한 관계 덕분에, 이후 영업에서 이 10개 레퍼런스만으로 다음 100개 고객사를 확보할 수 있었다.

| 확장 가능한 판매 프로세스의 토대를 만든다 |

직접 판매는 한계가 뚜렷하다. 맞다. 하지만 직접 판매를 통해 배운 것이 확장 가능한 프로세스의 기초가 된다.

고객에게 어떤 메시지가 먹히는가? 고객에게 어떤 질문을 자주 받는가? 고객은 어떤 우려를 가지는가? 고객에게 어떤 순서로 설명해야 효과적인가? 대화를 하다가 어느 시점에 가격 이야기를 꺼내야 하는가? 우리의 어떤 보장이나 조건이 계약을 성사시키는가?

이 모든 것은 직접 판매를 경험해야만 배울 수 있다. 그렇게 배운 것은 나중에 영업 팀을 꾸릴 때의 플레이북이 되고, 마케팅 메시지의 기초가 되며, 웹사이트에 올라갈 카피의 소재가 된다.

| 직접 판매 다음의 '로': 단계적 확장 |

직접 판매로 시작했다고 해서 거기에만 머물러서는 안 된다. 직접 판매는 출발점일 뿐 목적지가 아니다. 거기서 배우고 검증한 것을 바탕으로, 점진적으로 판매 채널을 확장해야 한다.

- **1단계:** 직접 판매(Direct Sales) – 창업자가 고객을 직접 대면한다.
- **2단계:** 온라인 직접 판매(D2C) – 웹사이트를 통해 직접 거래한다.
- **3단계:** 파트너 채널(Channel Sales) – 리셀러, 에이전트, 제휴사를 통해 판매한다.
- **4단계:** 대규모 유통(Mass Distribution) – 대형 유통망, 온라인 플랫폼으로 진출한다.

각 단계는 이전 단계에서의 학습을 기반으로 한다. 직접 판매에서 검증된 가치 제안이 온라인 판매의 메시지가 되고, 온라인 판매에서 쌓인 데이터가 채널 파트너 교육의 자료가 되며, 채널에서의 성공이 대형 유통망 진입의 근거가 된다.

모든 여정은 작은 첫걸음에서 시작된다. 그 첫걸음은 거창한 마케팅 캠페인이나 대규모 유통 계약이 아니다. 한 명의 고객을 직접 만나는 것, 그 사람의 문제를 듣는 것, 솔루션을 제안하는 것에서 시작된다는 것을 꼭 기억하자.

| 마무리: 길은 걸으면서 만들어진다 |

한자 '로路'를 살펴보면, '발足'과 '각各'이 결합한 모양이라는 것을 알 수 있다. '각자의 발로 걷는다'는 뜻이다. 길은 원래 거기 있는 것이 아니라, 걸으면서 만들어진다.

스타트업의 시장 진입도 마찬가지다. 처음부터 완벽한 유통 전략이 존재하는 것이 아니다. 고객을 한 명 한 명 만나면서, 거래를 하나하나 성사시키면서, 실패를 경험하고 학습하면서 길이 만들어진다.

1부에서 설계한 '판'은 지도다. 어디로 가야 할지 방향을 알려준다. 하지만 실제로 그곳에 도달하려면 발로 걸어야 한다. 2부는 그 걸음에 관한 이야기다.

브랜드가 없어도, 제품이 불완전해도, 자원이 부족해도 괜찮다. 중요한 것은 지금 당장 시작하는 것이다. 가장 가까운 고객 한 명에게 다가가는 것, 그것이 '로'의 시작이다. 운동화 끈을 바짝 조이고 시작하자. 이제 직접 판매라는 첫 번째 '로'를 여는 구체적인 방법을 알아보자.

틈새시장을 공략해 초기 시장에 진입하라

잠재고객을 발견해 STP 전략을 수립한 뒤에는, 초기 시장 진입을 위해 핵심 틈새시장을 공략하는 것이 효과적이다. 제한된 자원을 가진 스타트업이 초기에 빠르게 성과를 만들고 입지를 확고히 다지는 데 매우 필수적인 전략이다. 핵심 원칙은 간단하다. 작지만 명확한 니즈를 가진 고객층에 더 좁고 깊게 파고들어 차별화된 가치를 제공해 초기 시장 진입의 발판을 마련한다. 이때 만나는 고객 집단이 바로 제품-시장 적합성Product Market Fit, PMF을 가장 빨리 확인할 수 있는 곳이다.

틈새시장Niche market은 수익 시장Serviceable Obtainable Market, SOM보다 최우선시해야 하는 우선 타깃 시장Priority Target Market, PTM 안에 포함되는 더 세분화된 특수한 요구를 가진 소규모 집단이다. 경쟁이 적고 높은 충성도와 수익성을 기대할 수 있는 특정 니즈에 특화된 고객층으로 볼 수 있다.

요약하자면, PTM은 '누구에게 집중할 것인가'와 같은 전략적 고객관(질적 개념), SOM은 '얼마나 많은 시장을 실제로 차지할 수 있는가'와 같은 수치적 시장 규모(양적 개념)이다. PTM이 마케팅 실행의 초점이라면 SOM은 사업 계획과 성장 목표의 현실적 기준이 된다. 따라서 틈새시장은 PTM보다도 하위의 극초기 시장이라는 점을 인식하는 것이 중요하다.

PTM보다 작은 이 시장을 공략하기 위해서는 STP 전략으로 도출한 세분화된 시장을 더욱 심층적으로 분석해야 한다. 분석 결과에서 기존 시장에서 충족되지 못한 특정 고객 그룹의 작지만 뚜렷한 차별적 니즈를 발견해야 한다.

예를 들어 '녹차 단팥 앙금 스프레드'는 일반적인 스프레드 시장 대신 '비건 베이커리 애호가를 위한 스프레드', '장년층과 노년층을 위한 부드럽고 소화가 잘 되는 팥 앙금 스프레드'와 같이 특정 식습관이나 건강 상의 니즈가 분명한 세분화된 시장을 공략한다.

한 가지 예를 더 살펴보자. LED 음파 전동 칫솔은 일반적인 음파 전동 칫솔 시장 대신, '교정 장치 사용자를 위한 특수 음파 칫솔', '극도로 민감한 잇몸을 위한 저자극 음파 칫솔'과 같이 구체적인 니즈를 가진 세분화된 시장을 우선 공략해야 한다.

다음은 경쟁이 치열한 레드오션 시장보다, 아직 경쟁자가 거의 없거나 초기 단계인 블루오션의 틈새시장을 찾아 진입하는 것이 중요하다. 예를 들어 기존 반려동물 시장 대신, 특정 품종이나 노령견을 위한 맞춤형 건강 관리 서비스를 제공하는 방법이 있다. 또한 기존 교육 시장이 아니라 역시 특정 분야인 코딩 초보를 위한 단기 집중 온라인 교육 프로그램처럼 특정 세부 수요를 겨냥한다.

또 다른 전략은 스타트업이 가진 핵심 기술, 전문성, 독창적인 아이디어를 기반으로 경쟁사 대비 명확하고 차별화된 가치를 제공하여 틈새시장 고객의 선택을 받는 것이다. 제한된 마케팅 예산으로 최대 효과를 거두기 위해서는, 초기 고객의 만족도를 극대화하여 자발적인 입소문과 바이럴 마케팅을 유도해야 한다.

다음으로 타깃 고객이 주로 사용하는 온라인 커뮤니티, 소셜미디어 그룹에 참여하여 소통하고, 실질적인 솔루션을 제공하면서 고객을 유입시킨다. 동시에 특정 키워드 검색 광고, 콘텐츠 SEO 최적화 등을 통해 상품에 관심 있는 잠재고객을 확보한다.

마지막으로 틈새시장의 초기 고객에게서 얻은 피드백을 적극적으로 수용하고, 이를 바탕으로 제품을 지속적으로 개선하여 고객 만족도를 높인다. 위와 같은 전략들을 활용하여 틈새시장에서의 성공을 발판으로 삼아, 장기적으로 인접 시장 확장이나 주류 시장 진출을 염두에 두고 초기 틈새시장 공략 단계부터 확장 가능성을 고려하여 제품 개발 및 브랜드 구축을 진행해야 한다. 이후에는 PTM, SOM 시장으로 확대할 수 있는 기회가 자연스레 찾아 올 것이다.

제4장 스타트업이 '로'를 여는 법

1. 스타트업의 냉혹한 현실과 잘못된 출발

- 스타트업은 가격 경쟁력·브랜드·자원·신뢰도 등이 모두 열세인 현실을 극복해야 한다.
- '모든 고객을 타깃으로 하기', '가장 큰 시장 공략하기', '경쟁사 고객 빼앗기' 같은 잘못된 전략은 초기에 치명적이다.

2. 직접 판매(D2C)를 통한 '로'의 기초 마련

- 올바른 '로'의 출발점은 창업자가 직접 고객을 만나는 것이다.
- 직접 판매의 효과
  - 가격 전략이 실제 작동하는지를 검증하고, 최적 가격점을 확보할 수 있다.
  - 고객 인사이트를 빠르게 얻어 제품과 시장의 간극을 좁히고, 레퍼런스를 확보할 수 있다.
  - 확장 가능한 판매 프로세스의 토대를 마련할 수 있다.
- 직접 판매 – D2C – 파트너 채널 – 대규모 유통 순으로 단계적 확장을 계획해야 한다.

3. 틈새시장 공략의 중요성

- 시장 진입을 위해 PTM(우선 타깃 시장) 내의 틈새시장을 공략하는 것이 가장 효과적이다.
- 틈새시장은 PMF(제품–시장 적합성)를 가장 빨리 확인할 수 있는 소규모 고객 집단이다.
- 틈새시장 공략법
  - 기존 시장에서 충족되지 못한 특정 니즈를 가진 고객 그룹에 차별화된 가치를 제공한다.
  - 지속적인 피드백 수용 및 개선을 통해 시장 내 입지를 확고히 다진다.

5장

첫 '로'는 직접 개척하라

직접 판매의 힘, D2C 전략

많은 스타트업 창업자들을 만나다 보면 제품을 개발하는 것은 자신 있는데, 판매에는 자신이 없다는 말을 자주 듣게 된다. 그런데 제품을 왜 개발하느냐고 물으면 그들은 "언젠가 팔릴 것 같다", "누군가가 팔아줄 것 같다"라고 막연한 기대를 이야기하곤 한다. 초기 스타트업은 가격 경쟁력과 브랜드 파워 등 모든 면에서 불리한 조건으로 사업을 시작한다. 판매량이 적으면 생산비가 증가하기 마련이고, 시장에서 가격 경쟁력은 약해질 수밖에 없다. 그렇다고 마케팅에 충분한 예산을 투자하자니 그럴 만한 자금도 부족한 것이 현실이다.

초기의 다양한 창업 지원금 역시 집행 기간과 집행 가능한 항목이 정해져 있어, 완성도 있는 제품이 개발되기도 전에 예산을 먼저 집행하고 사업을 종료해야 하는 경우도 종종 발생한다. 각종 정부 기관에서 지원하는 창업 자금을 무작정 받는 것이 능사는 아니다. 제품 개발과 시장 진입 준비가 모두 갖춰진 시점에 적절하게 지원받은 자금을 집행해 시장 진입을 시도하면 투자금으로 유용하게 쓸 수 있다. 반면에 사업 계획서만 그럴듯하게 작성해 우선 지원금을 확보한 후 제품 개발을 시도하다가 지원 사업 기간 내에 상품 개발이 완료되지 못하는 경우가 종종 발생한다. 이 경우 사업 종료 후 어려움에 봉착하게 되고, 또다시 차기 연도 지원 사업에 기웃거리게 되는 불상사가 반복된다. 이러한 사례를 수없이 보아왔다.

이런저런 어려움을 극복해 제품을 개발하고 나면, 시장 진입 단계에서 새로운 난관에 봉착하게 된다. 초기 스타트업은 자사의 제품을 알리고 고객과 직접적인 소통을 하기 위해 기본적인 디지털 채널인 홈페이지나 블로그, 카페 등을 최적화해야 하기 때문이다. 이를 위해 브랜드와 제품의 가치를 일관되게 전달하는 SNS를 운영하여 오가닉 트래픽Organic Traffic 유입 통로를 견고하게 만드는 것이 매우 중요하다.

먼저 여기서 오가닉 트래픽과 유료 트래픽Paid Traffic이 무엇인지 알아보자. 오가닉 트래픽은 광고비를 한 푼도 쓰지 않았는데 자연스럽게 웹사이트로 찾아오는 방문자다. 입소문으로 맛집을 찾아오는 손님과 같다. 예를 들어 누군가 네이버나 구글에 '다이어트 방법'을 검색하고, 당신이 쓴 블로그 글이 검색 결과에 떠서 클릭한다면 그게 바로 오가닉 트래픽이다. 혹은 SNS에서 이용자 사이에 공유되거나 추천을 받음으로써 유입되는 경우도 오가닉 트래픽에 해당한다. 친구가 페이스북에 "이 글 진짜 유용한 정보야!"라며 당신의 블로그 링크를 올렸고, 그걸 본 사람들이 클릭해서 들어오는 것 그 예이다.

반면 유료 트래픽은 돈을 지불한 광고로 유입되는 방문자다. 길거리에서 전단지를 나눠주거나 신문에 광고를 내는 것과 같다. 가장 흔하게 사용하는 방법은 네이버나 구글에 돈을 내고 광고하는 것이다. 인터넷 포털 사이트에서 '치킨 배달'을 검색하면 가장 위에 '광고' 표시와 함께 뜨는 치킨집이 있을 것이다. 그게 바로 유료 트래픽이다. 인스타그램, 페이스북 등의 SNS에 하는 광고도 마찬가지다. '30대 여성, 서울 거주, 요리에 관심 있는 사람'처럼 타깃을 정확하게 정해서 광고를 할 수도 있다. 유료 트래픽의 장점은 즉시 효과를 볼 수 있고, 예산으로 광고 도달량을 조절할 수 있다는 것이다. 오늘 광고를 시작하면 오늘부터 당장 사람들이 들어온다. 예산을 늘리면 더 많은 사람이 오고, 줄이면 적게 온다. 단점은 돈을 계속 투입해야 한다는 것이다. 광고를 중단하면 즉시 방문하는 사람이 급감한다. 또한 광고라는 것을 깨닫고 사람들의 신뢰가 저하될 수도 있다.

유료 트래픽의 효과가 즉각적인 반면, 오가닉 트래픽은 단기간에 효과를 끌어올리기 매우 어렵다. 하지만 초기 유입 통로를 견고하게 구축하고 활동을 하면 한번 유입된 오가닉 트래픽은 상당 기간 동안 유지된다는 장점이 있다. 문제는 많은 창업자가 오가닉 트래픽이 이루어지는 과정을 인내하지 못하고 부족한 자금을 쪼개어 유료 트래픽에 자금을 투입한다는 점이다. 특히 즉시 효과가 나는 광고 채널을 찾느라 많은 비용을 지출하는 사이, 오가닉 트래픽이나 바이럴 현상이 거의 일어나지 않는 인스타그램에 비싼 광고비를 허비하는 경우가 잦다.

굳이 유료 트래픽에 광고비를 집행해야 한다면, 먼저 페이스북 계정을 만들고 꾸준히 제품을 알린 후에 인스타그램에 광고를 집행하는 것이 낫다. 그렇게 하면 확실히 유입 효과가 증대되는 것을 볼 수가 있다. 페이스북에는 바이럴 현상이 존재하고 있기 때문이다.

초기 창업자가 안정적으로 시장에 진입하는 채널의 순서를 B2G-B2B-B2C로 제시하는 견해가 많다. 하지만, 제품의 특성과 종류에 따라 이 순서를 그대로 적용하는 것은 쉽지 않다. 중요한 것은 온오프라인에서 고객을 직접 만나는 기회를 만들고, 그 자리에서 고객에게 자사 제품의 경쟁력을 평가받고, 제품을 고도화하는 계기를 만드는 일이다. 이것이야말로 무엇보다도 반드시 실천해야 하는 과제다.

2017년 미국의 나이키는 브랜드 통제력 강화, 디지털 전환 가속화, 수익성 개선 및 프리미엄 이미지 구축을 목표로, D2C_{Direct-to-Consumer} 전략 강화와 유통 구조 개편을 발표했다. D2C는 기업이 도매상, 소매상과 같은 전통적인 유통 채널을 거치지 않고 제품을 소비자에게 직접 판매하는 비즈니스 모델이다.

그러나 몇 년이 지나면서 경영 실적 악화, 본사 재고 부담 확대가 문제가 되어, 전 세계 자사 매장 및 아울렛 매장 등을 통한 대규모 할인 행사를 시행했다. 그러자 매출 성장률이 급격히 둔화하고 경쟁사들이 다양한 유통망 등을 활용하면서 오히려 나이키의 지배력이 약화되는 심각한 문제가 발생했다. 이에 나이키는 2022년 후반부터 일부 유통업체들과 B2B*Business-to-Business 유통으로 방향을 전환하면서 하이브리드 전략이라는 새로운 전략을 발표하기에 이르렀다. 이 사례를 보면 글로벌 대기업도 단일한 판로에 편중되는 리스크에 처하면 회사가 매우 심각한 위기에 봉착한다는 교훈을 얻게 된다.

스타트업은 모든 것이 미완성이고 부족한 상태에서 출발한다. 스타트업이 데스 밸리**Death Valley를 벗어나려면 초기에는 마케팅보다 우선은 세일즈에 집중해야 한다. 세일즈는 현재를 먹여 살리고, 마케팅은 미래를 먹여 살린다. 초기 스타트업은 B2B에 필요한 가격 경쟁력을 충분히 확보하지 못하는 것이 현실이고, 이는 단기간에 해결할 수 있는 문제도 아니다. 소량 생산으로 인한 원가 상승 등을 고려하면, 스타트업은 고객에게 직접 제품을 판매하는 D2C 역량을 강화해야 한다. 초기 시장에서는 많은 매출을 기대하기 어렵기 때문에, 준거 가격보다 고가 전략을 구사해도 큰 문제가 되지 않는다.

나이키가 D2C에 한계를 보였다는 이유로 스타트업이 D2C를 시도하지 않을 필요는 없다. 스타트업은 대기업에 비해 재고 부담이 상대적으

---

* B2B(Business-to-Business) 기업 간 거래, 즉 제조사가 도·소매 유통업체 등 다른 기업에 제품을 공급하는 방식
** 데스 밸리(Death Valley) 사업 초기 단계의 회사가 수익은 없지만 운영은 계속하는, 극심한 자금 고갈 시기를 의미하는 비즈니스 용어다. 특히 스타트업이 비즈니스 모델을 검증하고 시장에 진입하기 전, 초기 자본이 소진되어 파산 위험이 가장 높은 구간을 가리킨다. 영어로 'Death Valley Curve'라고도 부른다. 쉽게 말해 초기 사업이 작동하지만 수익 모델이 정착되기 전이라 자금이 바닥나는 죽음의 계곡 같은 시기로, 많은 스타트업이 이 구간에서 실패하거나 외부 투자를 필요로 한다. 이 구간을 성공적으로 극복하면 성장과 확장의 국면으로 접어드는 중요한 전환점에 도달한다.

로 적고, 틈새시장을 집중 공략하여 고객과의 접점을 늘리며 상품성 평가 및 보완을 할 수 있는 기회를 빠르게 획득할 수 있다.

대체로 초기 스타트업은 데스 밸리를 벗어나기 전까지 급격한 성장을 이루는 것이 현실적으로 어렵다. 우선 D2C로 시작해 고객과의 직접적인 소통을 통해 상품력을 고도화해야 한다. 이후에 B2C, B2B 채널로 확대 가능한 가격 경쟁력과 상품력이 확보되면 자연스럽게 시장 확대를 위한 역량이 확보될 수 있다.

또한 D2C 과정에서 가격, 전환, 반품 등의 과정에서 축적된 고객 데이터는 가격 책정에 관한 준거 가격의 파악 및 적정 가격 설정에 근거를 제공해, 합리적인 가격 책정 전략 수립에 도움이 된다.

❙ 경남 의령의 착한농장 사례 ❙

2019년 농식품벤처지원사업 심사에서 쓴소리를 한 것이 인연이 되어, 지금까지 관심 있게 지켜보고 있는 부부의 이야기를 하려고 한다.

이 부부는 경남 의령에서 느타리버섯을 직접 재배하고, 인근 농가에서 생산된 마늘과 양파 등 양념 원료를 수급, 알약 형태의 동결 건조 육수를 생산 및 판매하는 모델로 스타트업을 시작하여 운영하고 있다. 이후 분말 육수, 고형화 육수(뽀시래기), 생느타리버섯 등 다양한 제품 개발과 판매를 시도하며 성장하고 있다. 최근에는 느타리버섯과 두부를 원료로 한 스낵을 개발하여 폭발적인 인기를 얻고 있다.

이 스타트업을 소개하는 이유는 명확하다. 창업 초기부터 오프라인 중심의 D2C 실행을 게을리하지 않았기 때문이다. 문호리 리버마켓을 비롯해 백화점, 대형 마트 등 행사장마다 꾸준히 고객을 직접 만나 상품을 판매했고, 해외 전시회 등 고객을 직접 만날 수 있는 곳이면 어디든지 달려갔다. 이렇게 끊임없이 고객과 접점을 늘리면서, D2C를 중심에 두고 회사를 성장시켰다.

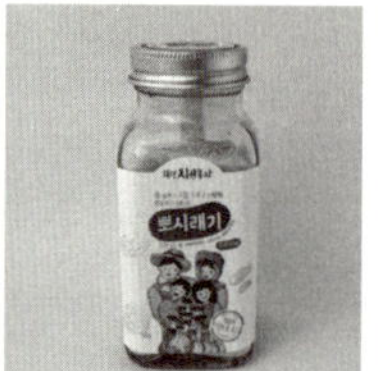

| 경주의 모이식품 사례 |

농업회사법인 ㈜모이식품은 2017년 농식품벤처지원사업(농업기술진흥원)의 멘토링을 계기로 인연을 맺었다. 경상북도 경주에 본사를 둔 농식품 스타트업이며 삼대가 함께 운영하고 있다. 직접 재배한 동충하초를 응용해 건강식품을 개발 및 판매하고, 대표의 손자는 초롱팜바이오 대표로 식물 조직 배양 기술을 활용한 다양한 무균 식물을 배양하며, 딸기 등 농작물의 종자 개량 역량을 갖추고 있다.

모이식품은 스타트업답지 않게 매우 많은 제품과 다양한 식품 가공 설비를 보유하고 있다. 그러나 판로 개척 역량은 부족했고, 고객의 니즈 분석보단 막연하게 성공할 것이라는 내부의 기대와 OEM* 의뢰 업체 대응으로 자원이 분산되어 있었다. 삼대가 모두 나서 D2C에 집중했으나, 재구매율이 낮아 기대만큼 매출이 나오지 않았다.

---

* **OEM** Original Equipment Manufacturer의 약자로, 다른 회사가 요구한 대로 제품을 생산하고, 주문자의 브랜드를 부착하여 판매하는 제조 방식을 의미한다.

　모이식품은 지난 몇 년간 다양한 채널과 유통업체를 통한 판로 개척에 대해 자문 및 멘토링을 받았으나, 매출은 크게 개선되지 않았다. 또한 전시회 및 시장 개척단으로 베트남 등 해외 시장까지 진입하려 했지만, 결과는 국내 유통업체를 통한 시도와 다르지 않았다.

　이에 제품 종류를 줄이고 핵심 경쟁력에 집중하는 것이 좋다고 판단했다. 동충하초의 주요 성분인 코디세핀은 고가의 약품 원료로, 그 함량이 곧 제품 경쟁력을 좌우한다. 모이식품은 수년간의 연구 개발과 제품 실험을 통해 글로벌 경쟁 제품보다 코디세핀 함량이 매우 높은 제품을 개발하는 데 성공했고, 해외 시장을 위한 유기농 인증 등 각종 인증도 취득했다. 이를 바탕으로 현재 고객의 니즈와 가치에 부합하는 제품을 기획·개발하고 있다.

　결과적으로 고객을 직접 만나서 얻은 고객의 목소리로, 제품 개발 방향의 답을 얻은 것이다. 고객이 원하는 제품을 찾기 위해서는 끊임없이 고객과 대면해 제품을 고도화하는 노력이 필요하며, 그 과정에서 히트 상품이 탄생할 수 있다. 모이식품은 현재 미국 농무부 유기농 인증(USDA)을 받는 등 우수한 상품력으로 국내는 물론 아마존을 포함한 글로벌 시장에서 좋은 반응을 얻고 있다.

모이식품이 만드는 건강기능식품

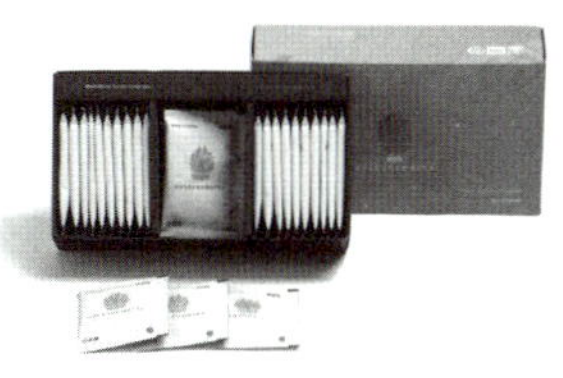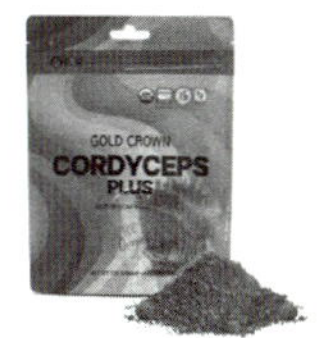

작지만 강력한 판매 거점, 온라인 랜딩 채널

초기 스타트업은 마음은 급하고 자금은 부족한 가운데 제품 개발까지 병행하며 1인 다역을 할 수밖에 없다. 그럼에도 불구하고 시장에 제품을 진입시키기 위해서는 몇 가지 선행해야 하는 것이 있다. 회사 홈페이지, 페이스북 회사 계정, 블로그, 카페 등 기본 디지털 채널을 반드시 개설하고, 이를 기반으로 세일즈 전략을 구사해야 한다.

모든 채널이 온오프라인이 유기적으로 결합되는 이 시대에는 잠재고객이 다양한 채널에 분포한다. 따라서 잠재고객이 최초로 유입되는 경로인 랜딩 채널Landing Channel이 필수다. 예를 들어 홈쇼핑으로 자사 제품을 방송하면 방송 중 매출은 자사 매출로 잡히지만, 방송 이후 검색이나 플랫폼 등을 통해 소비자가 유입되었을 때 자사 랜딩 채널이 제대로 구축되지 않은 상태라면 구매자가 유사 경쟁사로 넘어가는 경우가 허다하다.

실제로 한 스타트업이 야심작으로 입안의 점막을 통해 흡수되는 필름형 글루타치온 제품을 홈쇼핑에 출시했다. 건강식품은 일반적으로 방송 종료 후 3일간 몇십만 건의 랜딩이 발생하는데, 이때 상당수 트래픽이 네이버 상위 노출 메이저 업체로 이탈했다. 홈쇼핑 방송을 본 부모가 자녀에게 구매를 부탁하면 자녀는 주로 네이버에 글루타치온으로 검색해 상위 노출된 업체의 제품으로 구매하는 경우가 많았기 때문이다. 물론 강력한 브랜드 파워를 가지고 있다면 브랜드를 검색하겠지만, 건강식품은 약물의 성분명을 내세워 방송하는 경우가 많아 고객이 성분명만 기억하는 경우가 많다는 점도 유의해야 한다.

요즘 페이스북을 누가 보냐는 말도 있지만, 페이스북은 반드시 운영할 만한 이유가 있다. 페이스북은 텍스트, 사진, 동영상, 링크 등 다양한 포맷을 지원하고, 공유 버튼으로 사용자가 손쉽게 게시물을 자신의 네트워크로 확산시킬 수 있다. 이때 친구의 친구, 그룹, 페이지 등 다층형 네트워크를 통해 콘텐츠가 빠르게 확산된다. 또한 페이스북 알고리즘은 댓글, 공유, 반응(좋아요) 등 상호 작용이 활발한 콘텐츠일수록 더 넓은 네트워크에 노출시킨다. 즉, 바이럴Viral 현상이 구조적으로 발생하기 쉬운 플랫폼이다.

반면 같은 회사에서 운영하는 채널인 인스타그램은 이미지와 짧은 영상 중심의 플랫폼으로, 게시물의 리그램(타인 게시물 재게재)이 공식적으로 지원되지 않고, 스토리를 공유하는 것도 제약이 있다. 주로 다이렉트 메시지Direct Message, DM나 스토리 멘션 등 폐쇄적인 경로로 확산된다. 카드 뉴스 등 1~3초 내에 주목을 끄는 홍보성 콘텐츠는 그 완성도에 따라 광고 효과도 매우 차이가 크다.

결론적으로 페이스북은 공유 중심의 네트워크 구조와 알고리즘 덕분에 콘텐츠의 빠르고 폭넓은 확산이 용이한 반면, 인스타그램은 시각적 소비 특성과 팔로워 중심의 폐쇄적 네트워크, 공식적인 '공유' 기능의 부재, 그리고 개인에 초점을 맞춘 알고리즘 특성 때문에 페이스북과 같은 대규모 바이럴 현상이 상대적으로 적게 나타난다. 이렇듯 두 플랫폼의 본질적인 차이를 이해하고, 반드시 페이스북을 통하여 바이럴 현상을 획득해야 한다. 바이럴 현상을 극대화하기 위한 양질의 콘텐츠를 만드는 것 역시 중요하다.

블로그나 카페를 운영해야 하는 이유도 너무나 자명하다. 자사 홈페이지나 자사 몰로 유입되는 방문자 중에서 광고나 소셜미디어, 리퍼럴 사이트 등의 유료 채널로 유입되는 유료 트래픽Paid Traffic이 아니라, 구글, 네이버, 다음, 빙Bing 등 검색엔진의 자연 검색 결과로 웹사이트에 유입되는 방문자인 오가닉 트래픽Organic Traffic을 늘리기 위해서다.

네이버는 블로그나 카페를 주기적으로 크롤링(수집)한다. 따라서 명확한 주제를 일관되게 다루고, 네이버 노출 알고리즘에 맞게 최적화하는 작업이 반드시 필요하다. 시중에 참고서와 가이드가 풍부하게 나와 있으므로 블로그와 카페를 구축 및 운영하는 방법은 생략하겠다. 누구든 직접 해보고자 하는 의지가 있다면 얼마든지 할 수 있다.

결론적으로 네이버 블로그는 초기 시장 진입부터 성장까지 전 과정에 걸쳐 강력한 마케팅 도구이자 판로 개척의 핵심 채널이 될 수 있다. 체계적인 구축 전략과 꾸준하고 진정성 있는 콘텐츠를 통해 스타트업은 브랜드 인지도를 높이고 신뢰를 구축해 충성고객을 확보하며, 매출 증대를 이끌어낼 수 있다.

오가닉 트래픽을 늘리기 위해서는 검색엔진 최적화Search Engine Optimization, SEO, 콘텐츠 제작, 링크 빌딩 등의 전략이 필요하다. SEO는 웹사이트의 상위 노출을 목표로 제목, 내용, 키워드 등을 검색엔진에 최적화하고, 크롤링 및 색인 오류를 점검한다. 콘텐츠는 잠재고객이 실제로 찾는 문제, 질문, 사용 상황 등 유용한 정보를 지속적으로 제작해 제공한다. 링크 빌딩은 권위 있는 사이트에서 내 사이트로 연결되는 링크를 확보해 검색엔진의 신뢰도를 높이는 작업이다. 그러나 유명한 사이트로 연결되는 링크는 확보하기 쉽지 않고, 비용이 많이 소요될 수 있다.

최근에는 오프라인 접점도 함께 활용한다. 광고물, 명함, 카탈로그, 포장재 등에 QR 코드를 인쇄해 자사 웹사이트나 랜딩 페이지로 유인하는 것도 기본적으로 시행해야 한다.

따라서 스타트업은 다양한 채널의 랜딩 채널을 추적하고 분석해 고객의 여정을 이해하고, 비효율적인 채널에 투자하는 것을 줄여 예산을 최적화해야 한다. 구글 애널리틱스Google Analytics와 같은 웹 분석 도구로 채널별 트래픽 및 전환 데이터를 효과적으로 분석하고, 타깃 고객의 특성에 맞게 효율적인 판로를 개척하고 매출 증대 전략을 수립해야 한다.

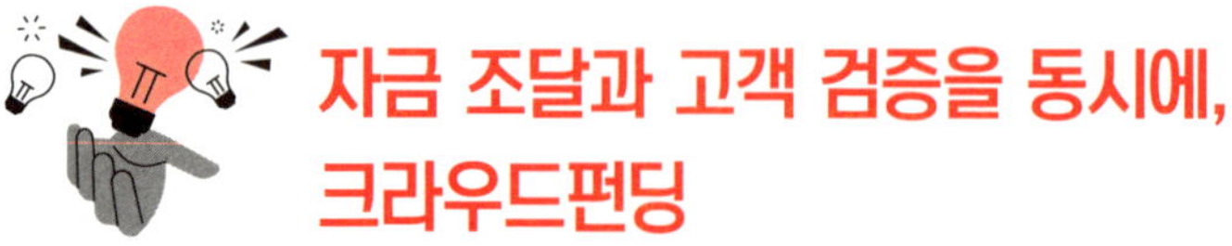

자금 조달과 고객 검증을 동시에, 크라우드펀딩

초기 스타트업은 온라인에서 시장에 진입한 채널을 확보하기 어렵고, 고객의 제품 반응 데이터를 확보할 수 있는 기회도 많지 않다. 다행히 국내외를 막론하고 크라우드펀딩 채널이 다양하게 존재하며, 자사 상품을 고객에게 선판매, 후배송 형태로 생산 리스크를 줄이면서 시장 진입을 위한 초기 수요 검증을 병행할 수 있다.

미국에는 킥스타터Kickstarter, 인디고고Indiegogo, 일본에는 마쿠아케Makuake, 국내에는 와디즈, 텀블벅, 펀딩200 등의 플랫폼이 있다. 플랫폼마다 다루는 상품군과 운용 방식이 다르다.

이 책에서는 크라우드펀딩에 관한 전반적인 내용이 아니라, 몇 년 전 모 대학에서 교양 과목으로 '크라우드펀딩의 이해와 활용'을 강의하며 체득한 크라우드펀딩의 가격 책정 전략만 이야기하고자 한다. 대부분의 크라우드펀딩 플랫폼은 국내에 미출시된 제품과 최저가 노출을 선호하며 펀딩 매출의 극대화를 유도하는데, 이때 펀딩이 종료된 이후 다른 채널에서의 가격 전략이 문제가 되는 경우가 종종 발생한다. 예를 들어 슈퍼 얼리버드를 소비자 가격 대비 45~50% 할인으로 설정하면, 펀딩 종료 후 소비자 가격으로 환원이 어렵고 할인가가 사실상 판매가로 굳어지는 경우도 있다. 공동 구매 플랫폼인 카카오메이커스도 최저가 노출을 선호해 동일한 문제점이 생긴다.

이런 상황은 초기에 시장으로 진입해야 한다는 강박으로 가격을 터무니없이 낮추면서 발생한다. 크라우드펀딩의 주요 고객은 대체로 이노베이터 및 얼리어댑터로, 이들은 저렴한 가격에 구매하겠다는 욕구보다 남들보다 새로운 상품을 먼저 구매해서 경험하고자 하는 욕구가 강한 소비자군이다. 이들은 가격 저항이 크지 않은 점을 고려하여 조금은 고가 전략을 구사해서 다른 채널로 확대할 때의 가격 일관성을 보전하는 전략 설계가 필요하다.

크라우드펀딩을 성황리에 종료하고 홈쇼핑이나 대형 마트 입점을 위해 상담하면, MD가 펀딩가를 기준으로 상담을 요구해 난처해지는 일이 많다. 가격 때문에 입점 자체가 힘들어지는 경우도 종종 발생한다. 이 지점을 고려해 가격 전략을 수립해야 한다.

그나마 카카오메이커스는 단일가 노출 특성 덕분에 가격 책정이 쉬운 편이며, 배송비를 포함해 가격을 책정하면 리스크를 줄일 수 있다. 와디즈는 제품 최장 노출 기간이 약 한 달 정도 되는 점, 카카오메이커스는 일주일 단기 노출과 반복 앵콜 등을 활용할 수 있다. 이처럼 각 플랫폼의 노출 기간, 수수료, 정책 등을 고려해 가격을 설계하는 지혜가 필요하다.

크라우드펀딩 플랫폼을 통해 시장에 진입하면 성공했다고 착각하는 경우가 많다. 그러나 실제로는 펀딩 이후 주류 시장으로 넘어오지 못해 어려움을 겪는 사례가 매우 많다. 이를 보완하기 위해 와디즈는 펀딩 종료 후 자사 운영 스토어에 입점을 유도하고, 와디즈 온리* 수수료를 저렴하게 책정해 판매자의 충성도를 높이는 전략을 펼치고 있다. 또한 와디즈 글로벌 서비스를 런칭해 200여 개국의 파트너들과 글로벌 시장을 공략할 수 있는 기회를 제공하고 있다. 이러한 점을 잘 활용하는 것도 좋은 시장 진입 및 확대 전략이라 할 수 있다.

* 와디즈 온리 와디즈에서만 단독으로 판매하는 상품을 의미한다.

중요한 것은 플랫폼을 활용하여 상품력 개선과 고객 접점 확대를 병행하되 주류 시장 진입 준비를 동시에 하는 일이다. 펀딩 과정에서 드러난 문제점을 보완해 완비 제품Whole Product 수준으로 끌어올리고, 주류 시장에 맞는 가격 전략, 패키지 디자인 등의 상품력 고도화를 준비해야 한다. 이렇게 해야 펀딩의 성과를 지속 가능한 채널 성과로 전환할 수 있다.

작은 장터에서 얻는 큰 기회, 세포 마켓

스마트폰 하나로 누구나 판매자가 될 수 있는 시대, 바로 세포 마켓 Cell Market의 시대이다. 인스타그램, 유튜브, 블로그, 페이스북 등 SNS 기반의 1인 미디어 플랫폼에서 개인이 직접 상품을 소개하고 판매하는 이 새로운 형태의 상거래는, 기존 거대 온라인 쇼핑몰과는 차별화된 매력과 가능성을 제시하며 빠르게 성장하고 있다. 마치 세포처럼 유통 시장이 미세하게 분할되고, 개인의 영향력이 곧 시장이 되는 세포 마켓을 살펴보고 스타트업이 활용할 수 있는 방안을 모색해보자.

세포 마켓은 2019년 소비 트렌드 키워드 10개 중 하나로 선정될 만큼 새로운 유통 채널로 부각되었다. 오프라인보다 온라인 쇼핑에 익숙한 MZ 세대가 성장을 주도했고, 1인 미디어 시대가 본격화하면서 개인의 개성과 취향을 반영한 소비가 확산되자 세포 마켓은 더욱 급성장했다. 이곳에서 활동하는 판매자는 셀슈머Sell-sumer 또는 마켓 크리에이터라고 부른다.

셀슈머들은 개인 SNS에 자신의 일상과 함께 의류, 가방 등 판매하고자 하는 상품을 자연스럽게 노출한다. 이러한 방식은 기존의 커머스 채널과는 달리 초기 투자 비용이 크지 않고, 사진 몇 장과 짧은 영상만으로 홍보할 수 있다는 장점이 있다. 이용자 입장에서도 셀슈머들과 SNS에서 실시간으로 소통하며 즉시 간단하게 물건을 구매할 수 있어 편의성이 높다. 이렇게 맞아떨어진 장점이 세포 마켓의 성장을 견인했다.

세포 마켓은 별도의 온라인 쇼핑몰 구축이나 마케팅, 과도한 재고 부담 없이 SNS 계정만으로 시작할 수 있어 진입 장벽이 낮고 운영이

간편하다. 공동 구매, 한정 수량, 앵콜 판매 등 '우리끼리'만의 희소성
과 이벤트성을 강조해 고객에게 특별한 경험을 제공하기도 한다.

세포 마켓의 대표적인 무대는 인스타그램이다. 주로 네이버 파워 블
로그나 카페를 운영하는 크리에이터들이 대규모 회원을 이끌고 인스
타그램으로 넘어가면서, 수십 만 명의 팔로워 수를 내세운 파워 인플
루언서 겸 셀슈머로 활발히 활동하게 되었다. 초기에는 자신만의 계정
콘셉트(패션, 뷰티, 운동, 라이프스타일 등)를 명확히 하고, 높은 퀄리티
의 사진·영상·스토리 등을 구축해 충성 팔로워를 확보하며 운영했다.
그러다 시장이 급속히 성장하면서 계정 운영이 기업화됐고, 팔로워 수
와 '좋아요' 수를 인위적으로 부풀리는 매크로 프로그램이 성행하며 실
제 영향력이 과장되거나 조작된 사례가 속출하기도 했다.

또한 일부 인플루언서는 협찬 사실을 명확히 밝히지 않거나, 허위·
과장 광고로 신뢰도를 훼손하고 시장의 투명성을 저해하기도 했다. 유
해 제품과 잘못된 정보의 확산, 가짜 계정, 허위 광고, 소비자 피해 등
에 관한 제도·윤리적 규제가 아직은 미흡한 실정이다.

또한 인스타그램 특성상 특정 인플루언서가 특정 제품을 판매할 때,
다른 인플루언서가 판매할 경우 과당 경쟁의 소지가 커 독점 판매를 선
호하는 경향이 있다. 이 때문에 외부 채널 노출을 꺼리다 보니, 인플루
언서들은 항상 새로운 상품을 소싱해야 하는 부담이 생긴다. 동일 제품
을 동일한 팔로워에게 반복 판매하기도 어렵다는 한계가 있기도 하다.

파워 인플루언서보다 수천~수만 명 정도의 팔로워를 지닌 마이크
로 인플루언서가 단가가 낮고 커뮤니티 결속력이 높아 오히려 더 많은
매출을 내기도 한다. 타깃이 명확하고 구체적 목표가 중요한 신제품을
내놓거나 틈새시장에 진입할 때는 마이크로 인플루언서가 비용 대비
높은 참여도를 획득하기에 유리하고, 브랜드 인지도 강화 및 대규모 출

시, 광범위한 캠페인이 필요한 경우에는 대중적인 스타이거나 팔로워 수가 압도적으로 많은 메가 인플루언서가 효과적이다.

요약하면 마이크로 인플루언서는 관계성과 신뢰에 기반한 성장형 마케팅에 유리하고, 메가 인플루언서는 대규모 노출과 빠른 브랜드 인지도 강화에 적합하다. 두 유형의 장단점을 목적과 예산, 채널 전략에 맞춰 잘 조합하는 것이 최선이다.

공동 구매는 특정 기간 동안 특정 수량의 상품을 판매해 가격 혜택을 제공하는 방식이다. 기간을 2~3일 정도로 짧게 설정하여 긴박감을 조성하고, '한정 수량' 등의 문구로 고객의 구매 욕구를 자극한다. 공동 구매 시작 전부터 예고 포스팅과 사전 알림 기능으로 기대감을 높이는 것이 중요하다. 인플루언서가 직접 제품을 사용한 후 솔직한 후기를 남기는 방식도 효과적이다. 이때 제품의 장점을 부각하는 것이 기본이지만, 단점도 가감 없이 공개하면 제품의 신뢰도를 높이는 효과가 있다.

세포 마켓 전략의 성과를 객관적으로 판단하기 위해서는 채널별 성과 측정이 필수적이다. 인플루언서 마케팅은 플랫폼에서 노출 및 조회 수, 참여율(좋아요, 댓글, 공유 등의 소비자 반응), 구매 전환율 등을 측정하고, 공동 구매는 총 판매 수량, 매출액, 재구매율, 객단가 등으로 수익성을 분석해야 한다.

최근에는 커뮤니티 기능과 영상 콘텐츠로 소비자와 경험을 공유하고 팬덤을 형성하기에 유리한 유튜브 마켓이 성장하는 추세이다. 팔로워 이벤트, 라이브 방송 등을 통해 실시간 소통을 강화하고, 제품에 대한 생생한 정보를 전달할 수 있기 때문이다. 다만 과장 광고나 허위 정보가 유통될 수 있는 위험과 고객의 주의가 필요한 정보의 신뢰도 문제, 플랫폼 정책 변화에 따른 노출 변동성의 문제점이 있다.

세포 마켓은 플랫폼 내부 확산에 강점이 있지만, 타 이커머스 채널로의 직접적인 전환은 제한적이라는 단점이 있다. 그러나 세포 마켓의 성장에 대응해 기존의 이커머스 채널도 인플루언서 입점, 라이브커머스 도입, 개인화 추천 알고리즘 강화 등 세포 마켓의 장점을 적극적으로 도입하고 있다.

결론적으로 세포 마켓은 개인화·취향 중심의 소통, 낮은 진입 장벽, 큐레이션을 강점으로 MZ 세대를 중심으로 빠르게 성장한 새로운 유통 트렌드이다. 동시에 품질, 신뢰, 소비자 보호 등 해결해야 할 과제도 분명히 존재한다. 지속적인 성장을 위해서는 판매자의 투명성과 책임감 있는 운영, 플랫폼 차원의 소비자 보호 장치 마련, 그리고 건전한 시장 환경 조성이 중요하다. 세포 마켓은 기존 유통 시장에 신선한 변화를 가져왔지만, 보다 성숙한 시장으로 발전하기 위해서는 특히 신뢰와 품질 관리가 필수적이다.

스타트업은 초기 시장 진입 채널로 세포 마켓을 적극적으로 활용하되, 주류 시장으로 확장하는 것은 한계가 있다는 점을 명심하고 신제품 출시 단계의 초기 홍보 수단으로 활용하는 것이 좋다. 가능하다면 창업자 본인이 직접 셀슈머가 되어 고객을 설득하는 것도 좋은 방법이다.

제5장 첫 '로'는 직접 개척하라

1. D2C 전략의 힘

- D2C 전략은 초기 스타트업에 가장 강력한 힘을 제공한다.

- 고객과 직접 소통하여 생생한 피드백을 얻고 브랜드 충성도를 구축하는 핵심 통로가 된다.

- 자체 판매 거점 확보: 직접 판매를 실현하기 위해 온라인 랜딩 채널을 구축하여 작지만 강력한 자체 판매 거점을 마련해야 한다.

2. 크라우드펀딩 활용

- 크라우드펀딩 플랫폼을 활용하여 초기 자금을 조달하는 동시에, 잠재고객의 반응과 제품의 시장성(PMF)을 사전에 검증하는 전략을 실행한다.
  - 주의점: 펀딩 이후 주류 시장 진입을 고려하여 가격 설계를 신중히 해야 한다.

3. 세포 마켓 공략

- 개인이 운영하는 작은 규모의 온라인 장터인 세포 마켓을 공략하여 제한된 예산으로도 유의미한 고객을 확보한다.
  - 세포 마켓을 통해 고객 사이에서 바이럴 효과를 얻는 기회를 포착해야 한다.

4. '로'의 시작점

- 결국 첫 번째 판매 경로인 '로(路)'는 대규모 유통망이 아닌, 창업자의 통제하에 고객과 직접 연결되는 채널을 개척하는 것에서 시작된다.

6장

유통 채널의 '로'를 넓혀라

B2G, B2B, B2C, C2C의 유형별 전략

| B2G 시장의 특성 이해 |

정부 및 공공기관을 대상으로 하는 B2G_{Business-to-Government} 시장은 민간 기업을 대상으로 하는 B2B_{Business-to-Business} 시장과는 근본적으로 다른 독특한 생태계를 지니고 있다. 국내 정부 조달 시장 규모는 2025년 기준으로 연간 약 209조 원으로, 안정적인 예산과 대규모 프로젝트를 바탕으로 스타트업에 매력적인 시장이 될 수 있다. 하지만 이 시장에 성공적으로 진입하기 위해서는 이 시장만의 독특한 절차와 규범을 깊이 이해해야 한다.

B2G 시장에 대해서 많은 부분을 할애해서 설명하고자 하는 이유는 자금부터 상품 및 서비스의 개발에 이르기까지 모든 것이 불리한 스타트업에게, 그 모든 한계를 극복하게 해줄 시장이 바로 정부를 상대로 한 시장이기 때문이다. 많은 창업 컨설팅과 서적에서는 주로 B2C를 강조하고 있다. 그러나 이 책에서는 이러한 점에서 탈피하여 현실적으로 스타트업에게 가장 안정적인 시장인 B2G 시장에 대해 좀 더 상세하게 기술하고자 한다.

B2G 시장의 가장 두드러진 특징은 엄격하고 복잡한 조달 프로세스이다. 정부 기관은 공정성과 투명성을 보장하기 위해 법률과 규정에 따라 구매 절차를 진행한다. 국가를 당사자로 하는 계약에 관한 법률

---

* 조달청 공식 통계에 따르면 국내 정부 조달 시장 규모는 2024년 기준 약 225.1조 원(계약)이며, 2025년에는 각 기관 통합·전산화 효과 반영 시 약 209~225조 원 내외로 집계될 것으로 예측된다.

(국가계약법), 조달사업에 관한 법률(조달사업법), 전자조달의 이용 및 촉진에 관한 법률(전자조달법) 등 다양한 법규가 조달 과정을 규제하며, 이로 인해 의사 결정 과정이 길고 복잡해지는 경향이 있다.

또한 예산 주기에 크게 영향을 받는 것도 특징이다. 일반적으로 정부 기관은 연간 예산 계획에 따라 구매를 결정하며, 회계 연도가 시작하는 시기(한국의 경우 1월)와 마감하는 시기(12월) 무렵에 구매가 집중되는 경향이 있다. 이러한 예산 주기를 이해하고 이에 맞춰 영업 활동을 분기별로 계획하는 것이 중요하다.

B2G 거래는 대개 장기 계약으로 체결된다. 일단 관계가 구축되면 지속적인 비즈니스 기회로 이어질 가능성이 높다. 반면 초기 진입 장벽이 높고, 첫 계약 성사까지 상당한 시간과 노력이 소요된다. 정부 기관의 구매 결정은 앞서 언급했듯 가격 경쟁력뿐만 아니라 법적 요건 충족, 보안 표준, 규제 준수 등 다양한 요소에 의해 영향을 받는다. 더불어 사회적 가치, 지역 경제 발전, 중소기업 지원 등의 정책 목표 역시 구매 결정에 큰 영향을 미친다.

스타트업이 B2G 시장에 진입할 때 직면하는 가장 큰 과제는 신뢰성과 안정성에 대한 우려이다. 정부 기관은 리스크 최소화를 중시해 실적이 부족한 신생 기업보다 검증된 대기업을 선호하는 경향이 있다. 복잡한 입찰 서류와 자격 요건 역시 큰 부담이 될 수 있다. 입찰 참가 자격으로 일정 규모 이상의 매출·자본금, 특정 인증·자격증, 유사 프로젝트 실적 등을 요구하는 경우가 많아 신생 스타트업의 참여 자체가 제한되기도 한다.

이러한 긴 판매 주기와 복잡한 의사 결정 과정도 현금 흐름이 제한적인 스타트업에게는 큰 부담이 된다. 정부 기관의 사업은 입찰 공고부터 계약 체결까지 수개월이 소요되는 것이 일반적이고, 계약 후에도 대금 지급까지 상당한 시간이 걸릴 수 있기 때문이다.

스타트업이 B2G 시장에 효과적으로 진입하기 위해서는 전략적인 접근이 필요하다. 가장 먼저 고려해야 할 것은 정부의 혁신 지원 프로그램을 활용하는 것이다. 최근 정부는 스타트업이 실적이나 규모의 제한 없이 공공 시장에 진입할 수 있는 기회를 제공하기 위해 '혁신시제품 지정 제도', '창업 기업 공공조달 상생 협력 제도', '기술개발제품 우선 구매 제도' 등을 운영하고 있다. 조달청의 '혁신시제품 지정 제도'는 기존에 없던 혁신적인 제품을 지정해 수의 계약을 허용하고, 각 기관의 의무 구매가 가능하게 한다. 2025년 기준으로 제1차 107개의 제품이 혁신시제품으로 지정되었고, 240억 원의 예산으로 225개 공공기관에 제공되었으며 이 중 상당수가 스타트업의 제품이다.

조달청의 혁신시제품 설명

혁신시제품이란?

◆ 공고서의 **지정분야**로 신청한 **상용화 직전 제품(또는 '제품+서비스')**이 혁신시제품 평가와 **조달정책심의위원회 심의를** 통과할 경우 **정부 혁신시제품으로 지정**

◆ 지정된 혁신시제품은 지정기간(3년) 동안 공공기관이 직접 수의계약으로 구매할 수 있으며, 관련 규정에 따라 시범구매계약을 체결할 수 있음

또한 소규모 계약 또는 시범 사업으로 실적을 쌓는 전략도 효과적이다. 대다수 정부 기관은 일정 금액 이하의 소액 구매는 간소화된 절차로 진행한다. 이는 스타트업이 진입하기에 상대적으로 용이한 경로가 될 수 있다. 또한 정부의 '혁신시제품 시범 구매' 또는 '실증 사업' 등을 통해 기술력을 검증받고 레퍼런스를 확보할 수 있다.

대기업 또는 기존 공급 업체와 파트너십을 맺는 것 역시 효과적인 시장 진입 전략이다. 정부 기관과 계약을 맺은 기업의 하위 계약 업체

Subcontractor로 참여하면 직접적인 계약 없이도 B2G 시장 경험을 축적하고 네트워크를 확장할 수 있다.

B2G 시장에서 성공하기 위해서는 정부 기관별 니즈와 우선순위를 깊이 이해하는 것이 중요하다. 각 정부 부처와 기관마다 아젠다, 목표, 당면 과제가 다르므로, 이를 해결할 수 있는 솔루션을 제공하는 기업이 우대를 받는다. 따라서 정부의 중장기 계획과 정책 방향을 지속적으로 모니터링하는 것이 중요하다. 예를 들어, '디지털 정부 혁신 발전 계획', '한국판 뉴딜 2.0', '탄소 중립 추진 전략' 등 정부의 주요 정책 방향은 향후 구매 우선순위에 직접적인 영향을 미친다. 따라서 이러한 정책 방향에 부합하는 제품을 개발해 포지셔닝하는 것이 성공적인 B2G 진출의 열쇠이다.

정부 기관별 니즈와 우선순위를 이해했다면 각 기관의 예산 계획과 사업 계획을 사전에 파악해야 한다. 정부 기관은 매년 예산 편성 시 주요 사업 계획을 공개한다. 이를 통해 어떤 분야에 투자가 집중될지 예측할 수 있다. 예산 계획과 사업 계획은 각 기관의 홈페이지, 정부 24, 국가재정정보 포털 등에서 확인할 수 있다. 또한 나라장터 홈페이지에서 정부 입찰 공고와 과거의 입찰 결과를 정기적으로 분석해 각 기관의 구매 패턴, 예산 규모, 요구 조건 등에 대한 귀중한 인사이트를 얻어야 한다.

B2G 시장에서는 제품의 우수성만큼이나 관계 구축과 네트워킹이 중요하다. 정부 관계자와의 미팅으로 그들의 니즈와 과제를 파악하고, 어떤 솔루션을 제공할 수 있는지 설명할 기회를 만들어야 한다. 정부 주최 콘퍼런스, 세미나, 설명회에 적극적으로 참여해 네트워크를 확장하는 것이 효과적이다. 특히 '공공시장 진출 교육 프로그램', '공공조달 혁신 콘퍼런스', '정부 혁신 박람회' 등 정부의 혁신 조달과 관련된 행

사는 실무 담당자를 만날 기회가 될 수 있다. 협회나 커뮤니티에 가입해 정보를 공유하고 협력 기회를 모색하는 것도 도움이 된다. '벤처기업협회', '스타트업 얼라이언스', '한국소프트웨어산업협회' 등의 단체는 정부와의 소통 채널을 제공하고, 때로는 정부 사업에 참여할 수 있는 컨소시엄을 구성하기도 한다. 또한 정부의 자문위원회나 정책 토론회에 참여하여 전문성을 인정받고 영향력을 확대하는 것도 좋은 전략이다. 이러한 활동을 통해 정부의 정책 방향에 기여하고, 동시에 자사의 가시성을 높일 수 있다.

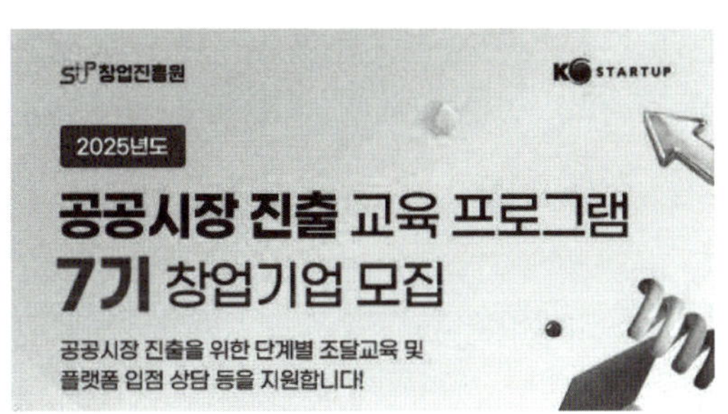

정부의 혁신 조달과 관련된 행사의 대표적인 예

B2G 시장에서 신뢰성은 핵심 경쟁력이다. 정부는 안정적이고 신뢰할 수 있는 파트너를 원하기 때문에, 스타트업은 제품의 우수성과 기업의 안정성을 증명하는 데 필요한 인증을 받고 자격을 갖추어야 한다. 예를 들어 KC, 벤처기업, 이노비즈(기술혁신형 중소기업), GSGood Software, CCCommon Criteria 인증 등이 그것이다. 특히 정보 보안, 공공 SW 영역은 CC 및 GS 인증이 사실상 필수인 경우가 많다.

스타트업의 약점이 될 수 있는 재무 안정성은 정부 지원 프로그램을 통한 자금 조달, 벤처캐피털의 투자 유치, 안정적인 파트너사와의 협력 등을 통해 보완할 수 있다. 제안서 작성과 입찰 과정에서는 입찰 요구 사항을 정확히 이해하고, 기술적 우수성뿐만 아니라 정부의 정책 목표와의 연계성, 사회적 가치 창출을 강조한다. 더불어 보안 요구 사항, 규제 준수 사항 등 정부 특유의 요구사항에 대해 명확한 대응 방안을 제시해야 한다.

가격 전략 역시 민간 시장과 다른 접근이 필요하다. 정부 입찰은 최저가 입찰 방식의 경쟁이 여전히 존재하지만, 최근에는 종합평가낙찰제, 협상에 의한 계약 등 기술력과 가격을 종합적으로 평가하는 방식이 확대되고 있다. 가격 경쟁력을 유지하면서도 수익성을 확보하기 위해 초기에는 시장 진입을 위해 마진을 낮춰 입찰에 참여하더라도, 추후 유지 보수 계약 또는 확장 계약을 통해 지속적인 수익을 창출하는 모델을 설계할 수 있다. 입찰가 산정 시 정부의 예산 규모, 시장가, 원가를 근거로 제시한다. 이때 너무 낮은 가격은 지속 가능한 서비스 제공이 어렵다는 우려를 불러일으킬 수 있으며, 너무 높은 가격은 경쟁에서 불리하게 작용할 수 있다는 점을 유의한다. 계약 조건 협상에서는 선급금 비율을 높이거나, 마일스톤별 대금 지급 일정을 협의하는 등 현금 흐름을 최적화하는 방향으로 접근해야 한다.

계약 후에는 향후 추가 계약과 레퍼런스 확보를 위해 프로젝트 관리, 명확한 커뮤니케이션, 그리고 고품질 서비스 제공이 필수 조건이다. 공공 프로젝트는 다양한 이해관계자의 승인 절차가 잦으므로, 정부 기관의 복잡한 의사 결정 구조와 절차를 이해하고, 이를 고려해 일정 및 프로젝트 관리가 중요하다. 계약 이행 중에도 지속적인 가치 제안과 추가 과제 발굴에 노력해야 한다. 현재의 프로젝트를 넘어 고객 기관의 다른 니즈나 문제점을 발견하고, 이에 대한 솔루션을 제안함으로써 추가 비즈니스 기회를 창출할 수 있다.

프로젝트를 성공적으로 완료하면 이를 레퍼런스로 활용하여 다른 정부 기관으로 확장을 시도할 수 있다. 체계적인 성공 사례는 유사한 니즈와 과제를 보유한 타 기관에게 강력한 설득력을 가진다.

스타트업이 B2G 시장으로 성공적으로 진입하기 위해서는 다음과 같은 단계적이고 전략적인 접근이 필요하다.

B2G 시장 진입을 위한 단계 · 전략적 접근

단계	내용
초기	정부 혁신 지원 프로그램, 소규모 계약, 파트너십으로 진입 장벽 완화, 레퍼런스 축적
중기	인증 및 자격 확보, 레퍼런스 바탕으로 계약 규모 확대, 기관 다변화
장기	정책 트렌드에 맞춘 제품 로드맵, 유지 보수 · 운영 · 기능 확장 가능한 지속적인 수익 창출 모델로 경쟁력 유지, 전문성 및 영향력 구축, 특정 기관 의존도 약화 위해 고객층 확대 및 분산(중앙 · 지자체 · 교육 · 공공기관)

B2G 시장의 성공을 B2B 시장으로 확장하는 전략도 고려할 수 있다. 정부 레퍼런스는 민간 기업, 그중 대기업과의 계약에서 강력한 신뢰성을 제공할 수 있다. 이를 통해 더 넓은 시장으로 확장할 수 있는 기회를 얻을 수 있다.

B2G 시장은 진입 장벽이 높지만, 일단 성공적으로 진입하면 안정적이고 지속 가능한 성장을 이룰 수 있는 매력적인 시장이다. 스타트업이 이 시장에서 장기적인 성공을 거두기 위해서는 정부의 니즈와 정책 방향에 대한 깊은 이해, 신뢰성 있는 서비스 제공, 그리고 전략적인 관계 구축이 필수적이다.

또한 디지털 전환, 인공지능, 빅데이터, 클라우드 등 새로운 기술을 도입하려는 정부의 노력은 혁신적인 스타트업에 큰 기회가 될 수 있다. 이러한 트렌드를 주시하고, 정부의 니즈에 부합하는 혁신적인 솔루션을 지속적으로 개발하는 것이 중요하다.

마지막으로, B2G 시장은 단기적인 매출보다는 장기적인 관계와 신뢰 구축이 중요한 시장이다. 단기적인 이익보다는 고객 기관의 성공과 가치 창출에 집중함으로써, 진정한 파트너로 인정받고 지속적인 성장을 이룰 수 있다.

B2G 시장을 강조한 이유는 스타트업이 지속적인 성장을 위한 시장 진입 단계로 볼 때 가장 안정적인 매출과 수익 구조를 확보하기 좋은 시장이 B2G 시장이라 판단되기 때문이다. 특히 여성 창업자의 경우 수의 계약을 할 수 있는 혜택의 범위가 크다는 장점도 있다. 다만 이 시장을 공략하기 위해서는 초기부터 철저한 준비와 시장 진입을 위한 전략 수립이 필요하다. 예를 들면 자신의 회사가 소재하고 있는 시, 군, 구, 읍, 면을 중심으로 시장 진입을 시도하다 보면 큰 단위의 광역 시장으로 확대할 수 있는 방안이 자연스럽게 마련될 수 있다.

| B2B 시장 진출 전략: 장기적인 관계를 구축하라 |

B2BBusiness-to-Business 시장은 기업이 다른 기업에게 제품을 판매하는 시장을 의미한다. 이는 일반 소비자에게 제품을 직접 판매하는 B2CBusiness-to-Consumer 시장과는 특성이 다르다. 예를 들어 삼성전자가 애플에 반도체를 공급하는 것, 물류사가 온라인 쇼핑몰에 배송 서비스를 제공하는 것, 회계법인이 중소기업에 세무 자문 서비스를 제공하는 것, 심지어 동네 카페가 커피 원두 업체에서 원두를 구매하는 것까지 모두 B2B 거래에 해당한다.

B2B의 가장 두드러지는 특징은 구매 의사 결정 과정이 복잡하고 길다는 점이다. 개인이 스마트폰을 구매할 때는 며칠이면 충분하지만, 기업이 새로운 시스템을 도입하거나 설비를 구매하는 것은 수개월에

서 길게는 수년이 걸린다. 회사의 자본으로 구매하기 때문에 여러 부서가 검토해 결재를 받아야 하고, 때로는 이사회의 결정까지 거치기 때문이다. 거래 규모도 B2C와는 차원이 다르다. 개인이 수십만 원에서 수백만 원을 구매하는 것과 달리, B2B는 한 번의 계약이 수억~수십억 원 규모로 체결되는 경우가 흔하다. 개인은 스마트폰을 2년에 한 번씩도 바꿀 수 있으나, 회사에서는 사무용 컴퓨터를 3~4년, 또는 그 이상 사용하고 바꾸는 것처럼 구매 빈도는 훨씬 낮다.

구매 의사 결정의 기준도 완전히 다르다. 개인은 '이 옷 입으면 예쁠 것 같아'와 같은 감성·심미적 요인에 반응함으로써 구매 의사를 결정하지만, B2B 구매 담당자는 비용 대비 효과, 실질적 도움, 리스크 등 합리적이고 논리적인 근거를 중심으로 구매를 결정한다.

또한 일회성 거래보다 장기적인 관계가 매우 중요하다. 한번 거래를 시작하면 다년 계약으로 이어지는 경우가 많기 때문이다. 예를 들어 제조업체가 부품 공급업체와 계약을 맺으면 보통 1년 이상의 장기 계약을 체결한다. 이 과정에서 신뢰 관계의 중요도가 매우 높아진다.

기업과 기업 간의 거래이기 때문에 특정 업종, 특정 규모의 기업들만이 고객이 되는 경우가 많아 구매자 수가 제한적이라는 점도 특징이다. 예를 들어 의료 장비 제작 기업의 고객은 전국의 병원으로 제한될 수밖에 없다. 그렇게 고객이 특정 산업, 특정 규모로 한정된다. 이런 특성 때문에 고객별 맞춤 대응 서비스가 필수적이다.

B2B 제품은 대체로 전문성과 복잡성을 수반하기 때문에 기술적 사양, 성능 지표, 호환성, 보안 및 규제 준수 등을 명확히 설명해야 한다. 고객이 그 분야의 전문가인 경우가 많기 때문에 영업 담당자도 해당 분야의 전문 지식을 갖춰야 한다. 마케팅 방식 역시 다르다. 개인을 대상으로 한 TV 광고, 인플루언서 마케팅보다 전문 전시회, 기

술 세미나, 업계 전문지, 직접적인 영업 활동이 더 효과적이며, 구체적인 데이터와 사실로 설득해야 한다.

이러한 특성들을 이해하고 접근해야 B2B 시장에서 성공할 수 있다. B2C의 관점으로 접근하면 분명 실패하게 된다. 인내심을 가지고 장기적인 관점에서 신뢰 관계를 구축하고, 전문성을 바탕으로 고객의 실질적인 문제를 해결하는 것이 B2B의 핵심이다.

기업들이 운영하는 사내 벤처 제도를 통한 스타트업의 경우는 사업 아이템의 구상 단계부터 자신이 속한 기업에서 필요한 상품이나 서비스를 중심으로 아이디어를 도출하고 발전시키는 경우가 많은데, 이런 경우는 시장 진입 단계가 B2B로 시작되는 경우도 있다.

그러나 대부분의 스타트업이 B2B에 성공적으로 진출하기 위해서는 기업 고객의 특성과 니즈를 깊이 이해하고, 단계적인 접근으로 가치를 증명하고 신뢰를 구축하는 것이 핵심이다.

틈새시장에서 시작하라

거대 기업과의 정면 승부는 스타트업에게 불리하다. 대신 특정 산업, 비즈니스 문제에 집중하는 틈새시장 전략이 효과적이다. 대기업이 간과했거나 충분히 공략하지 않은 영역을 찾아내야 한다. 아마존, 세일즈포스와 같은 B2B 기업도 처음에는 각각 온라인 서점, 영업 관리 솔루션 등 특정 영역으로 시작했다. 이들은 한 분야에서 강력한 입지를 구축하고, 이후 인접 영역으로 점진적으로 사업을 확장했다.

틈새시장에서 성공하기 위해서는 해당 산업의 고유 문제에 대한 심층적인 이해가 필요하다. 잠재고객사의 업무 프로세스, 고충점, 기존 솔루션의 한계 등을 철저히 조사하고, 이를 해결할 수 있는 특화된 솔루션을 개발해야 한다. 특히 대기업의 표준화된 솔루션이 놓친 특수한 문제들을 찾아내는 것이 중요하다. 초기에는 수익성보다 성공 사례 구축에 집중해야 한다. 초기 고객을 통해 검증된 결과를 확보하면, 이를 토대로 신뢰를 구축하고 다른 잠재고객을 설득하는 데 활용할 수 있다.

| 판매 주기를 이해하고 관리하라 |

B2B 시장의 긴 판매 주기는 스타트업에게 큰 도전이다. 초기 접촉부터 계약 체결까지 수개월이 걸리는 경우가 일반적이며, 이는 현금 흐름과 자금 계획에 큰 영향을 미친다. 따라서 단계형 판매 파이프라인 관리가 필수다. 잠재고객 인지를 시작으로 제안 요청서에 맞는 제안서 제출 및 POC*, 계약 체결까지 단계별로 관리하고, 각 단계에 맞는 접근법을 운영한다. 또한 CRM 시스템을 도입하여 고객 여정을 추적하고, 데이터 기반의 매출 예측과 의사 결정을 할 수 있어야 한다.

고객 획득 비용CAC과 고객 생애 가치LTV의 균형을 맞추는 것이 중요하다. B2B는 초기 CAC가 높지만, 장기적인 계약으로 LTV도 크다. 이 점을 고려하여 지속 가능한 수익 구조의 비즈니스 모델을 설계해야 한다.

SaaSSoftware as a Service 모델은 B2B에 특히 유리한 수익 모델이다. 구독 기반 모델은 예측 가능한 수익 흐름을 제공하고, 고객 입장에서도 초기 투자 부담을 줄일 수 있다. 많은 엔터프라이즈 소프트웨어 스

* POC Proof of Concept의 약자로, 개념 증명 또는 개념 검증을 의미한다. 이는 새로운 아이디어, 기술, 제품, 서비스가 실제로 구현이 가능하고 유용한지를 검증하는 초기 단계를 말하며, 프로젝트나 사업의 실현 가능성을 입증하는 과정이다.

타트업이 이 모델을 사용해 안정적인 성장을 이루고 있다.

| 다양한 의사 결정자에게 맞춤형으로 접근하라 |

B2B 구매 결정에는 여러 이해관계자가 관여한다. IT 부서, 재무 팀, 실무자, 경영진이 각자의 관점에서 제품을 평가한다. 따라서 이해 관계자별로 차별화된 가치를 제안하는 것이 중요하다. 기술 팀에는 제품의 기술적 우수성, 보안성, 기존 시스템과의 통합 용이성을 강조한다. 재무 팀에는 ROI, 비용 절감 효과를 수치로 제시한다. 실무자에게는 사용 편의성과 업무 효율성 향상을 강조하고, 경영진에게는 비즈니스 전략적 가치와 경쟁 우위를 설명한다.

이해관계자별 맞춤형 메시지 예시

이해관계자	맞춤형 메시지
기술 팀	"현재 ○○ 시스템과 API/SSO 연동, 배포 자동화 지원—도입 기간 ○주."
재무 팀	"연간 라이선스 ○○원, 교육 · 유지보수 포함 TCO ○○원—12개월 BEP, ROI ○○%."
실무자	"작업 시간 건당 ○분 단축—월 ○시간 절감."
경영진	"리스크 ○○% 감소, 매출 기회 ○○억 파이프라인 확대."

| 내부 챔피언을 확보하는 것이 중요하다 |

영업 단계에서는 고객사 내부에서 제품의 가치를 인정하고 옹호할 수 있는 내부 챔피언을 찾아 관계를 구축해야 한다. 내부 챔피언은 구매 과정에서 발생하는 내부 장애물을 극복하고 조직 내 이해관계자를 설득하는 데 큰 도움이 된다. 이를 위해 산업 콘퍼런스, 무역 전시회, 전문가 네트워킹 이벤트에 적극적으로 참여해 접점을 만든다. B2B 시장에서는 온라인 마케팅보다 직접적인 네트워킹과 관계 구축이 더 효과적인 경우가 많다는 것을 기억해야 한다.

대부분의 스타트업은 기업 고객에게 접근하는 것이 어렵다고 느낀다. 그러나 자사 제품을 처음부터 기업용으로 개발하기 위해서는 공동 프로젝트의 경우 특정 기업과의 협업이 필수적일 수가 있다. 이는 정부 사업에도 대기업과의 연계 지원 사업 등이 존재하는 이유이기도 하다. 초기 시장 진입 전략에 따라, 불특정 다수의 고객을 대상으로 하는 B2C보다 표적이 명확한 B2B가 오히려 접근이 쉬울 수 있다.

| B2C 시장 진출 전략: 소비자 경험과 브랜딩의 힘 |

B2C_{Business-to-Consumer} 시장은 기업이 일반 소비자에게 제품을 직접 판매하는 시장을 의미한다. 우리가 일상에서 경험하는 대부분의 쇼핑이 바로 B2C다. 편의점에서 음료수를 사고, 온라인으로 옷을 주문하고, 카페에서 커피를 마시거나, 넷플릭스를 구독하며 구독료를 내는 행위 모두 B2C에 해당한다.

B2C의 가장 큰 특징은 최종 소비자가 직접 제품을 사용한다는 점이다. 본인이 직접 사용하기 위해 구매하므로 개인의 취향, 감정, 라이프스타일이 구매 결정에 큰 영향을 미친다. 또한 구매 결정이 빠르고 직관적인 것도 특징이다. 자신의 돈으로 자신이 쓸 물건을 사는 것이니 결정권자가 명확하다. 마음에 드는 옷은 몇 분 안에 구매를 결정하면 되니, 몇 달간 검토하고 타인의 승인을 받을 필요가 없다.

구매 금액은 상대적으로 작지만 구매 빈도는 높기도 하다. 아침에 커피 한 잔, 점심 때는 도시락, 퇴근길에 마트에서 장보기까지 하루에도 여러 번 B2C 거래가 일어난다. 정적 구매뿐만 아니라 충동구매도 많다는 것이 B2C의 특징이다. 필요를 충족하는 것보다 감성, 욕구에 기반한 충동적인 구매가 적지 않다. 새로 나온 스마트폰이 기존 것보다 성능이 10% 좋아져서 바꾸는 게 아니라, '멋져 보여서' 바꾸는 경우가 더 흔하다. 이렇듯 브랜드 이미지, 디자인, 사용 경험 같은 정서적 요소들이 구매 결정에 크게 작용한다.

B2C 시장은 잠재고객의 규모가 크다. 단편적으로 보자면 전 국민 모두 잠재고객이 될 수 있다. 하지만 그만큼 경쟁도 치열하다. 똑같은 제품을 파는 업체도 수없이 많기 때문에 차별화가 매우 중요하다. 뿐만 아니라 고객의 취향과 니즈도 극도로 다양하다. 같은 20대 여성이라도 사람마다 명품을 선호하거나 가성비를 중시하거나 친환경을 지향하는 등 특성이 다르다. 이런 다양성 때문에 시장 세분화가 필수적이다.

마케팅도 논리적 설득보다는 감정에 호소하는 것이 효과적이다. 외모가 뛰어난 모델이 나오는 광고, 재미있는 영상, 인플루언서의 추천 같은 것들이 실제 구매로 이어지는 경우가 많다.

스타트업은 B2C 시장에 진입할 때 타깃 고객을 명확하게 설정해야 한다. '모든 사람'을 겨냥하면 결국 아무도 잡지 못한다. 예를 들어 '25~35세 직장인 여성 중 건강에 대한 관심이 높고 프리미엄 제품을 선호하는 집단'처럼 구체적으로 정의해야 한다. 작은 시장에서 1등이 되는 것이 전체 시장에서 10등이 되는 것보다 유리하다.

---

* **정적 구매** 고객의 구매 패턴이나 행동이 상대적으로 일정하고 예측 가능한 형태의 구매를 말한다. 쉽게 말해 언제, 얼마나, 무엇을 살지가 어느 정도 정해져 있는 구매 방식이다. 가장 대표적인 예가 생필품 구매다. 쌀이나 화장지, 세제 같은 것들은 여분이 떨어지면 반드시 사야 하고, 대략 언제쯤 떨어질지도 예상할 수 있다.

제품의 차별화는 생존의 필수 조건이다. 동일한 상품으로는 대기업과 경쟁하기 어렵다. 기능적 차별화가 어렵다면 디자인, 브랜딩, 고객 경험에서라도 차별점을 만들어야 한다. 예를 들어 같은 화장품이라도 '민감성 피부 전용', '비건 인증', '리필 가능한 친환경 용기'와 같은 특징으로 차별화할 수 있다.

디지털 마케팅 역량은 필수다. 특히 소셜미디어 마케팅은 적은 비용으로 큰 효과를 볼 수 있는 최적의 마케팅 도구다. 인스타그램, 틱톡, 유튜브와 같은 플랫폼을 활용해 브랜드 스토리를 전달하고 고객과 직접 소통해야 한다. 바이럴 마케팅이나 인플루언서와의 협업도 효과적이다. 동시에 고객과 직접적인 소통 채널을 구축한다. 대기업처럼 중간 유통업체를 거치지 않고, 온라인 쇼핑몰이나 직접 판매를 통해 고객과 바로 소통해야 한다. 이렇게 하면 고객의 피드백을 빠르게 받아 제품을 개선할 수 있고, 마진도 더 많이 남길 수 있다.

스타트업의 장점은 빠른 의사 결정과 실행력이다. 이것을 최대한 활용해야 한다. 고객 데이터를 실시간으로 분석해서 트렌드 변화를 빠르게 포착하고, 제품이나 마케팅 전략을 즉시 수정할 수 있어야 한다. 대기업이 몇 달 걸릴 일을 며칠 만에 해낼 수 있다면 그것이 바로 경쟁 우위에 서게 하는 요인이다.

고객 경험에 특별히 신경 써야 한다. 제품 자체는 비슷하더라도, 주문 과정의 간편함, 빠른 배송, 친절한 애프터서비스AS는 고객이 제품을 다시 찾게 만든다. 특히 온라인에서는 고객 후기와 평점의 영향이 매우 크므로, 고객 한 명이 만족하는 것이 장기적으로 큰 자산이 된다. 이 과정에서는 무엇보다 인내심이 필요하다. B2C 시장에서 브랜드 인지도를 쌓는 데에는 시간이 걸린다. 하루아침에 유명해지는 경우는 극히 드물고, 꾸준히 좋은 제품과 서비스를 제공하면서 조금씩

고객을 늘려가는 것이 현실적이다. 단기 매출보다 장기적인 브랜드 자산 구축에 집중해야 한다.

요약하자면, B2C에서 성공하기 위해서는 소비자의 감성과 행동 패턴을 이해하고, 매력적인 브랜드와 사용자 경험을 구축하며, 효율적인 고객 획득 채널을 확보해 지속적인 참여를 유도하는 것이 핵심이다. 강력한 브랜드와 사용자 경험 구축 B2C 시장에서는 제품의 기능적 우수성만큼이나 브랜드 이미지와 사용자 경험이 중요하다. 고객은 기능적 필요를 충족시키는 것을 넘어, 자신의 가치관과 라이프스타일을 반영하는 브랜드를 선호한다.

따라서 앞에서도 강조했듯이 차별화된 브랜드 포지셔닝을 개발해야 한다. 당신의 제품이 경쟁사와 무엇이 다른지, 어떤 가치와 메시지를 전달하는지 명확하게 해야 한다. 애플의 혁신, 파타고니아의 환경보호, 나이키의 성취 등 강력한 브랜드는 모두 자신들만의 고유한 가치를 제안한다. 차별화된 브랜드는 스토리텔링으로 소비자와 감성적 연결고리를 구축한다. 창업자의 이야기, 제품이 탄생한 배경, 해결하고자 하는 문제에 대한 진정성 있는 스토리는 소비자의 마음을 움직이는 강력한 설득 도구다.

| C2C 시장과 플랫폼 비즈니스의 역동성 |

우리는 개인이 곧 기업이 되는 시대를 살고 있다. 누구나 스마트폰 하나로 전 세계를 상대로 제품을 판매할 수 있고, 집 안의 쓰지 않는 물건을 몇 분 만에 현금으로 바꿀 수 있다. 이 변화의 중심에는 C2CConsumer-to-Consumer 시장과 플랫폼 비즈니스가 있다.

C2C 시장은 개인과 개인이 직접 거래하는 시장을 의미한다. 전통

적으로는 동네 벼룩시장이나 중고품 가게가 그 역할을 했다. 그러다 디지털 시대에 들어서자 C2C 시장은 완전히 다른 차원으로 발전했다. 당근마켓에서 중고 자전거를 사고, 에어비앤비로 누군가의 집에 숙박하며, 크몽에서 개인 디자이너에게 로고 제작을 의뢰하는 것 등도 모두 C2C에 해당한다.

C2C의 가장 큰 특징은 중간 유통업체의 최소화다. 예전에는 중고품 가게에 방문하거나 지면 광고를 해야 했지만, 지금은 스마트폰으로 사진 몇 장 찍어 올리면 끝이다. 이 과정에서 중간 마진이 줄어 판매자는 더 많은 돈을 받거나 빨리 물건을 팔 수 있고, 구매자는 더 저렴하게 물건을 살 수 있다.

거래할 수 있는 품목이 다양한 것도 특징이다. 물건뿐만 아니라 서비스, 경험, 심지어 시간까지 거래할 수 있다. 누군가는 자신의 운전 실력을 제공하고(우버), 누군가는 자신의 집을 공유하며(에어비앤비), 또 누군가는 자신의 전문 지식을 판다(온라인 강의).

C2C가 성장한 배경에는 경제·기술·문화 등의 여러 요인이 있다. 우선 경제적 요인이 크다. 2008년 세계 금융 위기 이후 많은 사람이 추가 수입원을 찾으면서 소비 절약 경향이 강해졌다. 새 제품 대신 중고품을 사고, 본업 외에 부업으로 뭔가를 팔기 시작한 것이다. 기술 발전도 중요한 역할을 했다. 스마트폰의 보급으로 언제 어디서나 사진을 찍고 글을 올릴 수 있게 되었고, 모바일 결제의 보편화로 개인 간 거래도 안전하고 편리해졌다. GPS 기술로 위치 기반 서비스가 가능해져 동네 중고 거래도 활성화될 수 있었다. 특히 '소유'보다 '경험'을 중시하는 문화가 확산된 것도 빼놓을 수 없다. 차를 소유하기보다 필요할 때 카 셰어링Car Sharing을 이용하고, 호텔 대신 에어비앤비로 현지인의 집에 머물면서 새로운 경험을 추구하는 식이다.

특히 플랫폼 비즈니스는 C2C의 폭발적인 성장을 가능하게 한 주요 요인이었다. 플랫폼은 개인과 개인을 연결해주는 매개체로, 직접 상품을 팔지는 않지만 구매자와 판매자를 연결하는 거래 기반을 제공한다. 전통적인 소매업체와의 차이는 명확하다. 백화점이 제품을 직접 구입해 진열하고 판매하는 구조와 달리 당근마켓은 제품을 하나도 갖고 있지 않다. 대신 판매자가 제품을 올릴 수 있는 공간을 제공하고, 구매자가 제품을 쉽게 탐색할 수 있도록 돕는다.

플랫폼이 제공하는 첫 번째 가치는 '신뢰'다. 개인 간 거래에서 사용자가 가장 우려하는 것은 상대방을 믿을 수 있느냐다. 플랫폼은 평점과 후기로 거래 내역을 투명하게 공개하고, 본인 인증으로 신원 확인을 강화하며, 결제 대행 시스템으로 금전적 위험을 최소화함으로써 신뢰 문제를 보완한다. 두 번째는 '편의성'이다. 예전에는 중고품을 팔려면 하루 종일 벼룩시장에 나가 있어야 했지만, 지금은 사진 몇 장만 찍어 올리면 전국의 잠재 구매자에게 판매 글이 노출된다. 시간과 공간의 제약이 사라진 것이다. 세 번째는 '매칭'이다. 좋은 플랫폼은 단순한 게시판을 넘어 사용자의 요구와 특성에 맞는 적절한 상대를 찾아 연결하며, 거래 효율성과 만족도를 높인다. 예를 들어 우버는 가장 가까운 운전자를, 에어비앤비는 여행자의 취향에 맞는 숙소를 추천하는 식이다.

플랫폼 비즈니스의 가장 큰 특징은 '네트워크 효과'다. 사용자 수가 늘어날수록 플랫폼의 거래와 정보가 축적되어 플랫폼의 가치는 기하급수적으로 높아진다. 예를 들어 당근마켓은 판매자가 많아지면 구매자는 더 다양한 선택지를 얻게 되고, 구매자가 많아지면 판매자는 더 많은 판매 기회를 확보하게 된다. 이러한 선순환 구조로 플랫폼 시장은 '승자독식' 경향을 보이며, 이용자는 더 많은 사람이 사용하는 플랫폼을 선호해 1위와 2위 플랫폼 간 격차는 시간이 지날수록 커진다.

C2C 플랫폼의 수익 모델도 다양하게 발전하고 있다. 가장 기본은 거래 수수료로, 거래가 성사될 때마다 일정 비율의 수수료를 받는 방식이다. 에어비앤비는 숙박료에서, 우버는 택시 요금에서 일정 비율을 수수료로 받는다. 광고 수익도 중요한 수입원이다. 판매자는 자신의 제품을 더 많이 노출시키기 위해 광고비를 지출한다. 당근마켓의 '끌올(재노출)' 기능이나 중고나라의 '프리미엄 등록'이 이에 해당한다.

최근에는 AI 기술이 C2C 플랫폼에 본격적으로 도입되며 거래 경험과 운영 방식이 크게 변화하고 있다. 개인의 구매 패턴을 분석해 맞춤형 상품을 추천하고, 사진만 찍으면 자동으로 카테고리를 분류해 적정가를 제안한다. 챗봇 기반 자동 상담 서비스도 확산되어 기본 문의는 AI가 처리하고 복잡한 사례만 사람에게 이관하는 방식이 표준화되고 있다.

C2C 플랫폼의 성장은 공유 경제의 확산을 이끌었다. 물건을 소유하는 대신 필요할 때만 빌려 쓰는 문화가 확산되며 전동 킥보드, 자전거, 심지어 고급 핸드백까지도 대여할 수 있는 플랫폼이 등장했다. C2C 플랫폼은 개인에게 새로운 경제적 기회를 제공한다. 전업주부는 집에서 만든 음식을 팔고, 직장인은 퇴근 후에 운전 서비스를 제공하는 등 전통적인 고용 관계를 벗어나 개인이 직접 시장에 참여할 수 있는 길이 더욱 활짝 열린 것이다.

한편 플랫폼의 급속한 성장은 기존 규제와 충돌을 일으키고 있다. 우버와 같은 차량 공유 서비스는 택시업계와 갈등을 빚고 있고, 에어비앤비와 같은 숙박 공유 형태는 호텔업계뿐만 아니라 주거 안정성 문제를 야기한다. 세금과 과세 기준도 복잡해졌다. 국가에서는 세금과 과세 기준이 복잡해진 만큼 그에 따라 명확한 규범과 지침을 제시해야 한다. 소비자 보호 역시 중요하다. 개인 간 거래는 개인이 기업과 거래할 때만큼 보호를 받기 어렵다. 불량품을 받았을 때 교환이나 환불이 어렵고, 문제가 생겼을 때 책임 소재가 불분명한 경우가 많다. 개인에게는 새로운 기회의 시대가 열린 만큼 책임도 커졌다. 신뢰할 수 있는 거래자가 되고, 품질 높은 서비스를 제공하며, 변화하는 시장에 적응해야 한다. 플랫폼 기업은 단순한 중개를 넘어 생태계 전체의 품질, 공정성, 안전을 책임져야 하는 과제가 있다. 기술 혁신으로 더 나은 거래 경험을 제공하고, 공정한 시장 환경을 만들어가며, 사회적 책임을 다해야 한다. C2C 시장과 플랫폼 비즈니스의 미래는 여전히 쓰이는 중이며, 그 이야기의 주인공은 바로 우리 모두다.

기업과 고객을 동시에 잡는 B2B2C 하이브리드 모델

스타트업 판로 개척은 늘 치열한 고민거리다. 특히 혁신적인 아이디어를 가진 초기 기업일수록 기존의 틀을 벗어난 새로운 접근 방식이 필요하다. B2B2C 하이브리드 모델은 바로 이러한 고민에 매력적인 해답이 될 수 있다.

기업Business이 최종 소비자Consumer에게 직접 판매하는 B2C 방식과 달리, B2B2C 하이브리드 모델은 중간 사업자(B2)를 거쳐 최종 소비자(C)에게 판매하는 방식을 의미한다. 이 모델은 단순히 B2B와 B2C라는 판매 방식의 결합을 넘어 잠재고객에게 더욱 폭넓게 접근하고, 브랜드 인지도를 빠르게 확산시키며, 궁극적으로 매출 증대를 이끌어낼 수 있는 전략이다. 핵심은 '중간 사업자와 협력'하여 서로의 강점을 활용하고 약점을 보완해 시너지 효과를 만드는 데 있다.

판로 개척을 위해 이 전략을 효과적으로 활용하기 위해서는 단순히 중간 사업자(B2)를 통한 간접 판매에만 의존하지 않고, 직접적인 소비자 접점과 파트너십의 시너지를 동시에 극대화하는 전략이 필요하다. 즉 제조사 및 서비스 제공자(B1)는 중간 사업자(B2)를 통해 대량 거래 기반을 확보하는 동시에 자체 채널로 최종 소비자(C)와 직접 소통해야 한다.

예를 들어 명품 브랜드 직구 플랫폼 '구하다GUHADA'는 유럽 명품 부티크(공급처, B1)와 국내 이커머스 사업자(B2)를 연결해 소비자에게 다양한 명품 브랜드 제품을 실시간으로 제공한다. 이때 구하다는 단순한 중개를 넘어, 각 이커머스 플랫폼에 실시간 제품 연동, 재고 관리, 가격 경쟁력 관리, 마케팅 지원 등 다양한 부가가치를 제공한다. 이런 방식으로 파트너사와 신뢰를 구축하고, 동시에 소비자에게 더 나은 경험을 제공한다.

또한 필요에 따라 직접 소비자 판매Direct-to-Consumer, D2C를 병행할 수 있다. 예를 들어 화장품 회사가 대형 마트 및 드러그스토어(B2)에 제품을 납품하며 자사 온라인몰, SNS, 라이브커머스 등에서 소비자에게 직접 제품을 홍보하고 판매하는 구조다. 이때 B2와 관계를 해치지 않으려면, 가격 정책, 프로모션, 재고 관리, 고객 서비스 등에서 상호 보완적 역할을 명확히 하고, 파트너사와 서비스 수준 협약Service Level Agreement, SLA을 체결해 갈등을 최소화해야 한다.

파트너사와 공동 브랜딩Co-Branding, 협업 마케팅, 공동 프로모션을 진행하는 것도 효과적이다. 예를 들어 고급 주방 가전 브랜드와 요리 클래스 스타트업이 협력해 공동 브랜드로 온라인 쿠킹 클래스 패키지를 출시하면, 두 회사는 각자의 고객 풀을 공유하며 새로운 수요를 창출할 수 있다. 이런 공동 마케팅은 브랜드 인지도 상승과 신규 고객 유입에 큰 도움이 된다.

또한 B2B2C 하이브리드 모델에서는 단순히 파트너사의 유통망에 의존하지 않고, 자사 브랜드의 공식 홈페이지, 모바일 앱, SNS, 이메일, 콘텐츠 마케팅 등 다양한 디지털 채널을 통해 소비자와 직접 소통하는 것이 중요하다. 예를 들어 슈퍼마켓에 화장품을 납품하는 브랜드가 인플루언서 마케팅·유튜브·인스타그램·블로그를 통해 제품을 직접 홍보하고, 소비자 리뷰·체험단·이벤트 등으로 브랜드 경험을 확산시키는 전략이다. 이 방식은 소비자 인지도와 충성도를 높이고, 파트너사의 매출에도 기여한다.

초기 스타트업이 B2B2C 하이브리드 모델을 적용할 때, 다음과 같은 여러 장점이 있다.

- **빠른 시장 침투 및 확장:** 자체적인 B2C 채널을 구축하는 것보다 고객 기반과 유통망을 확보한 파트너 기업을 활용하면 단기간에 넓은 시장으로 진출할 수 있다. 특히 인지도가 낮은 초기 단계에서는 신뢰도가 높은 파트너의 브랜드 파워를 빌리면 초기 고객 확보에 유리하다. 예를 들어 반려동물 용품 스타트업이라면 대형 동물병원 체인, 펫 전문 온라인 쇼핑몰, 반려동물 관련 구독 서비스 기업 등이 파트너가 되어 목표 고객을 공유하거나 공동판매 기회를 만들 수 있다.

- **마케팅 비용 효율성:** 파트너 기업의 기존 마케팅 채널과 고객 네트워크를 활용해 자체 마케팅 비용 부담을 줄일 수 있다. 공동 마케팅, 프로모션 등을 통해 시너지 효과도 기대할 수 있다.

- **고객 데이터 확보 및 이해 심화:** 파트너 기업을 통해 얻은 고객 데이터를 분석해 최종 소비자의 니즈와 트렌드를 파악하고, 이를 바탕으로 제품 개발 및 마케팅 전략을 더욱 정교하게 다듬을 수 있다.

- **신뢰도 및 접근성 향상:** 최종 소비자는 자신들이 익숙해하고 신뢰하는 브랜드와의 접점을 통해 새로운 제품이나 서비스를 접할 때 거부감이 적다. 파트너 기업의 신뢰도는 스타트업의 초기 진입 장벽을 낮출 수 있다.

다만 B2B2C 하이브리드 모델이 항상 성공을 보장하는 것은 아니다. 성공적인 안착을 위해서는 다음 요소들을 신중하게 고려해야 한다.

- **파트너십 신뢰 구축:** 투명한 정보 공유, 상호 존중, 공동 목표 의식을 바탕으로 파트너 기업과 견고한 신뢰 관계를 구축한다.

- **소비자 가치 중심:** 단순히 중간 단계를 추가하는 데 그치지 않고, 최종 소비자에게 더 큰 가치를 제공하는 것을 목표로 차별화된 혜택과 편의성을 제공해야 한다.

- **공동 대응 체계:** 시장 변화에 파트너 기업과 공동 대응하고, 신규 협력 기회를 모색하기 위해 지속적으로 소통하고 협력한다.

결론적으로 B2B2C 하이브리드 모델로 판로를 개척하는 것은 단순한 유통망 확장을 넘어, 스타트업에 혁신적인 시장 확대 기회를 제공한다. 전략적인 파트너십 구축, 파트너 기업 채널의 극대화, 그리고 최종 소비자를 대상으로 직접 소통을 병행하면 제한된 자원으로 빠르게 시장에 안착하고 지속적인 성장을 만들어낼 수 있다. B2B와 B2C의 경계를 허물고, 협력으로 새로운 가치를 창출할 수 있는 B2B2C 모델은 스타트업의 성공적인 판로 개척에 강력한 동반자가 될 것이다.

# 사라지지 않는 시장, 전통적 유통 채널 활용 방법

혁신적인 제품을 개발한 스타트업 창업자는 종종 성취감에 취해 현실적인 판매 전략을 간과한다. 훌륭한 제품이라면 고객이 알아서 찾아올 것이라는 순진한 믿음은 유망한 스타트업들을 숱하게 실패로 이끌었다. 특히 공산품이나 식품처럼 물리적 제품을 제조하는 스타트업에게 유통 전략은 생존과 성장을 결정짓는 핵심 요소다.

디지털 시대인 현재 온라인 판매와 D2C Direct-to-Consumer 모델이 각광받고 있지만, 대다수의 제품 카테고리에서 총판, 대리점, 딜러 등 전통적 유통 구조는 여전히 절대적인 비중을 차지한다. 실제로 소비자는 여전히 제품을 오프라인 매장에서 직접 보고 만지고 경험한 뒤 구매하기를 원한다. 특히 한국처럼 인구 밀도가 높고 오프라인 유통 인프라가 발달한 시장에서는 그러한 경향이 더욱 뚜렷하다.

이 글에서는 공산품, 가공식품을 제조하는 스타트업이 전통적인 유통 파트너를 통해 효과적으로 판로를 개척하는 방법을 심층적으로 살펴본다. 유통 구조의 기본 이해부터 파트너 발굴, 계약 구조 설계, 관계 관리까지 실전 가이드를 제공하고, 전통적 유통 전략의 장단점을 면밀히 분석해 실제 사례에서 성공 요인과 실패 요인을 도출한다.

혁신적인 제품만으로는 시장에서 성공할 수 없다. 그 제품이 적절한 방식으로 적절한 소비자에게 전달될 때 비로소 비즈니스 가치가 실현된다. 이 장이 제조 스타트업들로 하여금 유통의 복잡한 세계를 항해할 때 실질적인 나침반이 되기를 바란다.

| 전통적 유통 구조의 세계의 이해 |

유통의 가치는 단순히 제품을 제조사에서 소비자에게 전달하는 물리적 과정 그 이상이다. 유통은 제품의 가치를 완성하는 마지막 단계이자, 소비자 접점을 형성하는 중요한 마케팅 활동이다. 특히 브랜드 인지도가 낮은 스타트업에게 유통 파트너는 단순한 판매 경로를 넘어 시장 진입의 교두보이자 브랜드 신뢰성을 빌려올 수 있는 자산이 된다.

예를 들어 소비자는 생소한 브랜드의 제품이라도 대형 마트에 입점했다고 하면 신뢰하는 경향이 있다. 해당 유통 채널의 품질 관리 과정을 통과했다는 사실 자체가 일종의 품질 보증으로 작용하기 때문이다. 또한 유통 파트너는 제품과 소비자를 연결하는 양방향 정보 흐름을 가능하게 한다. 소비자의 반응과 니즈를 제조사에게 전달하고, 제조사의 제품 가치와 메시지를 소비자에게 전달하는 역할을 하는 것이다.

현대 유통 환경은 과거보다 훨씬 복잡하고 역동적으로 변화하고 있다. 온라인과 오프라인의 경계가 모호하고, 소비자는 다양한 채널을 넘나들며 제품을 구매한다. 이러한 환경에서 전통적 유통 채널의 역할과 가치는 재정의되고 있지만, 여전히 많은 제품 카테고리에서 핵심 역할을 담당하고 있다.

| 유통 채널의 종류와 특성 |

전통적 유통 구조는 크게 총판Distributor, 도매상Wholesaler, 대리점Agent 및 Dealer, 딜러Dealer, 소매상Retailer 단계로 구성된다. 각 단계는 고유한 역할과 특성을 가지며, 제품 카테고리와 시장 특성에 따라 중요도와 구체적인 형태가 달라진다.

| 총판의 세계 |

한국과 미국은 유통 채널의 구조와 단계별 역할에 차이가 있으나, 전통적인 유통 채널의 기본 단계는 비슷하다. 미국 시장의 경우는 총판의 역할과 영향력이 매우 크고 특정 브랜드나 제조사의 제품을 지역 독점 또는 지정된 권한 아래 유통한다. 일반적으로 재고를 보유하고, 마케팅·판매 활동, 기술 지원, 애프터서비스 등 부가 서비스까지 함께 제공하는 경우가 많다. 특징은 특정 제조사와의 계약 또는 독점권을 바탕으로 유통 경로의 관리·통제를 담당하고, 시장 내에서 브랜드 가치와 고객 서비스 제공까지 책임지며 규모가 큰 대형 마트를 포함하며 북미뿐만 아니라 남미 시장까지 관리하기도 한다.

반면 도매상은 총판에게 공급받은 여러 제조사의 다양한 제품을 대량으로 구매해 재고로 보유하고, 다수의 소매상 또는 다른 도매상에게 다시 판매한다. 상품 자체의 이동이 주된 업무이며, 추가 서비스 제공은 상대적으로 적다. 특징은 낮은 단가, 큰 물량, 빠른 상품 회전이며, 특정 브랜드에 종속되지 않고 다양한 기업의 상품을 취급한다.

한국 유통 시장에서 총판 제도는 최근에 도매상과의 경계가 많이 무너진 상태이며 해외 상품을 수입하는 총판은 미국처럼 상품의 전 주기를 책임진다.

한국에서 도매상은 여러 제조사의 제품을 대량 구매해 소매업체에 재판매하는 역할에 집중한다. 판촉, 마케팅, 브랜드 관리 등에는 상대적으로 덜 관여하며, 제조사와 거래 중심(트랜잭션)의 관계를 맺는다. 전통적인 공급망에서는 총판이 도매상보다 한 단계 상위에 위치하고 지역, 제품군의 독점권 등을 보유하는 경우가 많다.

- 제조사 → 총판 → 도매상 → 소매상 → 소비자

- 제조사 → 총판 → 소매상 → 소비자

여러 연구와 통계에서 '대형 도매상'이 미국 유통시장에서는 가장 강한 시장 지배력을 가진 채널이라는 것을 확인할 수 있다. 대형 도매상은 대형 자본을 앞세워 글로벌 소싱과 전국적 유통망을 결합해 규모의 경제와 높은 마진, 그리고 강한 시장 지배력을 확보하고 있다. 제조업 상품의 50%가 도매상을 통해 중개되며, 이 비중은 점점 더 증가하는 추세이다. 특히 전체 도매상 중 상위 1%의 대형 도매상이 시장 점유율 확대를 주도하고 있다. 미국 소매 시장은 약 5조 달러 규모로, 대형 유통 체인(월마트, 코스트코 등), 슈퍼마켓, 온라인, 드러그 스토어 등 다양한 채널이 존재한다. 다만 제품의 유통과 공급 측면에서는 도매상이 제조사와 소매업체 사이의 핵심 연결고리의 역할을 수행해 시장 지배력이 가장 크다.

총판은 넓은 지역을 담당하고 다양한 판매 채널에 접근할 수 있다는 장점이 있다. 반면 상대적으로 낮은 마진율과 제조사의 강한 운영 통제에 대응해야 하는 단점도 존재한다. 또한 일부 총판은 경쟁 제품을 함께 취급하기 때문에 특정 브랜드에 대한 집중도가 떨어질 수 있다.

┃ 도매상, 대리점의 특성 ┃

도매상과 대리점은 총판보다 규모가 작으며, 특정 지역 및 상권을 담당하는 중간 유통업체다. 제조사나 총판에게 제품을 공급받아 소매점에게 판매하거나 최종 소비자에게 직접 판매한다. 총판에 비해 범위는 좁지만 해당 지역을 깊이 이해해 밀착된 영업이 가능하다는 장점이 있다. 지역 기반 식품 스타트업의 경우 초기에는 각 지역의 특성을 잘 아는 지역 대리점과 파트너십을 맺는 것이 효과적일 수 있다.

예를 들어 경상북도 의성의 전통주 기업인 (주)한국애플리즈는 지역의 주류 대리점과 협력해 지역별 소비자 취향과 유통 특성에 맞는 차별화된 마케팅 전략을 구사했다. 대리점은 지역 내 음식점·주점·소매점과의 오랜 관계를 활용해 초기에 시장 점유율을 빠르게 확보하는 데 기여했다.

이렇듯 대리점은 지역에 특화된 서비스와 관계 중심 영업이 가능하다는 장점이 있지만, 지역이 제한되고 시장 규모가 크지 않다는 한계로 인하여 규모의 경제를 실현하기 어렵고, 총판과 달리 오프라인 위주의 세일즈에 집중되어 디지털 역량이 상대적으로 부족하다는 단점이 있다. 스타트업 입장에서는 도매상을 선택할 경우 이러한 점을 참고해서 선정해야 한다.

| 딜러의 전문성 |

딜러는 특정 브랜드나 제품군을 전문적으로 취급하는 판매 업체로, 대리점과 유사하지만 더 좁은 범위의 전문 제품군을 다루는 경우가 많다. 특히 고가의 전문 제품이나 기술적 설명이 필요한 제품에서 중요한 역할을 한다.

한 주방 가전 스타트업의 사례를 보자. 이 회사는 프리미엄 가격대의 혁신적인 조리 기구를 개발했고, 일반 가전 매장 대신 주방 용품 전문점과 프리미엄 가전 딜러를 통한 판매 전략을 택했다. 딜러는 제품의 기술적 특성과 사용법을 상세히 설명할 수 있는 전문성을 갖추고 있었고, 고객에게 실제 사용 경험을 제공할 수 있는 쇼룸을 운영했다. 그 스타트업은 이러한 전문 딜러 네트워크를 통해 브랜드의 프리미엄 이미지를 강화하고 타깃 고객에게 효과적으로 접근할 수 있었다.

딜러는 제품에 대한 깊은 이해와 전문적인 고객 서비스를 제공할 수 있고, 체험 중심 판매가 가능하다는 장점이 있지만, 영업 범위가 제한적이고 상대적으로 높은 마진을 요구하는 경향이 있다.

| 소매상의 다양성 |

소매상은 최종 소비자에게 직접 제품을 판매하는 매장을 운영하는 주체로, 대형 마트, 편의점, 전문점 등 다양한 형태가 있다. 소매상은 소비자와 직접적인 접점을 형성하며, 제품 진열, 프로모션, 고객 경험 등에 결정적인 영향을 미친다. 예를 들어 건강 간식을 생산하는 스타트업이 편의점과 헬스장 내 매장이라는 두 소매 채널을 병행했다고 가정해보자. 같은 제품이라도 편의점에서는 즉석 간식, 피트니스 클럽에서는 단백질 보충 간식으로 포지셔닝해 각 채널에 맞춘 차별화된 마케팅을 전개할 수 있다. 상반된 소매 채널을 사례로 든 이유는 편의점 고객은 즉시 소비, 피트니스 클럽 이용 고객은 기능성이라는 가치를 중시하듯 소매 채널의 특성과 채널별 소비자 행동에 따라 동일한 제품도 서로 다른 가치를 제안하며 소비자에게 다가갈 수 있기 때문이다.

소매상은 소비자 접점에서 직접적인 피드백을 확보할 수 있고 브랜드 경험을 직접 통제할 수 있다는 장점이 있지만, 입점 비용이 높고 대형 소매상의 경우 거래 조건이 까다로울 수 있다는 단점이 있다.

전통적 유통 채널은 디지털 기술의 발전과 소비자 행동의 변화에 따라 지속적으로 진화하고 있다. 과거에는 제조사-총판-대리점-소매상-소비자로 이어지는 단방향·선형적인 구조였다면, 현대의 유통 구조는 보다 네트워크화되고 양방향적인 특성을 띠고 있다.

특히 주목할 만한 변화는 다음과 같다.

첫째, 채널 간 경계의 모호화다. 과거에는 명확히 구분되던 도매와 소매, 온라인과 오프라인의 경계가 흐려졌다. 많은 도매상이 직접 온라인 소매 채널을 운영하고, 전통적인 소매상도 온라인 판매를 강화하고 있다.

둘째, 유통 단계의 축소다. 디지털 기술을 통해 제조사가 중간 단계를 건너뛰고 직접 소비자와 연결되는 사례가 증가하고 있다. 이는 D2C 모델의 부상으로 이어졌다.

셋째, 데이터 중심 유통이다. 과거에는 제품의 물리적 이동이 중심이었다면, 현대 유통에서는 데이터가 핵심이 되었다. 판매 데이터, 재고 정보, 소비자 행동 데이터 등을 실시간으로 공유하고 분석하는 능력이 경쟁력의 원천이 되고 있다.

이러한 변화 속에서도 전통적 유통 채널은 여전히 많은 제품 카테고리에서 중요한 역할을 담당하고 있다. 특히 즉각적인 제품 가용성, 직접적인 제품 경험, 개인화된 서비스 제공 측면에서는 오히려 온라인 채널보다 우위를 보이고 있다. 따라서 스타트업은 전통적 유통 채널과 새로운 디지털 채널을 상호 보완적으로 활용하는 전략을 고민해야 한다.

유통 파트너를 선정하는 것은 스타트업에게 단순한 비즈니스 결정을 넘어 회사의 미래를 좌우할 수 있는 전략적인 판단이다. 적합한 파트너를 찾는 여정은 철저한 시장 조사, 네트워킹, 명확한 선정 기준 수립에서 시작된다. 특히 업계 박람회와 전시회는 잠재적 유통 파트너를 만날 수 있는 효과적인 장소다. 한 식품 스타트업 창업자는 박람회와 전시회에 대해 이렇게 회상했다.

"저희는 첫 제품 출시 직후 서울푸드, 국제식품산업대전 등 주요 식품 전시회에 부스를 마련했습니다. 처음엔 소비자 반응을 보는 것이 주목적이었지만, 의외로 다양한 유통업체 관계자들이 관심을 보였고, 그중 세 곳과 실제 계약으로 이어졌습니다. 전시회는 단순한 제품 홍보 이상의 의미가 있었습니다."

또한 같은 산업 내 타 기업의 유통 채널을 벤치마킹하는 것도 효과적이다. 기존 유통 구조를 분석하면 효율적인 채널 구성과 잠재 파트너에 대한 정보를 얻을 수 있다. 예를 들어 경쟁사 제품이 어떤 매장에서 어떻게 진열되고 있는지, 어떤 유통사가 취급하는지 등을 조사하는 것이다.

산업별 협회나 스타트업 커뮤니티도 유통 파트너를 소개받을 수 있는 좋은 창구다. 이미 시장에 진출한 선배 창업자들의 경험과 조언은 값진 자산이 된다. 한 화장품 스타트업 창업자는 "같은 뷰티 산업 내 선배에게 신뢰할 수 있는 유통 파트너를 소개받았고, 이 파트너십이 초기에 회사가 성장할 수 있는 결정적 계기가 되었다"라고 말했다.

온라인 B2B 플랫폼 역시 유통 파트너를 탐색하는 데 유용한 채널이다. 과거에는 오프라인 네트워킹이 유일한 방법이었다면, 이제는 다양한 온라인 플랫폼을 통해 잠재적 파트너를 검색하고 초기 접촉을 시도할 수 있다. 특히 해외 유통망을 구축하고자 하는 경우 온라인 플랫폼은 더욱 유용하다.

| 유통 파트너 선정의 기준 |

적합한 유통 파트너를 선정하기 위해서는 명확한 기준이 필요하다. 단순히 판매 능력만으로 평가해서는 안 되며, 장기적인 관점에서 상호 성장을 이룰 수 있는 파트너를 선택해야 한다. 재무 안정성은 가장 기본적인 기준이다. 재무적으로 불안정한 파트너는 결제 지연이나 미지급 등의 문제를 일으킬 수 있고, 이는 현금 흐름에 절대적인 영향을 받는 스타트업에 치명적이다. 한 반려동물 사료 제조 스타트업은 재무 상태를 확인하지 않고 다른 회사와 유통 계약을 맺었다가 수천만 원의 대금을 회수하지 못하기도 했다. 재무제표 분석과 업계 내 평판 조사는 필수적이다.

시장 영업 범위도 중요한 고려 사항이다. 파트너가 타깃 시장과 고객층에 효과적으로 접근할 수 있는지 평가해야 한다. 이는 지리적 범위뿐만 아니라 고객 세그먼트에 대한 이해와 접근성도 포함한다. 한 유기농 식품 스타트업은 대형 마트 대신 유기농 전문점과 고급 슈퍼마켓에 강한 유통 파트너를 선택해 타깃 고객에게 더 효과적으로 접근할 수 있었다.

물류 역량은 특히 특수한 취급이 필요한 제품을 다루는 스타트업에게 중요하다. 예를 들어 냉동·냉장 식품을 생산한다면 파트너의 콜드체인 시스템이 적절한지 확인해야 한다. 한 수제 아이스크림 스타트업은 완벽한 콜드체인을 갖춘 유통 파트너를 선택해 제품의 품질을 일관되게 유지할 수 있었다.

기술 인프라도 점점 더 중요한 선정 기준이 되고 있다. 주문 처리, 재고 관리, 결제 시스템 등 파트너의 기술적 역량은 협업 효율에 직접적인 영향을 미친다. 실시간 재고 현황을 공유하고 판매 데이터를 분석할 수 있는 시스템을 갖춘 파트너는 공급망 관리를 더 효율적으로 할 수 있다.

제품 포트폴리오와 시너지도 고려해야 할 요소다. 파트너사가 기존에 취급하고 있는 제품과 자사 제품 사이가 상호 보완적이라면 판매 효율이 높아진다. 한 스킨케어 스타트업은 자사의 제품과 가격대와 콘셉트가 유사한 해외 브랜드를 이미 성공적으로 유통하던 파트너를 선택해 기존 영업 네트워크와 노하우를 활용했다. 다만 자사 제품과 직접적인 경쟁 관계에 있는 품목을 취급한다면 주의가 필요하다.

마지막으로 판매 역량을 살펴봐야 한다. 판매 역량은 영업 인력의 규모, 교육 수준, 제품 이해도 등을 포함한다. 특히 기능을 이해하는 데 설명이 필요한 제품이나 프리미엄 제품은 단순한 물류 능력을 넘어선 영업력이 중요하다. 한 주방 가전 스타트업은 영업 사원 교육에 아낌없이 투자하는 유통사를 파트너로 선택했다. 이는 복잡한 기능을 가진 제품을 시장에 성공적으로 안착시키는 데 결정적인 역할을 했다.

| 윈-윈 계약 구조 설계하기 |

대부분의 파트너는 독점적 지위를 원한다. 그런데 스타트업 입장에서는 파트너의 역량을 신뢰할 수 있는 근거가 부족한 경우가 많다. 이때는 독점적 지위를 섣불리 부여해서는 안 되고, 일정 기간 또는 특정 유통 채널로 한정해 부분적 권한을 주는 것이 안전하다. 특히 현재 제품은 물론 향후 출시할 제품까지 포괄하는 권한을 부여하는 것은 더욱 신중해야 하며, 제품별로 파트너를 구분하는 전략도 고려해야 한다.

유통 파트너와의 계약은 단순한 법적 절차가 아니라 상호 성공을 만드는 기반이다. 양측에 공정하고 지속 가능한 계약 구조를 설계하는 것이 장기적 관점에서 성과를 낼 수 있다. 우선 명확한 판매 목표를 설정해야 한다. 구체적이고 측정 가능한 목표를 세우고, 목표 달성도에 따라 인센티브 구조를 설계한다. 예를 들어 연간 최소 판매량을 달성할 시에는 추가 마진이나 마케팅을 지원하는 방식이다. 한 스포츠 용품 스타트업은 분기별 판매 목표를 설정하고 목표 초과 달성 시 추가 3% 마진을 부여해 파트너의 적극적인 판매 활동을 유도했다.

지역 배타성은 신중하게 고려해야 할 사항이다. 특정 지역에서의 배타적 판매권은 파트너의 투자 의지를 높이는 장점이 있지만, 성과가 낮을 경우 해당 지역에서 성장이 제한되는 단점이 있다. 현실적으로는 초기에 비배타적 계약으로 시작헤 성과에 따라 점진적으로 배타적 권리를 부여하거나, 최소 판매 목표 달성을 배타성 유지의 조건으로 설정할 수도 있다.

최소 주문 수량Minimum Order Quantity, MOQ은 생산 계획 수립과 규모의 경제 실현을 위해 중요하다. 다만 최소 주문 수량을 지나치게 높게 설정하면 파트너에게 부담이 될 수 있으므로, 시장 상황과 파트너의 역량을 반영해 현실적인 수준으로 설정해야 한다. 한 화장품 스타트업은 시즌별로 차등화한 MOQ로 파트너의 재고 부담을 낮추면서도 생산 계획을 안정화했다.

재고 정책도 명확히 해야 한다. 파트너가 유지해야 할 최소 안전 재고 수준, 재고 회전율, 재고 보고 방식 등을 규정해 품절이나 과잉 재고 상황이 생기지 않게 방지한다. 특히 유통기한이 있는 식품이나 계절성이 강한 제품은 철저한 재고 관리가 필수적이다.

대금 지급 조건은 스타트업의 현금 흐름에 직결되는 가장 중요한 요소다. 일반적인 업계 관행을 참고하되, 자사 재무 상황에 맞는 조건으로 협상해야 한다. 초기에는 선입금이나 짧은 결제 주기를 설정해 현금 리스크를 낮추고, 파트너 관계가 안정되면 결제 조건을 단계적으로 완화할 수 있다. 또한 보증보험증권은 가급적 확보해 대금 회수 리스크를 차단해야 한다. 한 주얼리 스타트업은 초기에는 50% 선입금 조건으로 시작해 1년 후 30일 외상 결제로 전환하는 단계적 방식을 적용했다.

마케팅 및 판촉 활동에 대한 책임과 비용 분담 관련 사항도 계약에 명시해야 한다. 공동 마케팅 예산, 판촉 행사 계획, 브랜드 표현 가이드라인 등을 명확히 규정해야만 일관된 브랜드 경험을 유지할 수 있다. 한 생활용품 스타트업은 연매출의 3%를 공동 마케팅 기금으로 조성하고, 파트너와 함께 마케팅 계획을 수립해 효과적인 협업을 이끌어 냈다. 판매 촉진을 위한 본사 세일 및 프로모션은 사전에 공지해 파트너의 자금 계획에 차질이 없도록 하는 것이 좋다.

| 계약 및 법적 고려사항 |

전통적 유통망과 협력할 때 가장 먼저 직면하게 되는 과제는 계약 관계 설정이다. 특히 스타트업은 협상력이 상대적으로 약할 수 있으므로 계약 단계에서 세심한 주의가 필요하다. 독점 계약은 양날의 검이다. 유통 파트너가 특정 지역이나 시장에서 제품을 독점 취급하면 해당 제품에 집중할 동기를 제공하는 장점이 있으나, 파트너의 실적이 기대에 못 미칠 경우 시장 진입 자체가 제한되는 위험이 존재한다. 따라서 독점 계약을 체결할 때는 반드시 성과 기준과 계약 재검토 조건을 명확히 설정해야 한다. 식품 회사를 컨설팅했던 한 사업체의 대표는 독점 계약에 대해 이와 같이 언급하기도 했다.

"한 건강보조식품 스타트업 컨설팅 과정에서 독점 계약으로 인한 어려움을 목격한 적이 있었습니다. 대형 총판과의 독점 계약은 초기에 안정적인 물량을 확보하는 데 도움이 되었습니다. 하지만, 해당 총판이 신제품 라인에 관심을 두지 않아 신규 시장 개척에 큰 어려움을 겪었죠. 결국 제품 라인별로 유통 파트너를 분리하는 방식으로 전환했습니다."

지역 제한에 관한 명확한 규정 역시 중요하다. 온라인과 오프라인의 경계가 모호해진 현재 시장 환경에서, 특정 유통 파트너의 영업 지역을 어떻게 정의하느냐에 따라 향후 발생할 수 있는 갈등을 예방할수 있다. 특히 온라인 판매와 오프라인 판매 영역의 구분, 다른 지역유통 파트너와의 경계 설정을 세부적으로 해야 한다. 물리적인 지역분할을 고집하는 것보다 파트너가 강점을 지닌 유통 채널별로 영역을나누는 것도 좋은 방법이다.

최소 주문 수량Minimum Order Quantity, MOQ은 제조 스타트업의 안정적인생산 계획과 수익성 확보에 중요하다. 그러나 MOQ를 지나치게 높게설정하면 유통 파트너의 부담을 키우고, 반대로 과도하게 낮게 설정하면 생산 효율성을 저해할 수 있다. 따라서 시장 상황, 제품 특성, 생산 효율성을 종합적으로 고려해 적정 수준의 MOQ를 설정해야 한다.

반드시 출고가, 권장소비자가, 그리고 최저 판매 금액 등 가격에 관한 모든 항목을 명확히 명시해야 한다. 유통 파트너가 여러 채널에 단계별로 입점하게 되면, 동일한 채널에서 여러 파트너가 같은 상품을함께 판매하는 경우가 많다. 이때 일부 유통 파트너는 주말 특가, 한

시적 할인 등 다양한 프로모션을 반복적으로 요구하면서, 판매량 확대를 위해 판매 가격을 임의로 인하하고 싶다는 유혹을 느낄 수 있다. 만약 파트너사들이 무분별하게 판매 가격을 내리게 되면 각 파트너사 간에 가격 경쟁이 과열되어, 결국 시장 가격이 지나치게 낮아지고, 브랜드 전체에 부정적인 영향을 줄 수 있다. 따라서 반드시 각 파트너가 지켜야 할 최소 판매 가격을 계약서에 명확히 규정하여, 시장 가격이 무너지는 사태를 예방해야 한다. 단, 파트너가 가격 전략의 일환으로 상품을 다른 상품과 결합하여 높은 가격으로 판매하도록 권장하면 가격 전쟁을 피할 수 있다.

지적재산권 보호는 특히 혁신적인 제품을 보유한 스타트업에게 중요하다. 유통 계약에는 브랜드, 특허, 디자인 등 지적재산권 사용에 관한 명확한 규정이 포함되어야 하며, 무단 복제나 유사 제품 취급에 대한 제한 사항도 명시되어야 한다. 특히 해외 유통 시 현지 출원·등록 상태와 현지 법규에 맞는 보호 조항이 필수적이다.

스타트업에게 현금 흐름은 생존의 문제다. 유통 파트너와 협력할 때 재무 관리가 사업의 지속 가능성을 좌우한다. 신용 정책은 대금 지급 조건, 신용 한도 산정 방식, 연체 시 대응책 등을 명확히 규정하는 작업이다. 초기에는 자금 안정성을 위해 결제 주기를 짧게 하고 대금 지급 조건을 명확히 설정하는 것이 유리하다. 다만 시장 관행과 유통 파트너의 상황도 고려해야 하므로, 양측 모두에게 수용 가능한 균형점을 찾아야 한다. 많은 스타트업이 자금 흐름보다 판매량을 중요하게 생각하고 협상에 임한다. 그러나 스타트업에게는 대규모 주문보다 안정적인 결제 조건이 더 중요할 수 있다. 가능하면 현금 결제를 기본으로 협상하고, 거래 금액이 커지면 추가로 재협상한다는 원칙을 둔다.

재고 관리 정책은 유통 파트너와의 협력에서 자주 간과되지만 매우 중요한 부분이다. 어느 쪽이 얼마만큼의 재고를 유지할 책임이 있는지, 판매되지 않은 상품의 반품 및 재고 회수 조건은 무엇인지, 제품 불량이나 파손에 대한 책임은 어떻게 분담할지를 계약서에 명확히 규정해야 한다. 명확한 재고 규정은 재고 비용을 줄이고 분쟁을 예방할 수 있다. 이는 특히 유통기한이 있는 식품에서 더욱 중요하다.

가격 변동 대응 메커니즘은 원자재 가격 변동, 환율 변화, 인플레이션 등 외부 요인으로 원가가 변동할 때 어떻게 대응할 것인지에 관해 사전에 합의하는 것이다. 가격 조정의 주기, 조건, 범위 등을 명확히 설정해 원가가 급격히 상승할 때에도 수익성을 유지할 수 있는 안전 장치를 마련해야 한다. 예를 들어 고정가로 장기 계약을 할 때, 원가 상승기에는 마진 손실이 급격히 발생하므로 분기 조정권을 확보하는 것이다.

결제 조건 최적화에 있어서는 스타트업의 현금 흐름을 고려한 전략이 필요하다. 초기 생산 비용 부담을 줄이기 위해 선금 비율 협상, 대금 지급 주기 단축, 신용 한도 설정 등으로 자금 압박을 최소화할 수 있다. 경우에 따라 파트너에게 소폭의 마진을 양보하여 더 유리한 결제 조건을 확보하는 전략적 판단도 필요하다.

유통 파트너를 통해 판매할 때 가장 큰 과제는 브랜드 메시지와 상품 가치를 일관되게 유지하는 것이다. 여러 유통 과정을 거치며 브랜드의 정체성이 희석되거나 왜곡될 위험이 있으므로 제품 표현과 판매 방식을 규정한 지침인 브랜드 가이드라인을 제공하는 것이 바람직하다. 온라인 상세 페이지, 카드 뉴스, 섬네일 등 제작물은 되도록 스타트업이 완성본으로 제공하는 것이 중요하다. 유통사 입장에서도 표준화된 제품 설명 자료를 더 선호한다. 가이드라인에는 로고 사용법, 제품 배치 방식, 판촉물 디자인 규격, 커뮤니케이션 톤 앤 매너를 포함한다. 상세하고 사용하기 쉬운 가이드라인은 파트너가 브랜드 핵심 가치와 차별점을 정확히 이해하는 데 도움이 된다.

교육 및 품질 관리는 유통 파트너 직원이 제품과 브랜드에 대한 정확한 지식을 갖추도록 하는 과정이다. 정기 교육 프로그램, 판매 매뉴얼 제공, 현장 점검 등을 통해 고객에게 일관된 정보와 서비스가 제공되도록 관리해야 한다. 특히 기술적 특성이 강한 제품이나 프리미엄 포지셔닝을 가진 브랜드는 이러한 교육이 더욱 중요하다.

피드백 채널 구축은 최종 소비자 의견을 직접 수집할 수 있는 체계를 마련하는 일이다. 유통 파트너를 통한 간접 판매 구조에서는 소비자와의 접점이 제한되므로 QR 코드를 통한 피드백 시스템, 소셜미디어 모니터링, 주기적인 고객 설문 등 직접적인 피드백 채널을 확보해야 한다. 이를 통해 제품 개선점과 시장의 니즈를 정확히 파악할 수 있다.

공동 마케팅 전략은 제조사와 유통 파트너가 협력해 일관된 브랜드 메시지를 전달하는 마케팅 활동이다. 프로모션 일정 조율, 마케팅 자료 공유, 명확한 비용 분담 등을 통해 효율을 높일 수 있다. 특히 지역 특성에 맞는 마케팅 활동을 위해서는 유통 파트너가 가지고 있는 현지에 대한 지식을 활용하되, 브랜드 핵심 가치가 훼손되지 않도록 주의해야 한다.

스타트업이 총판, 대리점, 딜러 등 전통적인 유통 파트너를 통해 시장에 진입하는 것은 여전히 유효한 전략이다. 다만 기존 관행을 따르기보다 전략이 필요하다. 초기 시장 진입 성공 여부를 판단하지 않고 유통 파트너를 선정하게 되면 유통 파트너의 의도에 끌려가서 상품력마저 상실하는 사례를 많이 보아왔다. 가능한 초기 시장에 진입하여 PMF에 도달했다고 판단될 때, 주류 시장을 공략하기 위한 전통적인 유통 파트너를 선정해 시장 확대 전략을 전개하는 것이 중요하다.

스타트업의 제품 특성, 목표 시장, 성장 단계에 맞는 최적의 유통 구조를 설계하고, 유통 파트너와 명확하고 상호 이익이 되는 관계를 구축하는 것이 중요하다. 특히 디지털 시대에는 전통적 유통망의 장점을 활용하되, 직접적인 소비자 접점과 데이터 확보의 중요성을 간과해서는 안 된다. 온라인과 오프라인을 아우르는 통합적 유통 전략, 데이터 기반의 의사 결정, 그리고 브랜드 가치를 일관되게 전달할 수 있는 파트너십이 미래 지향적인 유통 전략의 핵심이 될 것이다.

스타트업 대표 입장에서는 애써 개발한 제품으로 내가 더 많은 이익을 얻어야 하는데 유통업자가 더 많은 이익을 얻는 것이 불합리하다고 생각할 수도 있다. 그러나 아무리 좋은 상품도 저절로 팔리지 않는다. 자사 제품을 지속적으로 판매해줄 파트너가 실제로 돈을 벌 수 있는 구조를 유지할 수 있는 제조업 대표는 절대 망하지 않는다는 점을 명심하자.

제조업에 종사한 경험을 돌이켜보면, 내가 애써 개발한 상품이니 내가 많은 이익을 남겨야겠다는 생각에 빠지기 쉽다. 유통 단계별로 이익이 고르게 제공되어야 유통 파트너들은 판매에 역량을 쏟는다. 제조업 사장들은 대체로 유통 마진에 매우 민감하게 반응한다. 하지만 이익을 극대화하는 방법은 따로 있다. 제조사는 유통 마진을 깎는 대신, 제조 혁신을 통하여 원가를 절감하고 판매량을 늘려 원자재와 부자재의 바잉 파워를 활용하여 이익을 높여야 성공할 수 있다.

결국 성공적인 유통 전략은 단기 매출 증대뿐만 아니라, 지속 가능한 성장과 브랜드 가치 구축을 동시에 달성해야 한다. 이를 위해 스타트업은 유통 파트너를 단순한 판매 채널이 아닌 사업의 핵심 파트너로 인식하고, 상호 신뢰와 협력을 바탕으로 한 파트너십을 구축해야 한다.

오프라인 판로,
유통 채널 진출부터 팝업 스토어까지

스타트업에게 온라인 채널은 필수적인 판로이다. 하지만, 제품의 실물을 직접 경험할 수 있게 하고 브랜드 인지도를 높이는 곳이라는 측면에서 오프라인 채널은 여전히 강력한 힘을 지닌다. 특히 소비자의 신뢰를 구축하고, 제품의 특징을 직접적으로 어필하며, 잠재고객과의 접점을 확대하는 데 오프라인은 대체 불가능한 역할을 한다. 각 오프라인 채널별 특성을 살펴보며, 자신의 제품과 적합한 채널이 무엇인지 판단하는 데 도움이 되기를 바란다.

| 백화점 진출 전략 |

자사 제품의 특성에 따라 백화점이나 면세점에 입점해 고급 이미지와 신뢰성을 갖춘 제품으로 포지셔닝을 하고자 할 수 있다. 다만 모든 제품이 백화점에서 잘 팔리지는 않으므로, 백화점 타깃 고객층이 자사 제품과 적합한지 먼저 분석해야 한다.

백화점은 일반적으로 중·상류층 고객을 대상으로 하며, 제품의 품질과 브랜드 스토리가 중요하다. 또한 백화점마다 특성이 다르므로 롯데, 신세계, 현대 등 각 백화점의 포지셔닝과 주요 고객층을 비교해 가장 적합한 곳을 선택해야 한다. 동일한 브랜드의 백화점이라도 지역에 따라 선호도와 고객층이 매우 다른 경우도 있다. 또한 대구 신세계 백화점처럼 지역 스타트업 및 중소기업에게 입점 기회를 제공하는 사례도 있다.

백화점 채널에 효과적으로 진입하기 위해서 어떤 것을 준비해야 할지 살펴보자. 우선 차별화된 콘셉트 및 품질을 강조해야 한다. 백화점의 이미지에 부합하는 고급스러운 디자인, 뛰어난 품질, 독창적인 스토리텔링을 갖춘 제품으로 승부한다. 또한 바이어에게 맞춤형 제안을 해야 한다. 백화점의 타깃 고객층, 기존 입점 브랜드와의 시너지 효과, 스타트업의 성장 가능성 등을 구체적으로 제시한다. 팝업 스토어를 활용해 사전 점검을 할 수도 있다. 백화점 정식 입점 전에 팝업 스토어로 고객의 반응을 살피고, 백화점 측에 잠재력을 어필하는 전략이 효과적이다. 그러기 위해서는 백화점 담당자와 지속적으로 좋은 관계를 맺어야 한다. 백화점에 입점한 후에는 담당자와 긴밀하게 소통하며 판매 전략을 공유한다. 고객 피드백을 반영하는 노력 또한 필요하다.

백화점 입점 신청은 각 백화점의 벤더 등록 시스템[*]을 통해 이루어지며, 일반적으로 분기별로 신규 브랜드 심사가 진행된다. 심사 시 평가 요소는 제품의 독창성, 시장성, 마진율, 그리고 브랜드의 성장 가능성이다. 입점 시 주의할 점은 높은 판매 수수료(25~35%), 인테리어 비용, 그리고 최소 매출 기준을 충족시켜야 한다는 것이다. 단품은 기존의 입점 벤더를 통하여 입점하는 경우가 유리할 수도 있으나, 벤더 수수료를 지불해야 하는 부담이 있다. 또한 지자체 등과 협력해 스타트업 대상 팝업 행사를 별도로 자주 진행하므로, 이런 기회를 적극 활용하면 정식 입점의 디딤돌이 될 수 있다.

* **벤더 등록 시스템** 백화점에 상품을 공급하려는 협력 업체(공급사, 브랜드, 제조사 등)가 공식적인 등록 절차를 거쳐 '정식 거래 파트너(벤더)'로 승인받는 제도이다. 입점하고자 하는 업체가 사업자 등록증, 브랜드 및 상품 정보, 마케팅 전략 등 필수 서류와 정보를 제출하고, 백화점이 이를 심사·평가하는 절차이다. 공급사는 대면 상담, 품평회, 샘플 테스트, 신용평가 등 여러 단계를 거쳐 상품 경쟁력과 신뢰도를 검증받고 심사에 합격한 후, 파트너 포털(벤더 시스템)에 회원 등록하면, 백화점과의 전자계약 체결, 협력회사 코드 발급, 발주·납품 관리 등 모든 거래가 온라인으로 연동된다. 등록된 벤더는 정기적으로 품질·실적 평가를 받고, 백화점 MD(상품기획자)의 요청에 따라 페널티, 퇴출, 반품 등의 관리도 받게 된다.

편의점은 높은 접근성과 빠른 회전율을 가진 유통 채널로, 소비자 생활 밀착형 제품이나 충동구매가 가능한 소형 제품에 적합하다. 따라서 편의점으로 진출하기 위해서는 편의점 소비 트렌드에 맞춰 제품 용량과 가격을 조정하고, 휴대 및 보관이 용이한 패키징을 적용해야 한다. 또한 경쟁 제품과 차별화되는 독특한 맛, 재미있는 아이디어, 트렌디한 디자인으로 젊은 소비자층을 공략하고, 편의점의 행사·묶음 판매·증정 이벤트 등에 적극적으로 참여해 판매를 촉진하는 방안도 고려할 수 있다. 특정 지역 편의점이나 관광지에 특화된 제품을 개발하여 틈새시장을 공략하는 것도 좋은 전략이다.

편의점에 입점하려면 무엇보다 물류 및 공급망 관리 능력이 중요하다. 대부분 편의점 체인은 중앙물류센터를 통해 배송을 처리하므로, 스타트업은 안정적인 생산 능력과 납품 시스템을 갖추어야 한다. CU, GS25, 이마트24, 세븐일레븐 등 주요 체인은 입점 절차와 요구사항이 상이하므로, 본사의 머천다이저Merchandiser, MD와 협의하여 제품 제안과 심사 과정을 철저히 준비해야 한다.

편의점 입점 시에는 낮은 단가와 대량 공급 능력이 요구된다. 또한 자체 브랜드Private brand, PB 제품 개발 제안도 고려해볼 수 있다. 이 경우 초기에는 지역 기반의 소규모 편의점 체인이나 특정 지역에 한정된 테스트 마케팅으로 시작해 리스크를 줄일 수 있다.

| 전문점 진출 전략 |

전문점이나 라이프스타일 숍은 특정 카테고리나 테마를 중심으로 구성된 매장으로, 타깃 고객이 명확하고 제품의 전문성을 부각시킬

수 있는 장점이 있다. 올리브영, LOHBs+, 아리따움과 같은 헬스&뷰티H&B 스토어는 화장품이나 헬스케어 제품에 적합하며, 무신사와 같은 패션 전문점은 의류 및 액세서리 브랜드와 맞는다. 또한 카카오 프렌즈 샵, 라인 프렌즈 스토어 같은 캐릭터 상품점이나 자주, 에이랜드와 같은 라이프스타일 숍도 해당 매장의 콘셉트에 맞는 상품일 경우 OEM으로 납품을 할 수 있으므로 고려할 만한 채널이다.

전문점 입점을 위해서는 해당 매장의 콘셉트과 주요 고객층을 이해하고, 그에 맞는 제품 포지셔닝이 필요하다. 대부분의 전문점은 기존 제품들과의 차별점과 혁신성을 중요하게 평가하므로, MD에게 제안할 때 제품이 매장 내 어떤 위치에 배치되면 좋을지, 어떤 제품과 함께 진열하면 시너지 효과가 나는지에 대한 구체적인 제안을 준비하는 것이 효과적이다. 전문점은 백화점보다 낮은 판매 수수료(15~25%)로 시작할 수 있지만, 매장별로 다양한 프로모션 비용과 입점비가 발생할 수 있으므로 사전에 정확한 비용 구조를 파악하는 것이 중요하다.

| 팝업 스토어 활용 전략 |

팝업 스토어는 단기간 운영되는 임시 매장으로, 적은 비용으로 고객에게 브랜드 경험을 제공하고 시장 반응을 검증할 수 있는 효과적인 마케팅 수단이다. 팝업 스토어가 성공하려면 철저한 기획이 뒷받침되어야 한다. 먼저 타깃 고객이 많이 방문하는 위치를 선정한다. 백화점 내 팝업 존, 복합 쇼핑몰, 인기 상권, 이벤트 공간 등 다양한 후보지를 비교해 최적의 장소를 결정한다. 최근에는 공유 오피스, 카페 등 이색적인 공간도 팝업 스토어 장소로 주목받고 있다.

팝업 스토어 콘셉트는 브랜드의 핵심 가치와 스토리를 효과적으로 전달할 수 있도록 설계해야 한다. 특히 단순한 판매 공간이 아닌 체험과 스토리텔링 중심으로 기획하는 것이 중요하다. 시즌이나 트렌드에 맞춘 테마를 설정하고, 인스타그램 공유를 유도하는 포토존 및 체험 요소를 포함하면 사람들로 하여금 흥미를 일으켜 방문하고 싶게 만드는 데 효과적이다.

운영 기간은 일반적으로 1~4주가 적당하다. 너무 짧으면 홍보 효과가 제한되고, 너무 길면 신선도가 떨어질 수 있다. 예산 계획에는 공간 임대료, 인테리어, 집기, 인건비, 보험, 홍보비 등을 모두 반영하고 특히 예상치 못한 비용에 대비한 예비비를 반드시 확보한다. 홍보는 오픈 2주 전부터 집중적으로 진행하고, SNS, 온라인 커뮤니티, 로컬 인플루언서, 이메일 마케팅 등 다양한 채널을 활용해야 한다. 오픈 당일 이벤트나 한정판 증정품을 준비하여 초기 방문객을 유도하는 것도 효과적이다.

운영하는 과정에서는 방문객 데이터 수집과 피드백 확보에 주력해야 한다. 간단한 설문조사, 고객 리뷰 작성 이벤트, 멤버십 가입 유도 등을 통해 향후 마케팅에 활용할 수 있는 데이터베이스를 구축한다. 또한 팝업 스토어 방문객을 온라인 채널로 유입시키기 위한 연계 전략으로 QR 코드, SNS 이벤트, 이메일 수집도 준비해야 한다. 종료 후에는 판매 실적, 방문객 수, 고객 피드백, SNS 언급량 등을 종합적으로 분석해 ROI를 평가하고, 이를 바탕으로 정규 유통 채널 진출 전략과 제품 개선 방향을 수립한다.

팝업 스토어와 유사한 직거래 장터는 대부분 지자체를 중심으로 한시적으로 또는 상시 운영된다. 직거래 장터는 고객을 직접 만날 수 있으니 적극적으로 참여하는 게 좋다. 단순 판매로 그치지 말고 네트워킹에 집중하면, 예상치 않은 파트너를 만나 사업 확장의 기회를 얻는 경우도 적지 않기 때문이다.

경험이 부족한 식음료 관련 스타트업은 팝업 스토어나 직거래 장터에서 시식 행사를 병행하는 경우가 많다. 이때 종종 맛있다거나 좋다는 칭찬을 듣고는 정작 구매로 전환하지 못하는데, 긍정적인 반응을 보이는 고객을 놓치지 않으려면 현장 한정 프로모션으로 즉시 구매를 유도하는 전략이 매우 중요하다. 이는 매출을 확보할 뿐만 아니라 실제 결제로 이어진 고객의 진심을 읽을 수 있는 소중한 기회이기도 하다. 만약 호평을 받은 이후 여러 프로모션을 했는데도 불구하고 구매하지 않는다면 맛있다는 말은 고객의 진심이 아니었을 확률이 높기 때문이다.

또한 프리마켓Free Market이나 플리마켓Flea Market도 다양한 기간과 지역, 장소에서 진행된다. 양평 문호리 주민들을 주축으로 북한강변에서 2014년부터 시작된 문호리 리버마켓은 수백 명의 셀러가 참여하며 수도권에서도 많은 방문객이 다녀가는 대표적인 플리마켓이다. 핸드메이드 제품이나 농산물을 판매하는 스타트업은 문호리 플리마켓을 참고하기 바란다. 직거래 장터 하나를 더 소개하자면 경상북도에서 운영하는 대구·경북 대표 농산물 직거래 장터인 '바로마켓 경상북도점'이다. 이곳은 매년 4월부터 12월 7일까지 매주 토·일요일(9시~17시) 경북도 농업자원관리원(대구 북구 구리로 55)에서 정기적으로 개장한다. 2024년에 총 70회 운영한 결과 11만 명이 방문하고 22억 원의 매출을 달성하는 성과를 내기도 했다.

이렇게 많은 지자체가 지역 소상공인과 창업자를 지원하기 위해 직거래 장터와 플리마켓 등을 적극적으로 운영하고 있다. 공공기관이 주관하는 경우 판매자로 선정되기 위해서는 일정 기준을 충족해야 하며, 엄격한 심사를 통과해야 한다. 하지만, 입점 수수료나 판매 수수

료가 없는 경우가 대부분이라 판매자 입장에서는 수익성을 확보하기
에 매우 유리하다. 이는 자금 여력이 부족한 스타트업에게 실질적인
기회를 제공한다는 점에서 의미가 크다.

제6장 유통 채널의 '로'를 넓혀라

1. B2G, B2B, B2C, C2C 유형별 전략을 이해하자

- B2G: 초기 스타트업에게 안정적인 기회를 제공하는 시장이다. 정부 조달 시스템 및 입찰 절차를 준비하고, 기회를 포착하기 위해 반드시 역량을 강화해야 한다.
- B2B: B2G에서 확보한 실적으로 기업 고객 시장을 공략한다. 전문성과 복잡성을 전제로 장기적인 관계를 구축하며 진입해야 한다.
- B2C: 최종 소비자를 직접 상대하는 시장이다. 브랜드 경험, 가격 민감도, 광고 및 마케팅 채널에 대한 이해를 바탕으로 고객과의 감정적 연결을 강화하는 전략이 필요하다.
- C2C: 개인 간의 거래가 주를 이루는 시장이다. 플랫폼의 규칙과 수수료 구조를 이해하고, 신뢰도와 바이럴을 핵심으로 활용한다.

2. B2B2C 하이브리드 모델을 활용하라

- B2B2C 하이브리드 모델로 기업 고객과 최종 소비자를 동시에 포섭하여 시장 점유율을 빠르게 늘릴 수 있다.
  - 유통 파트너의 고객 네트워크 및 인프라를 활용해 제품을 최종 소비자에게 효율적으로 전달할 수 있다.
  - 최종 소비자와 간접적으로나마 접촉하여 시장 반응과 데이터를 확보하고, 이를 제품 개선 및 B2B 파트너십 강화에 활용할 수 있다.

3. 오프라인 판로를 개척하라

- 유연하고 실험적인 공간을 활용하여 고객과의 접점을 늘리고 브랜드 경험을 제공하는 전략을 실행한다.
  - 백화점, 대형 마트 등 대규모 유통 채널에 입점해 브랜드 공신력을 높이고 대중적 인지도를 확보한다.
  - 젊은 유동 인구가 많은 상권에서 팝업 스토어를 운영하여 제품 체험 기회를 제공하고, SNS를 통한 화제성을 창출한다.

7장

글로벌 시장으로 판로를 확장하라

바이어를 만나는 가장 빠른 길, 박람회·전시회

　스타트업에게 바이어 발굴은 생존과 성장을 위한 핵심 과제다. 특히 신생 기업은 제한된 네트워크와 인지도 탓에 잠재고객에게 접근하는 것이 가장 큰 어려움으로 꼽힌다. 이때 박람회와 전시회는 스타트업이 시장에 효과적으로 진입할 수 있는 전략적 플랫폼이 된다. 박람회는 단순한 제품 전시 공간이 아니다. 한 산업의 생태계가 한 공간에 집결된 독특한 환경으로, 바이어와 판매자, 투자자와 창업자, 미디어와 인플루언서가 직접 교류하는 장이다.

　이를 전략적으로 활용하면 제한된 자원으로도 시장에 진입하는 시간과 비용을 획기적으로 줄일 수 있다. 다만, 그저 참가하는 것만으로 기대한 성과는 나오지 않는다. 치밀한 사전 준비와 전략적 접근, 체계적인 후속 조치가 결합될 때 비로소 실질적인 비즈니스 기회로 전환된다. 따라서 처음부터 과다한 기대와 욕심은 버리고 국내 전시회 및 박람회에 참가해 경험을 쌓는 것이 바람직하다. 참가비 또한 스타트업이 감당하기에는 적지 않으므로 여러 지자체나 창업 관련 기관이 주최하는 지원 프로그램을 적극 활용해야 한다. 예를 들어 농업 분야는 매년 7월 코엑스에서 '농식품테크 스타트업 창업 박람회'가 열리는데, 농업기술진흥원을 통한 지원도 받을 수 있다. 이 밖에도 여러 부처가 다양한 주제로 전시회나 박람회를 개최한다. 이 장에서는 스타트업이 박람회와 전시회를 통해 바이어를 발굴하고 비즈니스 기회를 창출하기 위한 실전 전략을 알아보자.

　박람회는 초기에 '참가'보다 '참관'하며 경쟁사의 부스 운영 방식, 방문객 특성, 자사 제품과의 연관성 등을 충분히 조사하고, 그 결과를 바탕으로 차기 연도의 참가 여부와 준비 계획을 결정하는 지혜가 필요하다. 참가를 결정했다면 성공 확률을 높이기 위해 다음 세 가지 핵심 요소에 기반해 준비를 시작한다.

첫째, 목적과 목표를 설정하고 이를 이행한다. 막연히 '좋은 기회가 있을 것'이라는 기대로 참가하는 것이 아니라, 획득할 잠재고객의 수, 미팅 건수, 파트너십 논의 건수 등 구체적이고 측정 가능한 목표를 수치로 정의하고 이를 달성할 전략을 수립한다.

둘째, 자원을 효율적으로 활용한다. 스타트업의 제한된 자원을 고려하면 모든 박람회에 참가할 수 없다. 따라서 타깃 시장과 가장 연관성이 높은 행사를 선별하고, 참가 비용 대비 예상 효과ROI를 철저히 분석해야 한다. 경우에 따라 부스 운영보다 네트워킹 참가나 스피킹(세션 발표)에 집중하는 것이 더 효과적일 수 있다.

셋째, 통합적으로 운영한다. 박람회는 독립적인 이벤트가 아니라 전체 마케팅 및 영업 전략과 유기적으로 연결되어야 한다. 박람회 참가 전, 운영 중, 끝난 후 등 각 단계의 활동을 일관된 메시지와 목표 아래 조율하고, 획득한 잠재고객은 기존의 영업 프로세스로 자연스럽게 연결한다. 이러한 기본 철학을 바탕으로, 스타트업은 박람회에 참가할 때 단계별로 체계적인 전략을 수립하고 실행할 수 있다.

모든 박람회가 동일한 가치를 제공하지 않는다. 스타트업의 제한된 자원을 고려할 때 가장 효과적인 행사를 선택하는 것이 성공의 첫 단계다. 박람회 선정 시 고려해야 할 핵심 요소들은 다음과 같다. 우선, 산업 연관성이다. 해당 박람회가 자사의 타깃 산업과 얼마나 직접적으로 연관되어 있는지 평가한다. 종종 대규모 종합 박람회보다 틈새시장에 특화된 중소 규모 행사가 더 가치 있는 경우가 많다. 예를 들어 건설 기술 스타트업이라면 대형 IT 박람회보다 건설 산업 특화 행사에 참가하는 것이 더 효과적일 수 있다. 주방 가전의 경우도 가전 전시회보다 식품 박람회에 더 적합할 수도 있다.

다음은 참가자 프로필이다. 박람회 주최 측에 과거 참가자 데이터를 요청해 의사 결정권자의 비율, 타깃 기업의 참가 여부, 바이어와 판매자의 비율 등을 분석한다. 특히 실제 구매 결정권을 가진 방문객의 비율은 박람회의 질적 가치를 가르는 핵심 지표다.

또한 경쟁사의 참여 패턴도 확인해야 한다. 주요 경쟁사가 꾸준히 참가하는 행사는 업계 내 중요도가 높은 행사라는 것을 의미한다. 반대로 경쟁사가 특정 행사에 참가하지 않는다면 그 이유가 무엇인지 파악한다. 경쟁률이 상대적으로 낮은 틈새 행사는 스타트업에게 노출과 주목도 측면에서 기회가 될 수 있다.

행사의 평판과 역사 또한 중요한 고려 사항이다. 행사의 개최 역사, 과거 참가사의 피드백, 업계 내 평판 등을 조사하여 행사의 품질을 점검한다. 특히 처음 개최되거나 이력이 짧은 행사는 불확실성이 크므로, 스타트업에게는 검증된 행사에 참가하는 것이 안전한 선택일 수 있다.

총비용 대비 효과 또한 철저히 분석해야 한다. 부스 비용 외에도 인력 파견, 자재 제작 및 운송, 체류 비용 등을 합산한 총 소요 비용을 계산하고, 이를 예상되는 비즈니스 기회와 비교한다. 때로는 비용 절감을 위해 타 기업과 공동 부스를 운영하거나, 부스 없이 네트워킹이나 콘퍼런스 위주로만 참여하는 것도 고려할 수 있다.

마지막으로 박람회의 부대 프로그램을 검토한다. 콘퍼런스 세션, 네트워킹 이벤트, 투자 설명회 등 부대 프로그램은 추가적인 노출과 기회를 확보할 수 있다. 특히 발표 및 피칭에서 스피커로 참여하면 전문성을 부각시키고 바이어에게 더 깊은 인상을 남길 수 있다.

이러한 요소들을 종합적으로 평가해 박람회를 선정했다면, 그 즉시 구체적인 참가 목표와 전략을 수립해야 한다.

목표는 SMART 원칙(구체적Specific, 측정 가능Measurable, 달성 가능Achievable, 관련성Relevant, 기한 설정Time-bound)에 따라 설정할 때 실효성이 높아진다. 예를 들어 '헬스케어 잠재고객 20명에게 제품 상세 설명', '신규 잠재고객 30건 확보', '고객과의 후속 미팅 5건 이상 확정' 등이 구체적인 목표가 될 수 있다. 과다한 욕심은 성과 창출과 거리가 멀어지는 결과를 초래한다. 자사 제품의 특성과 참가 인력의 역량을 고려하여 현실적이고 달성 가능한 목표를 설정하는 것이 중요하다.

박람회 성과의 80%는 사전 준비에서 결정된다고 해도 과언이 아니다. 박람회 참가 준비는 여러 측면에서 진행되어야 한다. 체계적인 준비는 현장에서의 효율성을 높이고, 제한된 시간 내에 최대 성과를 창출할 수 있게 한다.

먼저 타깃 바이어 리스트를 작성한다. 참가사 목록을 확보하여 가장 우선순위가 높은 잠재 바이어를 1차적으로 선별해 각 기업에 대한 심층 분석을 진행해야 한다. 각 기업의 현재 도전 과제, 의사 결정 구조, 경쟁사와의 관계, 최근 이슈 등의 내용을 포함해 분석한다. 이러한 분석은 현장에서 대화를 더 효과적으로 이끌 수 있는 기반이 된다.

다음으로 차별화된 메시지를 개발한다. 박람회 현장은 수많은 정보와 설명이 넘치는 환경이므로, 기억에 남을 수 있는 명확하고 간결한 메시지가 필수다. 메시지는 제품 기능 설명보다 고객의 문제 해결에 초점을 맞추어야 하며, 타깃 바이어별로 세분화된 접근법을 준비해야 한다. 특히 경쟁사와의 차별점을 명확히 하여 '왜 우리 제품인가'에 대한 설득력 있는 답변을 준비해야 한다.

마케팅 자료 준비도 중요하다. 디지털 자료와 인쇄 자료를 모두 준비하되, 짧은 시간에 자사 상품의 핵심 기능과 경쟁력을 설명할 수 있어야 한다. 또한 다양한 수준의 관심을 가진 방문객들에게 적절한 정보를 제공할 수 있어야 한다. 모든 자료는 일관된 콘셉트와 메시지를 유지하되, 박람회 특성에 맞게 최적화한다. 예를 들어 소음이 많고 혼잡한 환경을 고려해 시각적 요소를 강화하고, QR 코드로 상세 페이지 등 추가 정보에 쉽게 접근할 수 있도록 한다.

부스 설계 역시 전략적으로 해야 한다. 제한된 공간 내에서 최대한의 효과를 내기 위해 오픈 레이아웃을 통해 접근성을 높이고, 시선을 사로잡는 핵심 요소(제품 데모, 대형 디스플레이 등)를 전략적으로 배치한다. 부스 내 동선을 고려하여 자연스러운 대화 흐름을 유도하고, 미팅 공간과 일반 방문객 대응 공간을 적절히 분리해 방문객의 체류 시간을 높이는 것이 중요하다. 또한 기술적 문제(인터넷 연결, 전력 공급 등)에 대비한 상세 카탈로그 등 백업 계획도 필수적이다.

인력 배치와 교육도 성공적인 박람회의 핵심이다. 부스 운영 팀은 제품 지식과 커뮤니케이션 역량을 겸비한 직원으로 구성하고, 기술 데모, 비즈니스 상담 등 역할을 명확히 분담해 효율성을 높인다. 모든 구성원에게 박람회 목표, 핵심 메시지, 잠재고객 자격 평가 기준, 일반적인 질문에 대한 응답 등을 사전 교육한다. 특히 의사 결정자, 영향력을 가진 사람, 정보 수집자 등 바이어 유형별 대응 전략과 경쟁사 관련 질문에 대한 대응 방안도 준비한다.

사전 마케팅과 미팅 일정 관리는 성과를 크게 좌우한다. 행사 참여 소식을 소셜미디어, 이메일 뉴스레터, 웹사이트 등으로 공지하고, 타깃 바이어에게 개인 맞춤형 미팅 초대장을 발송해야 한다. 대부분 주최 측은 참가자 간 미팅을 주선하는 플랫폼을 제공하므로, 이를 적극 활용하여 사전에 핵심 미팅을 확보하는 것이 중요하다. 박람회 시작 전에 주요 시간대의 50% 이상을 미팅으로 채우는 것이 이상적이다.

성과 측정 방법론 수립도 참가 전에 확정해야 한다. 성공을 평가할 수 있는 핵심성과지표(KPI)를 정의하고, 데이터 수집 방법(잠재고객 스캐닝 시스템, 설문조사, 미팅 기록 등)을 준비해야 한다. 이는 행사 후 ROI 분석과 향후 개선의 기반이 된다. 특히 구매 의향, 시간적 긴급성, 예산 가용성 등 잠재고객의 질적 평가 기준을 사전에 정해 현장 우선 순위 설정에 활용해야 한다.

마지막으로 물류 계획도 철저히 수립한다. 운송, 숙박, 현지 이동, 자재 설치 및 철거 등 모든 물리적 측면 전반에 대한 계획과 비상 대응 방안을 마련한다. 특히 국제 박람회에 참가할 때는 통관, 비자, 통역 및 언어 지원 등 추가적인 고려 사항에 대비해야 한다. 이러한 철저한 준비가 박람회 현장에서 최대 효과를 창출하는 기반이 된다.

| 박람회 현장 전략: 기회를 포착하는 실행력 |

박람회 당일은 드디어 모든 준비가 실행으로 전환되는 순간이다. 제한된 시간 내에 최대한의 성과를 거두기 위해서는 체계적이고 전략적인 현장 운영이 필수적이다. 박람회 현장에서, 특히 바이어 발굴에 초점을 둘 때 스타트업이 활용해야 할 핵심 전략을 살펴보자.

가장 기본이 되는 것은 효과적인 부스 운영이다. 부스는 단순한 물리적 공간이 아닌, 브랜드 경험의 장이자 바이어와의 첫 접점이다. 부스 운영의 제1 원칙은 상시 대기 상태를 유지하는 것이다. 부스 내에 직원끼리 모여 대화하거나, 휴대폰을 보거나, 식사하는 모습은 방문객의 접근을 저해한다. 항상 개방적인 자세로 시선 접촉을 유지하고, 미소로 방문객을 맞이해야 한다.

방문객을 응대할 때는 전략적 접근이 필요하다. 모든 방문객의 비즈니스 가치가 동일하지 않으므로, 초기 대화를 통해 방문객의 프로필과 관심사를 신속하게 파악하는 것이 중요하다. 핵심 타깃에 해당하면 시간과 자원을 집중하고, 그렇지 않은 경우에는 필수 정보만 정중하게 제공한 후 다음 방문객을 응대하는 효율적인 응대 방법이 필요하다. 이러한 선별 과정은 사전에 정의한 잠재고객 자격 평가 질문을 활용하여 체계적으로 진행할 수 있다.

효과적인 제품 데모는 방문객의 관심을 구매 의향으로 전환하는 핵심 요소다. 데모는 기술적 특징보다 고객 가치에 초점을 맞추고, 바이어의 문제를 구체적으로 어떻게 해결하는지 보여주는 것이 효과적이다. 구성은 간결하되, 바이어의 반응과 관심사에 따라 유연하게 조정할 수 있어야 한다. 특히 데모의 기술적 문제에 대비해 오프라인 데모, 스크린샷, 비디오 등을 항상 준비해야 한다.

현장에선 전략적 네트워킹도 중요하다. 부스에만 머물지 말고 콘퍼런스 세션, 네트워킹 이벤트, 업계 모임 등을 활용해야 한다. 특히 행사 내 VIP 라운지, 스피커 라운지 등 의사 결정자가 밀집한 공간에 접근할 방법을 찾아두는 것이 중요하다. 이때 명함은 단순히 연락처를 교환하는 것이 아니라, 짧은 대화를 곁들여 상대방의 니즈와 관심사를 파악한 후 관련성 있는 후속 조치의 기반으로 활용한다.

경쟁 정보 수집도 박람회 참가의 주요 목표 중 하나다. 경쟁사 부스를 방문해 제품, 메시지, 가격 정책 등을 파악하고 고객 반응을 관찰해 귀중한 시장 인텔리전스를 축적한다.

또한 경쟁사 대응 전략도 준비해야 한다. 바이어가 경쟁사를 언급할 경우, 경쟁사 제품을 부정적으로 언급하기보다 자사 제품의 차별화된 가치를 간결하게 제시하는 것이 좋다.

잠재고객 캡처와 기록은 현장에서 놓치기 쉬우나 매우 중요한 활동이다. 대화 내용, 관심 분야, 후속 조치 약속 등을 모두 즉시 기록해야 한다. 이는 행사 후 개인화된 후속 조치의 기반이 된다. 대부분 박람회에서 제공하는 리드 스캐닝 시스템*을 활용하되, 메모와 평가 정보를 추가로 기록하는 자체 시스템을 병행하는 것이 효과적이다.

미디어도 적극적으로 활용한다. 박람회는 미디어 업계가 참가하므로, 이를 활용하면 브랜드 노출을 확대할 수 있다. 예를 들어 부스를 소개하는 잡지 형태의 광고지에 광고를 게재하면 박람회장 주변 호텔 객실 문 앞에 대량으로 배포하여 바이어 투숙객에게 홍보를 대행해주는데 생각보다 광고비가 싼 편이다.

직원의 체력 관리도 간과할 수 없는 요소다. 박람회는 장시간 지속되는 고강도 활동이므로, 직원 교대 일정을 효율적으로 관리하고, 적절한 휴식과 식사를 보장한다. 특히 일반적으로 핵심 시간대인 오전 중반과 오후 초반인 핵심 시간대에는 설명과 응대 역량이 가장 높은 직원을 전면 배치한다.

일일 회고와 조정은 필수다. 매일 박람회 폐장 후 간략한 미팅으로 실적을 점검하고 배운 점을 공유한 뒤 다음 날의 전략을 조정한다. 특히 성과가 예상보다 저조하다면 메시지 조정, 부스 레이아웃 변경, 인력 재배치 등 전략을 즉각적으로 변경해 남은 기간의 효과를 극대화한다.

이러한 현장 전략을 체계적으로 실행함으로써, 스타트업은 제한된 시간과 공간 내에서 최대한의 바이어 발굴 기회를 창출할 수 있다. 현장에서의 성공은 철저한 사전 준비와 유연한 실행력의 조화에서 비롯된다.

| 박람회 종료 후 전략: 거래 관계를 성공시키기 위한 전략 |

박람회가 종료된 이후는 종종 가장 중요한 단계임에도 불구하고 많은 기업이 소홀히 한다. 박람회는 바이어와의 관계 구축의 시작점에 불과하다. 실질적인 비즈니스는 대부분 체계적인 후속 조치에서 실현된다. 이를 위해 박람회 이후 스타트업이 어떤 전략을 취해야 하는지 살펴보자.

신속한 초기 접촉은 가장 중요한 원칙이다. 박람회 종료 후 48시간 이내에 모든 중요 잠재고객에게 첫 연락을 완료해야 한다. 이는 단순한 감사 인사가 아니라 박람회에서 나눈 구체적인 대화 내용을 언급하고 약속된 후속 단계를 확인하는 개인화된 메시지여야 한다. 이메일이 가장 일반적인 접촉 방법이지만, 고가치 잠재고객에게는 전화나 화상 회의를 통한 직접적인 접촉을 하는 것이 더 효과적이다.

이를 위해 잠재고객을 세분화하고 우선순위를 설정해야 한다. 모든 잠재고객을 동일하게 취급하는 것은 비효율적이다. 박람회에서 획득한 잠재고객을 관심도, 구매 가능성, 기대 규모, 시간적 긴급성 등에 따라 핫·웜·콜드 리드로 분류해 각기 다른 후속 전략을 적용하는 것이 효과적이다. 일반적으로 핫 리드는 즉각적인 관심과 구매 의향을 표현한 잠재고객, 웜 리드는 관심은 있으나 즉각적인 구매 계획이 없는 잠재고객, 콜드 리드는 일반적 관심만 표현한 잠재고객이다.

후속 과정의 핵심은 개인화된 가치 제공이다. 관계를 구축하기 위해서는 제품을 판매하려고 접근하는 것보다 바이어의 관심사와 니즈에 맞춘 정보와 인사이트를 제공하는 것이 효과적이다. 관련 산업 보고서, 사례 연구, 전문가 의견 등을 공유하면 전문성과 신뢰를 동시에 확보할 수 있다. 특히 바이어가 박람회에서 언급한 특정 문제나 관심사에 대한 맞춤형 해결책을 제시하는 것이 효과적이다.

후속 커뮤니케이션 계획은 잠재고객 유형에 따라 내용의 깊이와 빈도를 차별화하고, 일반적으로 3~6개월 동안 일관되게 실행해야 한다. 커뮤니케이션을 진행할 때는 이메일, 전화, 소셜미디어, 대면 미팅 등 다양한 채널을 유기적으로 조합하되, 각 접점에서 잠재고객에게 새로운 가치를 제공하는 것이 중요하다. 많은 기업이 초기 몇 차례 접촉 후 후속 조치를 중단하지만, 실제로 구매 전환은 평균 7~13회 접촉 이후 이루어진다는 점을 명심해야 한다.

마지막으로 후속 조치의 결과를 분석하고 거래 관계를 성공시키기 위한 액션 플랜을 수립하고, 직접 만나서 상담을 이어가는 공격적이고 적극적인 자세가 스타트업에는 더없이 중요하고 확정적인 방안이다.

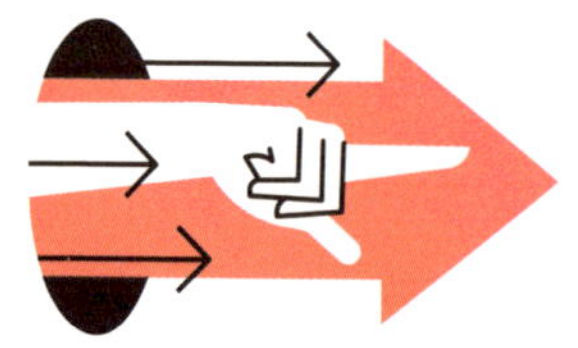

글로벌 시장 진출, 도전을 준비하라

글로벌 시장 진출은 기업의 성장과 지속 가능성을 확보하는 핵심 전략이다. 하지만, 자원 낭비와 브랜드 이미지 훼손의 위험도 수반하므로 철저한 준비와 신중한 전략 수립이 필수적이다. 특히 스타트업에게는 글로벌 진출이 단순한 규모 확장을 넘어, 아이디어와 기술을 국제적으로 검증받고 성장 잠재력을 극대화할 수 있는 중요한 기회가 될 수 있다. 준비 없이 해외 시장에 뛰어들 경우 오히려 손실을 초래할 수 있으므로 사전 시장 조사, 명확한 목표 설정, 차별화된 실행 전략이 반드시 필요하다. 해외 시장 진출의 성패는 대부분 액션 플랜을 어떻게 수립하느냐에 따라 결정된다.

해외 바이어에게는 제품이 한국 시장에서 점유율이 어느 정도인지가 매우 중요한 체크포인트로 작용한다. 특히 현재 전 세계적으로 K-문화에 대한 관심이 높은 시점이라 한국 내 포지셔닝에 대한 관심이 고조되었다는 점을 간과하면 안 된다. 코트라KOTRA는 해외 진출을 준비하는 스타트업에 매우 유용하다. 코트라는 해외 진출을 돕는 다양한 프로그램과 신뢰도 높은 정보를 제공하고 현지 무역관을 통해 신속한 현지 정보, 진출 전략 수립 등을 지원한다. 따라서 반드시 코트라 홈페이지에서 프로그램을 확인하고 적극 활용하기 바란다.

정보를 수집했다면 철저한 내부 역량 분석이 필요하다. 이 과정에서 해외 시장에서 경쟁력을 가질 수 있는 자사의 핵심 역량과 차별화 요소를 명확히 파악해야 한다. 제품 품질, 가격 경쟁력, 기술력, 서비스 수준 등을 객관적으로 평가하고, 부족한 부분은 보완한다. 이때 해외 진출에 필요한 인·물적 자원을 포함해 점검한다. 무역에 관련한 기본적인 사항을 이해하고, 외국어로 소통할 수 있는 인력을 확보하여 수출을 진행할 경우, 무역 관련 인력이나 관세사 제휴 등에 대응 가능한 역량을 갖추는 것이 중요하다.

다음으로 목표 시장을 심층적으로 분석한다. 시장 규모와 성장 가능성, 경쟁 현황, 소비자 행동 패턴, 문화적 특성, 법적 규제, 정치적 안정성, 리스크 등 다양한 요소를 종합적으로 검토한다. 특히 자사 제품이 해당 시장에서 어떤 포지션을 가질 수 있는지, 현지 소비자의 니즈를 충족시킬 수 있는지 면밀히 검토한다.

기본적인 역량을 확보하고 목표 시장을 선정했다면 시장 진입 전략을 수립한다. 수출, 라이센싱, 프랜차이즈, 합작 투자, 직접 투자 등 다양한 진입 방식 중 최적의 방식을 선택해야 한다. 각 방식은 투자 규모, 리스크, 통제력, 수익성 측면에서 장단점이 있으므로 신중한 선택이 필요하다. 초기에는 에이전트를 통해 시장 진입 전략을 수립하면 리스크를 줄일 수 있다. 합작 투자나 직접 투자 등은 검증 이후 단계적으로 천천히 추진해야 한다. 특히 아세안은 정부 규제와 행정이 수시로 변경되는 경향이 있으므로, 충분한 사전 검증 없이 함부로 자금을 투입하는 전략은 실패할 확률이 높다.

재무 계획과 리스크 관리도 면밀히 준비 및 점검해야 한다. 해외 진출은 초기 투자와 운영비가 상당히 발생하고, 수익 창출까지 예상보다 긴 시간이 소요될 수 있다. 환율 변동, 정치·규제 리스크, 문화적 마찰 등 다양한 변수에 대비한 대응 전략도 필수적이다. 초기에는 바이어 및 에이전트를 발굴해 자금 투입을 최소화한 수출 중심 전략으로 시장 진입을 시도하는 것이 안전하다.

어느 정도 시장 진입이 성공했다고 판단되면 현지화 전략을 수립해야 한다. 제품, 마케팅, 브랜딩, 유통, 가격, 조직 구성 등 비즈니스 전반에 걸쳐 현지 시장에 얼마나 적응할 것인지 결정하되, 글로벌 표준을 유지하면서도 현지 시장의 특수성을 반영하는 '글로컬라이제이션Glocalization' 전략이 효과적일 수 있다.

해외 시장에서는 '원 사이즈 핏 올One-size-fits-all*' 전략이 통하지 않는다. 국가별 비즈니스 환경, 문화적 특성, 소비자 행동 패턴, 경제 수준, 법과 제도, 유통 구조 등을 이해하고 국가별 차별화 전략을 수립해야 성공 가능성을 높일 수 있다. 예를 들어 오리온 초코파이는 러시아 시장에 진출했을 때 현지인의 기호에 맞춘 다양한 맛을 개발하고, 러시아인의 티타임 문화를 반영한 마케팅으로 성공했다.

신흥국 및 개발도상국 진출은 현지 정부와의 협력, ODA(공적개발원조) 프로젝트, CSR(사회 공헌) 활동, 현지화된 가격·제품 전략, 금융·물류 지원 등이 중요하다. 특히 스타트업은 ODA 관련 사업을 준비하면 새로운 시장 진입 기회를 만들 수 있다. 한국국제협력단KOICA(이하 코이카)에서는 1인당 국민 소득이 1만 불 이하의 국가를 위주로 코이카 지사가 진출해 있으며 ODA 관련 사업에 대해 상세하게 안내해준다. 중앙아시아 국가 중 카자흐스탄은 1인당 국민 소득이 만사천 불을 넘어서면서 코이카 지사가 철수한 상태이며, 우즈베키스탄이나 키르기스스탄에는 코이카 지사가 진출하여 ODA 관련 사업을 진행하고 있다.

---

* 원 사이즈 핏 올(One-size-fits-all) 전략 상황이나 대상에 상관없이 하나의 동일한 제품, 서비스, 방안을 모든 시장이나 소비자에게 똑같이 적용하려는 접근 방식을 의미한다. 즉, 별도의 현지화나 고객별 차별화 없이 '모든 곳에 한 가지 방식만 적용하는' 전략을 의미한다.

카자흐스탄, 우즈베키스탄 등 천연자원이 풍부한 국가는 정부 고위급 협력 채널을 통해 시장 정보 제공, 패키지딜 방식의 프로젝트를 추진하는 것이 효과적이다. 반면 선진국은 글로벌 공급망 편입, 현지 투자 확대, 통상 마찰 방지, 첨단 기술 협력 등을 핵심 전략으로 수립할 수 있다.

글로벌 시장 진출은 스타트업에게 큰 기회이자 높은 난이도의 과제다. 철저한 준비와 신중한 전략, 그리고 끊임없는 노력만이 성공적인 글로벌 시장 진출을 이끌어낼 수 있다.

기회의 땅은 아세안이다

아세안ASEAN 시장은 역동적인 경제 성장과 젊은 인구 구조가 특징으로, 최근 스타트업에 매력적인 기회의 땅으로 부상하고 있다. 6억 7천만 명이 넘는 인구에 디지털 전환이 가속화되면서, 혁신적인 기술과 아이디어를 가진 스타트업에는 전례 없는 성장의 발판이 마련되고 있는 것이다.

다만 단일 시장이 아니라 10개국(인도네시아, 베트남, 태국, 말레이시아, 싱가포르, 필리핀, 브루나이, 캄보디아, 라오스, 미얀마) 각각이 문화, 경제, 소비 습관, 법제, 유통 구조가 모두 달라, 면밀한 이해와 차별화된 전략 없이는 성공적인 진출을 기대하기 어렵다.

최근 아세안의 주요국 스타트업 생태계는 자체적으로도 빠르게 성장하고 있다. 싱가포르, 베트남, 인도네시아는 이미 글로벌 투자자와 대기업이 주목하는 혁신 허브로 자리 잡았고, 현지 국가 스타트업과의 협업·경쟁이 불가피하다. MZ 세대를 중심으로 친환경·윤리·가치 지향적 소비가 확산되며 건강·위생·성분 표시에 대한 민감도가 높아지는 등 소비 트렌드가 뚜렷하게 변화하고 있다.

특히 케이팝, K-드라마 등 한류의 영향으로 한국 문화에 대한 호감도가 높다. 이 영향으로 뷰티, 패션, 식품, 엔터테인먼트 분야는 진입 장벽이 상대적으로 낮아, 스타트업의 시장 진입이 비교적 용이하다. 또한 핀테크, 이커머스, 모빌리티 플랫폼 등 정보통신기술(ICT) 분야에서도 혁신적인 서비스를 앞세워 아세안 시장의 디지털 전환에 기여하는 스타트업이 늘고 있다.

아세안 시장의 복잡성과 다양성을 고려할 때, 원 사이즈 핏 올 전략은 실패할 가능성이 매우 높다. 각 국가의 특성과 시장 환경에 맞춘 차별화된 진출 전략을 수립하는 것이 글로벌 시장에서 성공하는 핵심이다. 특히 아세안과 같은 대규모 시장은 국가별로 소득 격차와 문화, 소비 성향이 매우 다르므로, 일괄적 전략이 아니라 단계·국가별 맞춤 전략이 필수적이다.

국가별 전체적인 상황과 진출 전략은 이 책에서 모두 다루기는 한계가 있다. 따라서 공통점과 각국의 특이점, 주의해야 할 사항을 중심으로 다루고자 한다. 디테일한 시장 환경과 진출 전략은 코트라에서 매년 발간하는 국가별 시장 진출 전략을 참고하는 것도 많은 도움이 될 수 있다.

핸드블렌더 '도깨비방망이'의 첫 진출국은 인도네시아였다. 인도네시아는 2억 6천만 명이라는 거대 인구를 보유한 국가로, 현지 최대 MLMMulti Level Marketing 기업인 CNI와 첫 거래를 시작하였고, 이후 홈쇼핑 회사 및 방문 판매 회사에 이르기까지 다양한 채널을 통하여 시장에 진입하고 점유율을 확대했다. 그러나 시장 점유율이 높아지는 것에 비해 판매량은 생각보다 부진했다. 또한 인도네시아는 의사 결정 과정이 매우 느린 문화이므로 이를 이해하고 인내해야 했다.

베트남에서는 한국의 CJ홈쇼핑이 베트남 현지 홈쇼핑의 개국 방송을 통해 진입해 초기 매출과 확장 속도는 빨랐으나, 한-베트남 FTA 타결 당시 소형 가전 관세 조건이 불리해 수입 관세가 약 34%에 육박하면서 글로벌 경쟁사들 사이에서 가격 경쟁력이 약화되는 어려움을 겪었다.

인도네시아와 베트남 두 국가 모두 젊은 인구 비중이 높고 경제 성장률이 가파르다는 점에서 장기적으로 반드시 공략해야 할 시장이다.

또한 신용카드 보급률이 낮은 단점이 있었는데 모바일 결제로의 급격한 보급이 이루어지며 간편 결제 이커머스 시장이 성장하여 우리나라 스타트업이 진입하기에 매우 유리한 상황으로 변화하고 있다.

공적원조에 의존하는 국가들인 캄보디아, 미얀마 등은 이제 씨앗을 뿌려야 하는 시장인 개발도상국이다. 가파른 성장을 하고 있는 인도네시아, 베트남, 태국 등의 국가는 묘목을 키워야 하는 시장, 싱가포르, 말레이시아는 선진국으로 진입을 시도하고 있어 수확을 할 수 있는 시장으로 분류할 수 있다. 그러나 모든 산업에서 동일한 잣대로 국가를 나누는 것은 무리가 있고 자사의 상품과 현지 국가와의 적합성 등을 고려하여 분류하는 것이 좋다.

또 다른 진입 방법으로 한국 문화에 대한 이해도가 높은 국가인 베트남과 인도네시아를 우선적으로 공략하고, 그 결과를 바탕으로 인접 국가로 점진적으로 확장하는 전략도 가능하다.

말레이시아와 인도네시아는 지리적으로 인접한 국가이고 서로 유사한 계통의 언어를 사용하지만, 소비자 친화도와 시장의 특징은 차이가 있다. 특히 식품 분야는 할랄 인증도 국가별로 상이해, 말레이시아 JAKIM과 인도네시아 BPJPH의 각기 다른 인증을 별도로 취득해야 한다.

말레이시아는 인구 규모는 작지만, 바로 '수확 단계'로 진입할 수 있는 시장이다. 또한 인접한 싱가포르 시장과 연동성이 높아 결과가 신속하게 나타날 수 있다. 특히 싱가포르의 국민 커머스라 불리는 한국 기업 큐텐Qoo10의 본사가 싱가포르에 있다는 점을 활용하면, 시장에서 자사 상품의 현지 반응을 빠르게 점검할 수 있다.

반면 인도네시아는 MZ 세대가 전체 인구의 55%이고 생산 가능 인구(15~64세)가 약 72%로 성장 가능성이 크지만, 이 인구 구조에 매력을 느껴 진출 전략을 수립하면 낭패를 볼 수 있다. 실제로 공략할 수 있는 소득 범위의 인구는 대략 3천만 명 정도로 제한적이며, 소비는 자카르타 중심으로 집중되는 경향이 있다. 의류 및 신발 등 일부 산업 기반이 베트남이나 캄보디아로 상당수 이전됐으며, 생필품을 포함한 다수의 공산품은 수입 의존도가 높다. 이 때문에 인도네시아를 에이전트 시장으로 부르기도 한다.

인도네시아 시장에서 주의해야 할 사항은 에이전트가 다품목을 취급하면서 초기 시장 반응이 미미할 경우 가격 덤핑*Dumping의 사례가 빈번하다는 것이다. 이렇게 한 번 시장 가격이 붕괴되면 브랜드와 상품력 회복이 매우 어렵고, 실제로 많은 한국 기업이 이 지점에서 큰 손실을 경험했다. 따라서 초기에 파트너 선정 시 가격 통제권을 본사가 보유한다는 것을 계약서에 명시해야 한다. 또한 현지에서는 구두 합의에 의존하는 관행이 남아 있는 점을 고려하여 반드시 모든 합의는 문서화하는 것을 원칙으로 삼는다. 아울러 한국 내 히트 상품을 강하게 선호하는 경향이 있으므로, 국내 성과를 확보한 뒤 횡전개하는 접근이 안정적이다. 더불어 상표 분쟁 사례가 빈번하므로 사전에 현지 상표 등 지적재산권을 출원하는 것이 바람직하다.

한국 기업이 아세안 시장을 대할 때, 미국 시장보다 품질 관리에 소홀한 경향이 있다. 그러나 이는 매우 잘못된 태도다. 인도네시아는 일부 항목에서 미국보다 더 까다로운 품질 기준을 적용한다는 점을 명심해야 한다. 예를 들어 수입 검사의 경우 미국은 주로 샘플링 검사를 실시하는 반면, 인도네시아는 전수 검사를 실시하는 경우가 많고 정량 기준 외에 정성적인 평가도 매우 까다롭다. 실제로 모터 속도나 출

---

* **가격 덤핑(Dumping)** 상품을 생산비 또는 국내 판매 가격보다 훨씬 낮은 가격으로 해외 시장에 대량 판매하는 행위를 의미한다.

력 등 정량적 스펙뿐만 아니라 사람 체감 기준으로 소음 크기를 평가하여 검증하는 경우도 있다.

인도네시아 시장에 진출할 때는 젊은 층을 핵심 타깃으로 삼고 디지털 전략을 적극 활용해야 한다. 젊은 소비자는 온라인 채널을 통한 정보 수집과 구매를 매우 선호하며, 저축 성향은 낮고 소비 열망은 높은 편이다. 인도네시아 시장은 웹 기반 커머스를 건너뛰어 모바일 커머스로 직행한 현상이 매우 뚜렷이 나타난다. 또한 신용카드 보급률이 낮고 무통장 입금과 상품을 받는 시점에 현금으로 결제하는 비중이 매우 높다는 점이 모바일 결제 시스템의 성장을 촉진했다. 따라서 소셜미디어 마케팅, 인플루언서 협업, 모바일 친화적 서비스 등 디지털 기반 마케팅과 판매 전략을 수립하고, 토코피디아tokopedia, 큐텐Qoo10, 라자다Lazada, 쇼피Shopee 등 현지 이커머스 플랫폼을 적극 활용하는 것이 효과적이다.

최근 인도네시아의 전자상거래와 핀테크 시장은 젊은 인구 구조와 모바일 중심의 소비 문화에 힘입어 급성장 중이며, 정부도 인프라·기술·디지털 인재 육성에 투자를 집중하고 있다. 인도네시아는 2030년까지 디지털 경제 규모가 크게 성장할 것으로 전망되는 가운데, 이커머스, B2B, 헬스테크 등 다양한 분야에서 새로운 비즈니스 기회가 창출되고 있다.

하지만 성장의 이면에는 도전 과제도 존재한다. 최근 중산층 규모 축소와 실질임금 상승 둔화로 내수 소비의 동력이 약화되고 있고, 수출역시 미·중 무역 갈등 등 외부 변수에 취약하다. 정부 재정의 부분적 긴축과 지역 개발 예산 삭감 등도 단기 성장에 부담을 주고 있다. 그럼에도 인도네시아는 젊은 인구 구조, 도시화, 소비 계층 확대, 산업 다각화, 거시 경제 안정성 등 긍정적 요인이 더 크게 작용하고 있다.

인도네시아 정부는 2045년 선진국 진입을 목표로 한 '골든 인도네시아' 비전을 발표하며, 인적 자원 개발, 과학 기술 역량 강화, 산업 고도화, 지속 가능성, 거버넌스 혁신을 중장기 전략으로 추진 중이다. 특히 제조·자원산업의 고도화(다운스트리밍), 디지털 전환, 신재생에너지 확대, 인프라 투자, 교육·보건 강화 등이 핵심 정책이다.

2030년까지 약 9천만 명의 새로운 소비 계층이 등장할 것으로 예상되며, 이는 중국과 인도에 이어 세계에서 가장 빠른 소비 계층 성장세이다. 젊은 인구 구조와 도시화는 내수 시장의 잠재력을 크게 키우고, 이로써 글로벌 기업과 투자자에게도 매력적인 시장으로 부상할 전망이다.

요약하자면 인도네시아는 성장 잠재력이 매우 크지만, 중산층 축소, 글로벌 경기 변동, 수출 시장 다변화, 생산성 혁신, 교육·기술 역량 강화, 사회적 포용 등 해결해야 할 과제가 공존한다. 정부와 민간이 함께 구조 개혁과 혁신, 인재 육성, 산업 고도화, 디지털 전환에 속도를 낸다면 2030년 이후 글로벌 경제의 핵심으로 자리매김할 가능성이 높다. 지금의 인도네시아는 도약의 문턱에 서 있으며, 도전과 기회가 공존하는 격동의 시기를 맞이하고 있다.

베트남은 2025년을 기점으로 동남아시아에서 가장 역동적이고 성장 잠재력이 높은 국가 중 하나로 부상하고 있다. 세계은행·IMF·HSBC 등 주요 국제기관 및 경제연구소에 따르면, 베트남의 2025년 GDP 성장률은 6.5~7.5%로 예측된다. 이는 동남아 주요 국가 중에서도 최대치에 해당한다.

이러한 고성장은 견고한 제조업 기반, 수출 회복세, 글로벌 기술 수요, 꾸준한 외국인직접투자(FDI) 유입, 정부의 디지털 전환 및 친기업 정책 등이 이끌고 있다. 특히 젊은 인구와 적극적 개방 정책, 인도차이나반도라는 지리적 위치 등 내외적 요인이 베트남 시장의 매력도를 높이고 있다.

먼저 인구 구조를 보면 2025년 기준 약 1억 100만 명으로 세계 15위권의 대규모 인구를 보유한다. 이 중 생산 가능 인구는 약 67%로, 여전히 '인구 보너스_{Demographic dividend}' 단계에 있다. 이 구조는 2042년까지 이어질 전망이며, 이와 같은 풍부한 노동력과 대형 내수 시장이 베트남 경제 성장의 핵심 동력으로 작용하고 있다.

1억 명 인구 진입을 기점으로 소비 시장이 급격히 팽창하고 있으며, 젊은 인구를 중심으로 중산층 확대와 도시화가 빠르게 진행되고 있다. 이로 인해 식품, 유통, 교육, 헬스케어, 디지털 서비스 등 다양한 산업에서 내수 성장 잠재력이 크다. 특히 생산 가능 인구 비중이 높아 제조업, 서비스업, IT, 신산업 등 전반에서 인력 공급 우위를 제공하고, 글로벌 공급망 재편, 첨단 산업 이전, 외국인직접투자 유치 등을 통해 베트남이 아세안 내 핵심 생산 기지로 부상했다.

베트남 시장은 흔히 1국 3색이라고 불릴 만큼 북부·중부·남부 간 성장 격차와 소비 성향, 투자 환경의 차이가 뚜렷하다. 이는 물리적 거리, 역사적 배경, 상이한 기후 조건 등에서 기인했다. 수도 하노이와 공업 및 상업 중심지 호치민은 인구 규모는 비슷하나 소비 성향의 차이가 매우 크다. "하노이 사람은 10동을 벌면 1동을 쓰고, 호치민 사람은 10동을 벌면 11동을 쓴다"라는 속담이 두 지역의 소비 패턴을 정확히 설명한다. 하노이 사람은 미래 지향적 소비, 호치민 사람은 현재 지향적 소비 성향이 강하다. 이런 상반되는 소비 형태를 반영하듯 루이비통 1호점은 하노이에, 맥도날드 1호점은 호치민에 오픈했다. 따라서 스타트업이 베트남에 진출하기 위해서는 하노이와 호치민을 서로 다른 시장으로 생각하고 전략을 수립하는 것이 현명하다.

구분	하노이 소비자 특징	호치민 소비자 특징
소비 성향	미래 가치 중시, 명품과 프리미엄 브랜드 선호	현재 중심, 실용성과 편의성 중시, 신상품에 친화적
사회적 인식	사회적 지위와 명예 중시, 명품 소비를 통한 과시 욕구 강함	소비에 적극적이며, 외식·여가 등 일상에서의 소소한 사치 선호
브랜드 충성도	기존 브랜드에 대한 충성도가 높아 신제품 수용에 보수적	새로운 브랜드와 제품에 대한 호기심이 많고 수용성이 높음
지출 성향	저축 성향이 강하고, 미래 대비 소비에 무게를 둠	소비를 즐기며, 지출이 비교적 자유롭고 활발함
문화적 배경	유교적 전통과 권위주의 영향, 보수적이고 질서 중시	미국 및 서구 문화 영향이 크고 개방적이며 혁신적 소비 경향
시장 사례	루이비통 같은 고급 브랜드가 강세	맥도날드, 스타벅스 같은 글로벌 대중 브랜드가 먼저 진출하여 강세

베트남의 가장 큰 특징은 베트남 청년의 창업·경력 개발 욕구와 자기 주도성을 기반으로 실질적 성장 경로(교육·네트워크·참여형 플랫폼 등)를 제공하면 시장 진입 및 브랜드 충성도 제고에 큰 효과를 거둘 수 있다는 것이다. 이런 성향을 전략적으로 활용하는 것이 성공적인 시장 진입 방안이 될 수 있다.

베트남의 역동적인 성장과 변화는 스타트업에 매력적인 기회를 제공한다. 온라인 쇼핑 수요의 증가와 금융 서비스 접근성이 낮은 인구 구조는 이커머스 및 핀테크 스타트업에 유리한 환경으로, 현지 결제 시스템과의 연동, 물류 시스템 효율화, 개인 맞춤형 금융 서비스 등이 유망하다. 높은 교육열과 디지털 기기 보급률 증가는 온라인 교육 플랫폼과 학습 콘텐츠 개발 등 에듀테크 분야의 성장을 촉진한다. 젊은 세대의 외식 문화 확산과 온라인 음식 배달 서비스 이용 증가는 푸드테크 분야의 성장을 견인할 것이다. 특히 환경 문제에 대한 인식이 높아짐에 따라 재생 에너지, 폐기물 처리, 지속 가능한 농업 기술 등 친환경 기술 분야의 수요가 증가할 것으로 예상되며, 스마트 시티 개발 계획에 따라 스마트 빌딩 관리, 스마트 교통 시스템, 에너지 관리 등 관련 기술을 보유한 스타트업에 기회가 될 것으로 생각된다.

베트남 시장은 높은 성장 잠재력을 가지고 있으나, 성공적인 시장 진입을 위해서는 현지 문화에 대한 깊은 이해와 그에 맞는 제품 개발이 선행되어야 한다. 다행히 한국어에 대한 관심 확대로 통역과 소통이 가능한 인구가 의외로 많아 진입 초기에 소통 장벽을 완화하는 데 도움이 되리라 여겨진다. 한편 베트남은 무역·통관 관련 규제 및 절차의 복잡성과 일부 불합리한 관행을 고려하여, 신뢰할 수 있는 현지 파트너십을 조기에 구축하는 것이 무엇보다도 중요하다.

결론적으로 베트남은 현재의 놀라운 성장세를 바탕으로 미래에도 밝은 전망을 가진 매력적인 시장이다. 특히 혁신적인 기술과 아이디어를 가진 한국 스타트업이 다양한 분야에서 진출 기회를 엿볼 수 있는 곳이다. 다만 철저한 시장 조사, 단계적 현지화 전략 수립으로 잠재적 위험 요소를 최소화하고 성공 가능성을 높여야 한다.

다음으로 메콩강 유역 국가로 CLM 지역이라고 불리는 캄보디아·라오스·미얀마는 씨앗을 뿌려야 하는 시장'이다. 시장 조사를 꾸준히 하고 기회를 탐색하는 것이 적합하다. 이 국가들과 인접한 태국은 동남아시아에서 상위권의 경제 규모와 꾸준한 경제 성장세를 바탕으로 매력적인 시장으로 떠오르고 있다. 젊은 인구 구조와 높은 스마트폰 보급률이 디지털 경제 성장의 잠재력을 높이고 있고, 정부 차원의 스타트업 육성 정책도 다양하게 추진되고 있다. 한국에 비교적 익숙하나, 일본 기업 및 브랜드에 매우 친화적이라 우리나라 기업과 경쟁 구도가 강한 것을 고려하면 스타트업이 성공하기까지 상당한 시간과 노력이 필요한 시장임을 유념해야 한다.

변방의 시장을 벗어난 중앙아시아

지난 3년간 유라시아청년아카데미 리딩 멘토로 활동하며 중앙아시아의 삼국(우즈베키스탄, 키르기스스탄, 카자흐스탄)을 매년 방문했다. 엄선하여 선발된 한국 대학생들과 함께 현지에서 창업 가능성을 탐색하며 매년 놀라운 변화를 목격했다. 이 지역은 더 이상 변방의 시장이 아니다. 전 세계적인 공급망 재편과 탈중국화 흐름 속에서 새로운 생산기지이자 소비 시장으로 빠르게 부상하고 있다.

많은 기업인이 중앙아시아 하면 여전히 '물류 리스크'와 '언어 장벽'을 떠올린다. 하지만 현장에서 확인한 현실은 달랐다. 30년 전 진출한 에코비스가 구축한 탄탄한 물류망, 한국어를 구사하는 현지 인재의 증가, 코트라KOTRA와 코이카KOICA의 적극적인 지원 체계는 과거의 리스크를 상당 부분 해소하고 있다. 특히 한류 열풍으로 한국 기업과 한국 상품에 대한 신뢰도가 높아지면서, 이제는 먼저 진입하는 기업이 시장을 선점할 수 있는 골든타임이 도래했음을 실감했다.

중앙아시아 소비자는 한국 브랜드를 높은 품질과 신뢰성의 상징으로 인식하고 있다. 삼성, LG 등 한국 대기업이 이미 시장에서 강력한 입지를 구축해 한국산 제품에 대한 신뢰 형성에 기여했기에, 한국 스타트업도 이러한 브랜드 프리미엄을 활용할 수 있다. 특히 젊은 세대를 중심으로 케이팝, K-드라마에 대한 관심이 높아지면서 한국 문화 전반에 대한 친밀감과 제품에 대한 선호도가 크게 증가했다. 이런 문화적 친밀감은 한국 스타트업의 현지 시장 진입에 큰 도움이 된다.

우즈베키스탄은 중앙아시아 심장부에 위치한 인구 약 3,700만 명의 내륙 국가다. 1991년 구소련으로부터 독립한 뒤, 2016년 미르지요예프 대통령 집권 이후 급격한 경제 개혁과 대외 개방 정책을 추진해 왔다. 국토 면적은 한국의 약 4.5배이며, 풍부한 천연자원과 젊은 인구 구조를 바탕으로 높은 성장 잠재력을 보유하고 있다. 수도 타슈켄트를 중심으로 사마르칸트, 부하라 등 고대 실크로드의 거점 도시들이 발달했으며, 그 도시들은 오늘날에도 경제와 문화의 중심지 역할을 하고 있다. 지정학적으로 우즈베키스탄은 중국, 러시아, 유럽을 연결하는 교통 요충지로, '신실크로드' 구상에서 전략적 비중이 크다.

우즈베키스탄 경제는 최근 들어 놀라운 성장세를 보이고 있다. 1인당 GDP 3,900~4,100불, 물가 상승률은 9~10% 내외이며, GDP 성장률은 2023년 6.3%, 2024년 6.5%였다. 다만 2025년도 전망치는 경제성장률 5.7%로 다소 둔화가 예상된다.

우즈베키스탄 경제 성장의 주요 동력은 다음과 같다. 첫째, 천연자원 기반 산업이다. 우즈베키스탄은 세계 4위의 금 생산국이자 세계 7위의 우라늄 생산국으로, 천연가스와 석유 매장량도 풍부하다. 둘째, 농업 부문이다. 우즈베키스탄은 세계 6위의 목화 생산국으로, 최근에는 과일 및 채소 수출도 급증하고 있다. 셋째, 제조업 육성 정책이다. 우즈베키스탄 정부는 수입 대체와 수출 증대를 목표로 자동차, 화학, 섬유 등 다양한 제조업 분야에 대한 투자를 확대하고 있다.

우즈베키스탄 정부는 지역 및 산업의 디지털화로 국가경쟁력을 높이기 위해 2020년부터 '디지털 우즈베키스탄 2030' 전략으로 전자정부 시스템 구축과 산업, 교육 및 인프라의 디지털화를 추진하고 있다. 이는 단순한 기술 도입을 넘어서 국가 단위의 디지털 생태계를 구축하겠다는 강력한 의지의 표현이다. 우즈베키스탄 정부는 ICT 산업 육성을 위해 우즈베키스탄 IT파크를 설립했다. IT파크는 단순한 입주 공간을 넘어 연구 개발, 창업 보육, 교육 훈련을 종합적으로 지원하는 혁신 생태계의 허브 역할을 하고 있다. 세금 감면, 간소화된 행정 절차, 인재 양성 프로그램 등 다양한 혜택을 제공하여 국내외 ICT 기업들의 진출을 적극적으로 유치하고 있다.

현지에서 촬영한 우즈베키스탄 IT파크

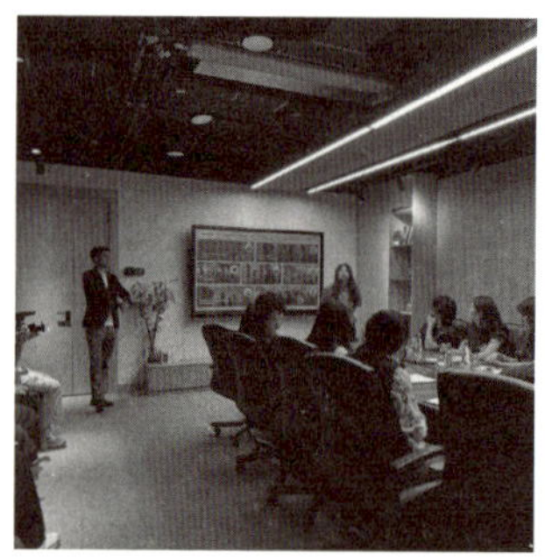

우즈베키스탄에서 특히 주목할 만한 것은 코이카가 2023년에 '우즈베키스탄 상공회의소 기술 기반 창업 촉진 센터 역량강화사업'의 일환으로 우즈베키스탄에 스타트업 지원 센터(U-ENTER)을 건립했다는 점이다. 이는 우즈베키스탄과 한국의 협력을 통한 창업 생태계 구축의 실질적인 성과로, 한국 스타트업이 우즈베키스탄 시장에 진출할 때 중요한 거점 역할을 할 것으로 기대된다. 간편 결제, QR 코드 결제, 모바일 뱅킹 솔루션 등 한국의 핀테크 기술은 현지 금융 인프라의 고도화 흐름과 맞물려 시장에서 큰 경쟁력을 가질 수 있다. 토스, 카카오페이 등 한국의 성공 모델을 현지 규제와 사용자 특성을 감안해 현지화한다면 차별화된 경쟁 우위를 확보할 수 있다.

우즈베키스탄의 전자상거래 시장은 아직 초기 단계지만, 코로나19 이후 타슈켄트와 같은 대도시를 중심으로 수요가 빠르게 증가하고 있다. 그러나 물류 인프라의 부족과 결제 시스템의 미비로 인해 아직 시장이 충분히 성장하지 못한 상황이다. 한국 스타트업이 보유한 전자상거래 플랫폼 구축 기술, 물류 최적화 솔루션, 창고 관리 시스템 등은 이 시장에서 큰 기회를 만들어낼 수 있다. 특히 쿠팡이나 마켓컬리 같은 한국의 혁신적인 물류 모델을 참고해 적용한다면 현지에서 차별화된 경쟁력을 확보할 수 있을 것이다.

우즈베키스탄은 인구의 약 60%가 30세 이하로, 젊은 인구층이 두텁다는 것이 특징이다. 이들은 신기술 수용성이 높고 교육 투자 의지가 높아, 특히 영어·IT·직업 교육에 대한 수요가 급증하고 있다. 한국 에듀테크 기업의 개인화 학습 시스템, AI 기반 학습 분석, 게이미피케이션Gamification 기법 등은 우즈베키스탄 교육 시장에 혁신을 가져올 수 있다. 최근 K-콘텐츠에 대한 관심이 높아지면서 한국어 학습 수요도 크게 증가하고 있다.

의료 분야는 여전히 아날로그 시스템 의존도가 높아 디지털 전환에 대한 수요가 크다. 전자의무기록EMR, 원격 진료, 의료 빅데이터 분석 등 의료 IT 솔루션에 대한 관심이 점차 확대되고 있으며, 특히 만성질환 관리, 건강관리 앱, 의료진 교육 플랫폼 등이 현지에서 높은 관심을 받을 것으로 예상된다. 한국의 우수한 의료 IT 기술과 현지 스타트업의 시장 개발 역량을 결합한다면, 의료 서비스의 질적 향상과 함께 새로운 시장 기회를 창출할 수 있을 것이다.

농업 분야에서는 스마트팜 기술, IoT 센서, 드론, 정밀농업 솔루션 등 한국의 농업 기술이 우즈베키스탄의 농업에 크게 기여할 수 있다. 특히 목화와 과일 생산에서 생산성 효과가 클 것으로 기대된다.

우즈베키스탄에서 한류는 단순한 문화 현상을 넘어서 경제적 기회를 창출하는 중요한 요소로 작용하고 있다. 케이팝, K-드라마, K-뷰티에 대한 현지인의 관심이 높아지면서 한국 제품에 대한 선호도가 크게 증가했다. 특히 젊은 세대를 중심으로 한국어 학습 열풍이 일고 있으며, 한국 문화에 대한 동경이 한국 기업 제품에 대한 신뢰로 이어지고 있다. 이런 문화적 친밀감은 한국 스타트업이 현지 시장에 진출할 때 진입 장벽을 낮출 수 있다.

올해 IT파크를 직접 방문해 설명을 들을 수 있는 기회가 있었는데, 영어로 발표하는 담당자를 보면서 언어 문제를 해결하려는 의지가 엿보였다. 우즈베키스탄의 공용어는 우즈베크어이며, 러시아어도 널리 쓰인다. 영어를 구사할 수 있는 인력은 제한적이므로, 의사소통에 어려움을 겪을 수 있다. 특히 정부 기관이나 전통적인 산업 분야에서는 우즈베크어나 러시아어 구사 능력이 사실상 필수적이다.

또한 문화적으로는 이슬람 문화권의 특성을 이해하는 것이 중요하다. 라마단 기간과 종교 축제 일정을 고려한 사업 계획 수립이 필요하다. 현지인들과 신뢰를 쌓는 데에도 상당한 시간이 소요된다는 점을 감안해야 한다.

우즈베키스탄은 해상 운송이 불가능한 이중 내륙국가로, 물류 측면에서 지리적 제약을 안고 있다. 철도와 항공이 주요 운송 수단이지만, 해상에 비해 운송비가 상대적으로 매우 높은 편이고 대부분 중국이나 러시아를 경유해야 하는 경우가 많아 지정학적 리스크도 함께 고려해야 한다. 전력과 인터넷 인프라는 수도 타슈켄트 중심으로는 비교적 안정적이나, 지방 도시나 외곽 지역은 여전히 불안정한 편이다. 특히 IT 기업이나 디지털 서비스 기반 스타트업은 안정적인 전력과 고속 인터넷이 필수이므로 진출 지역을 선택할 때 인프라 현황을 면밀히 검토해야 한다.

우즈베키스탄은 높은 교육열과 젊은 인구 구조를 바탕으로 우수한 인재 풀을 보유하고 있다. 특히 수학, 과학 분야의 기초 교육 수준이 높아 IT 인재 양성에 유리한 환경이다. 하지만 실무 경험이 풍부한 고급 인재는 부족하며, 특히 마케팅, 영업, 프로젝트 관리 등 비즈니스 스킬을 갖춘 인재를 확보하기는 쉽지 않다. 따라서 현지 인재 교육과 역량 개발에 대한 장기적인 투자가 필요하다.

우즈베키스탄 진출 시 가장 중요한 것은 신뢰할 수 있는 현지 파트너를 발굴하는 것이다. 정부 관계, 시장 이해, 유통 및 영업 측면에서 현지 파트너의 역할이 결정적이다. 단순한 판매 대리점을 넘어 함께 공동의 목표를 공유하며 함께 성장할 수 있는 전략적 동반자를 선택해야 한다. IT 분야의 경우 우즈베키스탄 IT파크나 현지 대학과의 협력을 통해 현지 기술 인력을 확보하고 공동 연구 개발을 추진하면, 현지 시장에 맞는 솔루션을 개발하고 동시에 진출 비용을 절감할 수 있다.

우즈베키스탄은 아직 신흥 시장이므로 한 번에 큰 투자를 집행하기보다는 단계적으로 접근하는 것이 현명하다. 먼저 소규모 시장 테스트로 현지 수요를 검증하고, 성공 가능성이 확인되면 본격적으로 투자를 확대하는 방식이 효과적이다. 초기에는 수출이나 라이선싱으로 시장을 탐색하고, 이후 현지 사무소 설립, 합작 투자, 직접 투자 순으로 점진적으로 투자를 확대하는 방식이 효과적이다. 특히 타슈켄트에 위치한 코트라 사무소를 적극적으로 활용하면 시행착오를 줄이고 시장 진출 성공률을 높이는 데 도움이 된다.

또한 한국 정부는 우즈베키스탄에 대한 ODA 지원을 확대하고, 코이카와 함께 다양한 협력 사업을 진행하고 있다. 이를 연계하여 시장에 진출하면 초기 리스크를 줄이고 안정적인 사업 기반을 마련하는 데 도움이 된다. 특히 창업 지원, 기술 이전, 인력 양성 등의 프로그램을 적극 활용하면 현지 산업 생태계에 기여하면서 동시에 실질적인 비즈니스 기회를 창출할 수 있어 효과적인 전략이 될 수 있다.

우즈베키스탄은 한국 스타트업에게 매력적인 기회의 땅이다. 급속한 경제 성장, 젊은 인구 구조, 정부의 강력한 디지털 전환 의지, 한류에 대한 높은 관심은 한국 기업에 유리한 사업 환경을 제공한다. 특히 핀테크, 전자상거래, 에듀테크, 헬스케어, 농업 기술 분야에서 한국 스타트업의 혁신적인 솔루션은 현지의 문제를 해결하면서 동시에 새로운 성장 동력을 만들어낼 수 있다.

다만 성공적인 진출을 위해서는 철저한 시장 조사와 체계적인 현지화 전략이 필수적이다. 언어 및 문화의 차이, 규제 환경, 인프라 제약 등의 요소를 극복하고, 신뢰할 수 있는 현지 파트너와 협력하여 지속 가능한 비즈니스 모델을 구축해야 한다. 우즈베키스탄은 아직 미개척 분야가 많은 블루오션인 만큼, 선제적으로 진출해 시장을 선점한다면 장기적으로 큰 성과를 거둘 수 있을 것이다. 특히 한국과 우즈베키스탄 양국 정부 간 전략적 협력 관계가 강화되고 있는 지금이야말로 진출의 적기다. 한국 스타트업이 가진 혁신 DNA와 우즈베키스탄의 성장 잠재력이 결합한다면, 양국 모두에게 윈윈이 되는 새로운 성공 스토리를 만들 수 있을 것이다.

우즈베키스탄 진출 단계 및 전략

구분	내용
권장 진출 단계	1단계: 파일럿 · 파트너 테스트(적극적인 코트라 활용) 2단계: 현지 유통망 구축 3단계: 생산 · 운영 거점 설립 4단계: 정부 정책 · 인센티브 연계
활용 가능한 정책	디지털 전환 및 제조업 육성 정책 스타트업 지원 정부 협력 사업
진출 교훈	현지화, 시장 적응, 신뢰 관계, 장기 관점

| 상당한 도전이 요구되는 키르기스스탄 진출 |

키르기스스탄은 중앙아시아 동부에 위치한 인구 약 700만 명의 내륙 국가다. 1991년 구소련으로부터 독립한 이후 민주주의 체제를 유지하고 있으며, 중앙아시아 국가 중 정치적 자유도가 비교적 높은 편이다. 수도는 비슈케크이고, 공용어는 키르기스어와 러시아어다.

경제적으로는 2023년 연간 GDP 성장률 9%를 기록했으며, 2024년 3분기 누적 GDP 성장률 9.4%라는 높은 성장률을 달성했다. 하지만 IMF 기준으로 2024년 1인당 GDP는 2,400~2,500달러다. 이는 중앙아시아 국가 중 타지키스탄을 제외하면 낮은 수치이다.

한국과 키르기스스탄의 외교 관계는 2007년 1인 공관 개설과 2008년 상주 대사관 개설로 본격화되었다. 현재 키르기스스탄에는 약 2만 명의 한국계 인구가 거주하며, 이 중 약 1.2~1.9만 명이 고려인이다.

2024년 총 신고액 기준으로 한국의 대對 키르기스스탄 투자는 2억 1,800만 달러에 달하며, 양국 간 교역 규모는 17억 8,800만 달러를 기록했다. 키르기스스탄은 여전히 현금 중심 경제 구조라 은행 계좌 보유율이 낮다. 특히 농촌 지역의 금융 접근성이 매우 제한적이어서 모바일 금융 서비스에 대한 잠재 수요가 크다. 이러한 환경에서 한국의 간편결제, 소액 송금, 디지털 지갑 기술은 키르기스스탄의 금융 포용성 확대에 실질적으로 기여할 수 있다.

농업 부문은 키르기스스탄 경제에서 차지하는 비중이 크지만, 생산성이 낮고 기후 변화에 취약한 문제가 있다. 이에 대한 대응으로 한국의 스마트팜 기술, 정밀농업 솔루션, 농업용 IoT는 현지 농업 혁신에 큰 도움이 될 수 있다. 특히 목축업 비중 역시 높은 점을 고려할 때 축산 관리 기술도 유망하다.

전자상거래 인프라는 아직 매우 미비하여 전자상거래 플랫폼과 배송 시스템 구축이 필요하다. 하지만 전반적인 구매력이 낮고 인터넷 인프라가 제한적이므로 현지 실정에 맞는 저비용 솔루션이 필요하다. 또한 젊은 인구층의 비중은 높지만, 교육 인프라가 부족해 IT 기술, 외국어(한국어 포함), 직업 기술 교육에 대한 수요가 증가하고 있다. 그러므로 온라인 교육 플랫폼과 직업 훈련 프로그램은 좋은 기회가 될 수 있다.

또한 수력 자원과 일조량이 풍부해 바탕으로 재생에너지 개발 잠재력도 높다. 한국의 태양광·풍력 기술, 에너지 저장 시스템, 스마트 그리드 솔루션이 활용될 수 있다.

이렇듯 키르기스스탄 시장은 기회보다는 제약이 많은 시장으로 보인다. 낮은 구매력과 인터넷을 포함한 전력 등의 취약한 인프라, 인구 약 700만 명의 소규모 시장을 감안할 때 코이카를 중심으로 한 ODA 사업 등과 연계한 진출 전략이나 러시아나 카자흐스탄으로의 확장을 위한 교두보로 삼는 전략이 현실적이다. 언어적 측면에서는 장벽이 있으나 키르기스어의 어순이 한국어와 유사해 한국어 구사가 가능한 인구가 점차 늘고 있다. 정치적 측면에서는 현 정부의 강력한 개혁·개방 정책과 도로를 포함한 사회 기반 시설의 확충으로 도시 곳곳이 공사 현장으로 변해가고 있음을 볼 수 있었다. 현지 대사관을 방문했을 때 대사님도 강력한 사회 기반 시설 확충과 비즈니스 환경 개선으로 여건이 좋아질 것으로 예측했다. 앞으로 향후 물리적 인프라나 비즈니스 환경이 개선될 것으로 예상된다.

결론적으로 키르기스스탄은 젊은 인구와 전략적 위치, 천연자원 기반의 성장 잠재력을 지닌 신흥 시장이지만, 경제 인프라 부족과 제도적 미비, 인재 및 자본의 제약 등 상당한 도전이 요구되는 국가이다.

키르기스스탄 진출 단계 및 전략

구분	내용
권장 진출 단계	1단계: 소규모 진입 테스트 2단계: 현지 판매 채널 확장 3단계: 생산 · 운영 기반 구축 4단계: 정부 · 기관 연계 확장 및 지원
활용 가능한 정책	산업 다각화 지원 디지털 · 스타트업 정책 활용 정부 협력 사업
진출 교훈	점진적 진출, 네트워크, 공공 협력, 장기 관점

┃ 중앙아시아 최대의 경제대국 카자흐스탄 ┃

카자흐스탄은 중앙아시아의 북쪽 중심부에 위치하며, 러시아·중국·우즈베키스탄·키르기스스탄 등과 국경을 접하는 국가로 세계에서 9번째로 넓은 국토(272만 km²)와 약 2,000만 명의 인구를 보유한 중앙아시아 최대의 경제대국이다. 1991년 구소련으로부터 독립한 이후 석유, 천연가스, 우라늄 등 풍부한 천연자원을 바탕으로 꾸준한 경제 성장을 이뤄왔다. 카자흐스탄 정부는 연 6%의 안정적인 경제성장률 달성을 목표로 정책을 추진하고 있으며, 2024년 연간 GDP 성장률은 4.8%, 1인당 GDP는 2024년 기준 약 14,291달러로, 중앙아시아에서 가장 높은 소득 수준을 유지하고 있다.

카자흐스탄은 유럽과 아시아를 연결하는 교통 요충지로, '신新실크로드' 프로젝트의 핵심에 위치하고 있다. 중국의 일대일로BRI 사업과 러시아의 유라시아경제연합EAEU에 모두 참여하면서 동서양을 연결하는 물류 허브로 부상하고 있다. 또한 지리적으로 카자흐스탄은 한국에서 항공 기준 5~6시간 거리에 위치해 물리적 접근성이 좋아 관리가 비교적 용이하며, 이러한 지정학적 위치는 한국 스타트업이 카자흐스탄을 교두보로 삼아 중앙아시아 전체를 시장으로 확장할 수 있는 기회를 제공한다.

카자흐스탄은 수도 아스타나와 가장 큰 도시 알마티를 중심으로 현대적인 도시 인프라가 발달했다. 특히 아스타나 국제금융센터Astana International Financial Center, AIFC는 중앙아시아 지역의 금융 허브로 자리매김하고 있다. 카자흐스탄의 금융 시장은 여전히 전통적인 은행 중심으로 운영되고 있어 핀테크 혁신의 여지가 크다. 특히 AIFC는 영국 법률을 기반으로 한 독립적인 금융 규제 체계를 갖추고 있어 핀테크 실험과 혁신을 시도하기에 유리한 환경이다.

카자흐스탄은 '디지털 카자흐스탄 2025' 전략을 통해 국가 전반의 디지털화에 집중하고 있다. 주요 정책 분야는 전자정부, 디지털 인프라 구축, 사이버 보안 강화, 디지털 역량 및 스킬 향상 등으로, 2025년까지 디지털 경제의 GDP 비중을 8.2%까지 높이는 것이 목표다. 최근에는 웹3 교육 프로그램, 디지털 자산 토큰화 인프라, 블록체인 기반 디지털 자산 생태계 구축에도 힘쓰고 있다.

이러한 움직임과 더불어 카자흐스탄에서는 모바일 결제와 디지털 지갑, P2P 송금 및 국제 송금, 중소기업 대상 디지털 대출, 암호화폐·블록체인 기반 금융 서비스, 보험테크 및 위험 관리 등 다양한 디지털 금융 솔루션의 발전이 두드러지고 있다. 이는 현지 정부와 글로벌 IT 기업인 솔라나 파운데이션Solana Foundation 등의 협력 아래 추진되고 있다는 점에서 중앙아시아 내 가장 주목받는 디지털 혁신 사례로 평가받고 있다.

카자흐스탄의 스마트폰 보급률은 80% 이상이고 젊은 인구층의 디지털 친화성이 높아 한국의 우수한 핀테크 기술과 사용자 경험(UX) 노하우가 현지에서 강한 경쟁력을 발휘할 수 있다.

카자흐스탄은 세계에서 여섯 번째로 넓은 약 2억 1,380만 헥타르의 농지 면적을 보유하고 있다. 그러나 생산성과 품질 측면에서는 개선의 여지가 크며, 제조업 생산액은 GDP의 약 13%로 인접국인 러시아나 우즈베키스탄에 비해 낮은 편이다. 이러한 배경에서 카자흐스탄은 경제 다각화를 위해 농업 기술 혁신에 중점을 두고 있으며, 정밀농업과 스마트팜 시설 구축, 농업용 드론 및 IoT 센서 시스템 도입, 농작물 모니터링 및 예측 분석 솔루션 개발, 스마트 축산 관리 시스템 운영, 농업 빅데이터 플랫폼 구축 등을 추진 중이다. 카자흐스탄의 주력 농산물인 밀, 보리, 해바라기씨 등의 생산성 향상과 품질 관리를 위한 한국의 스마트팜 기술 도입이 시급히 필요한 상황이다.

카자흐스탄은 석유와 천연가스 등 화석연료의 의존도가 높지만, 최근 재생에너지 전환을 적극적으로 추진하고 있다. 풍부한 태양광 및 풍력 자원을 활용한 신재생에너지 개발에 대한 정부의 지원도 확대되는 추세다. 이 흐름 속에서 한국의 재생에너지 기술과 에너지 효율 솔루션은 카자흐스탄의 에너지 전환 정책과 부합하므로, 기회를 모색할 만한 가치가 있다.

의료 분야는 여전히 구소련 체제의 잔재가 남아 있어 현대화가 시급하다. 특히 원격지 의료 서비스와 디지털 헬스케어 솔루션에 대한 수요가 급증하고 있어, 한국의 우수한 의료 IT 기술과 현지 스타트업의 역량을 결합하면 카자흐스탄 시장에서 의미 있는 성과를 거둘 수 있을 것이다.

교육 분야에서도 최근 투자가 확대되고 있으며, 특히 디지털 교육과 직업 훈련에 대한 관심이 높아지고 있다. 인구 구조상 청년층 비중이 높고 정부가 정책적으로 IT 인재 양성에 지원하고 있어 에듀테크 시장의 성장 잠재력이 크다.

한국과 카자흐스탄은 2024년에 '전략적 동반자 관계'를 한층 강화했으며, 양국 정부는 과학 기술, 디지털, 에너지 등 다양한 분야에서 협력을 확대하고 있다. 이러한 정부 차원의 협력은 민간 기업과 스타트업의 시장 진출에 유리한 환경을 조성한다.

그러나 카자흐스탄은 법률 체계가 자주 바뀌는 편이다. 특히 외환 규제, 세무 정책, 노동법 등 핵심 규제가 예고 없이 변경되는 경우가 있어 현지 진출 시 전문가와 지속적으로 모니터링하며 규제 리스크를 면밀히 검토해야 한다. 금융, 통신, 미디어 분야 역시 정부가 통제하는 강도가 높으므로 해당 업종으로 진출 시 신중한 접근이 필요하다. 또한 러시아와의 관계나 지정학적 변화에 따라 정책이 좌우될 수 있다는 점도 고려해야 한다.

언어 측면에서도 준비가 필요하다. 카자흐스탄의 국어는 카자흐어지만, 러시아어가 사실상 공용어로 널리 쓰인다. 영어 구사 인력은 젊은 세대와 금융·IT 등 전문 분야에 제한되어 있어 의사소통에 어려움을 겪을 수 있다. 종교·문화적으로는 이슬람 문화권이지만, 구소련의 영향으로 세속적인 성향을 보인다. 또한 전통적인 관습이 강하게 유지되는 지역도 있으므로 현지 문화에 대한 이해가 필요하다.

카자흐스탄은 높은 교육 수준을 자랑하지만, 실무 경험이 풍부한 고급 인재는 부족한 편이다. 반면에 한국어 교육 열풍으로 한국어 구사가 가능한 인력을 구하기가 쉽다. 특히 성공한 기업인들 가운데 고려인이 많아 스타트업이나 중소기업이 시장 진입을 위한 현지 조사나 바이어 발굴 등을 하는 데 용이한 편이다.

카자흐스탄 진출 시 가장 중요한 것은 신뢰할 수 있는 현지 파트너를 찾는 것이다. 정부 관계, 시장 이해, 유통 영업 측면에서 현지 파트너의 역할이 결정적이다. AIFC는 영국 법률 기반의 독립적인 규제 체계를 갖추고 있어 외국 기업이 진출하기에 유리하다. 세제 혜택, 간소화된 행정 절차, 영어 사용 환경 등의 장점을 활용할 수 있다. 처음부터 큰 투자를 하기보다는 시장 테스트를 통해 점진적으로 투자 비율을 확장하는 것이 현명하다.

카자흐스탄 진출 단계 및 전략

구분	내용
권장 진출 단계	1단계: 코트라의 도움으로 현지 파트너를 통한 제품 및 서비스 테스트 2단계: 현지 판매 법인 설립 3단계: 생산 또는 개발 거점 구축 4단계: 지역 허브로 확장. 카자흐스탄 정부의 '디지털 카자흐스탄 2025' 전략이나 경제 다각화 정책과 연계된 사업 추진
활용 가능한 정책	디지털화 관련 국가 프로젝트 참여 산업 다각화 지원 프로그램 활용 스타트업 육성 정책 연계 한국-카자흐스탄 정부 간 협력 사업 참여
진출 교훈	현지화의 중요성: 글로벌 표준보다는 현지 실정에 맞는 솔루션 개발 관계 중심의 비즈니스: 개인적 신뢰 관계 구축에 충분한 시간 투자 필요 정부와의 협력: 민관 협력을 통한 안정적 사업 기반 구축 인내심과 장기적 관점: 즉각적인 수익 기대보다 시장 구축에 집중해야 함

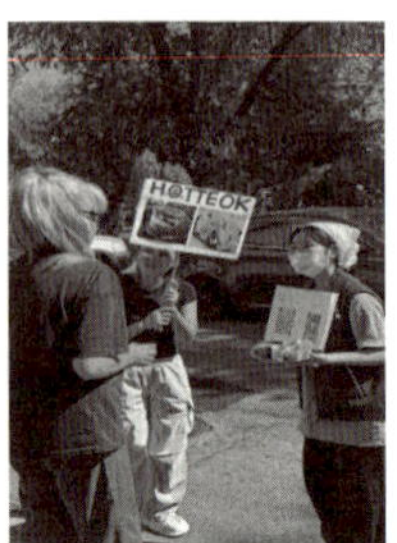

카자흐스탄에서 고려인이 경영하는 대표적인 기업인 신라인그룹 Shin-Line Group은 중앙아시아 최대 아이스크림 제조업체이자 카자흐스탄 시장 점유율 40~49%, CIS 5위, 연매출 2.3억~2.5억 달러 규모의 식품 기업이다. 이 기업의 공장은 일일 최대 1,000톤, 연간 30,000톤 이상의 생산 능력을 갖추고 있으며, 최신 자동화·AI·로봇 시스템을 적용한 3개의 생산 홀로 구성되어 있다. 신라인그룹은 국제 아이스크림 생산 업체 순위에서는 2023년 기준 글로벌 36위, 중앙아시아·CIS 5위로 글로벌 산업 분석 전문 기관인 유로모니터 공식 통계에 등재되어 있다. 또한 단일 공장 기준 파스퇴라이징 설비와 자동화 면적 등 특수지표에 의하면 생산 능력 기준 세계 1위 공장이기도 하다. 특히 콜드체인망을 완벽하게 갖추고 있고 중앙아시아 일대 35,000여 개의 매장에서 아이스크림을 판매하고 있는 거대한 식품 물류 그룹으로, 현지에서 충분한 협력과 도움을 받을 수 있다.

신라인그룹과 한국의 BGF 리테일은 2024년 프랜차이즈 계약을 통해 알마티시에 CU 편의점 40여 개 지점을 오픈했다. 이 매장들은 현지인에게 새로운 경험을 제공하며 K-마트의 첨병 역할을 하고 있다. 이 프로젝트가 성공한 데는 코트라의 도움이 결정적이었다고 한다.

내가 인솔했던 유라시아청년아카데미 대학생 팀은 CU 편의점의 협조를 받아 호떡 시식회를 진행했다. 시식회가 현지에서 폭발적인 반응을 얻은 결과 CU 공식 인스타그램 계정에 소개되는 성과를 얻었다.

기업인의 시각에서 바라본 중앙아시아는 영어가 잘 통하지 않는다는 언어 문제, 내륙 국가 특성상 존재할 수 밖에 없는 물류 리스크 등 도전 과제가 많은 지역으로 평가되지만, 매년 빠른 속도로 변화하고 있음을 체감한다. 또한 물류 리스크는 30년 전에 진출한 한국 기업 에코비스가 구축한 탄탄한 물류망과 네트워크를 활용하면 충분히 극복할 수 있다. 특히 식품 제조 관련 스타트업은 신라인그룹에서 건설하고 있는 식품 클러스터 내에 입주하여 현지화 및 판로 개척에 대한 도움과 협력을 받을 수 있다.

최근 들어 많은 한국 기업과 스타트업이 중앙아시아에 진출하거나 코트라 등 유관 기관에 진출을 상담하고 있다. 이는 중앙아시아에 진출하고자 하는 움직임이 실질적으로 증가하고 있음을 시사한다. 물류나 언어의 문제 등 흔히 리스크로 지적되는 요인은 상당 부분 해소되어가고 있다. 알마티의 아블라이한 세계언어대학교의 한국어학과가 가장 인기가 높은 것도 언어 소통 관점에서 긍정적인 효과를 줄 것이라 예측된다. 결론적으로 장기적인 면에서 한국의 스타트업이 진출할 여지가 충분한 지역이라 생각된다.

중앙아시아는 더 이상 변방의 시장이 아니다. 전 세계적인 공급망 재편, 탈중국화 흐름 속에서 새로운 생산기지 및 소비 시장으로 부상하고 있다. 특히 디지털 인프라 확충과 정책적 지원이 맞물리며 디지털 전환이 가속화되고 있다. 이는 혁신적인 기술과 비즈니스 모델을 보유한 스타트업에게 무한한 기회가 펼쳐질 수 있다는 의미이다.

# 주류 시장으로 건너가기 위해 캐즘을 극복하라

대부분의 스타트업이 초기에 시장 진입을 위한 다양한 플랫폼을 이용한다. 미국의 킥스타터나 인디고고, 일본의 마쿠아케, 한국의 와디즈, 텀블벅 등의 크라우드펀딩 플랫폼이나 공동 구매 플랫폼인 카카오 메이커스 등이 그것이다. 이런 플랫폼들을 통해 초기 시장 진입에 성공하는 사례가 있는가 하면 주류 시장으로 진입하지 못하고 머무르거나 멈추는 사례도 많다. 지금부터 왜 스타트업 제품이 초기 시장 진입 후 주류 시장으로 건너가지 못하는지, 초기 시장과 주류 시장 사이의 깊은 틈새를 이해하고 이를 극복하기 위한 방안은 무엇인지 알아보고자 한다.

캐즘Chasm은 제프리 무어Geoffrey Moore가 1991년 출간한 『캐즘 마케팅 Crossing the Chasm』에서 처음 제시한 개념으로, 혁신적인 제품이 초기 시장에서 주류 시장으로 진입할 때 직면하는 '깊은 틈새'를 의미한다. 제프리 무어는 에버렛 M. 로저스Everett Rogers의 '혁신 확산 이론Diffusion of Innovation'을 기술 제품 맥락에 적용했으며, 얼리어댑터(초기 수용자)와 실용주의자(초기 다수) 사이에 심리·사회·경제적 간극이 존재한다고 보았다. 기존의 혁신 확산 이론은 소비자 집단을 혁신자, 얼리어댑터, 실용주의자, 보수주의자, 회의론자로 구분하고, 이들 사이의 전환이 비교적 자연스럽게 이루어진다고 가정했다. 그러나 무어는 첨단 기술 제품의 경우 얼리어댑터와 실용주의자는 가치 판단 기준과 구매 동기가 근본적으로 다르고, 이 둘 사이에서 비연속적 단절, 즉 캐즘이 형성된다고 주장했다.

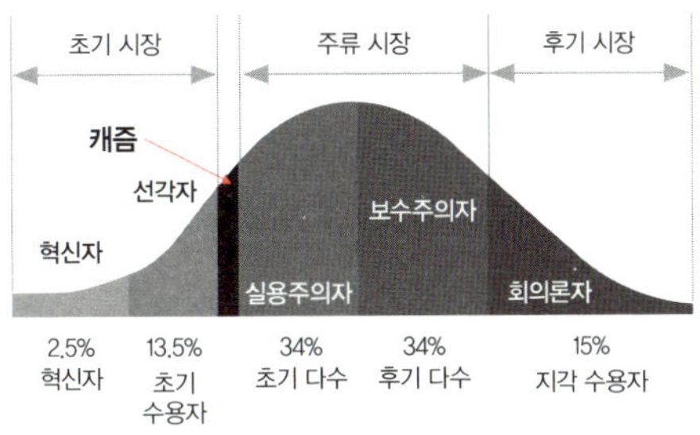

얼리어댑터는 혁신 그 자체에 가치를 두고, 다소 불완전한 제품이라도 다른 사람보다 새로운 제품을 먼저 사용하는 데서 얻는 심리적 만족과 경쟁 우위를 중시한다. 반면 실용주의자는 실용성과 안정성을 최우선으로 하고, 검증된 솔루션을 통해 생산성을 향상시키고자 한다. 이러한 근본적인 차이로 인해 초기 시장의 성공이 자동으로 주류 시장의 성공으로 이어지지 않는 현상, 즉 캐즘이 발생하는 것이다.

스타트업에게 캐즘은 생존과 직결되는 위기이자 기회다. 최근 전기차와 배터리 산업에서는 캐즘 구간에 대한 논의가 활발하다. 과거 혁신 수용자와 초기 시장의 급성장 이후, 실질적인 주류 시장으로 넘어가는 캐즘을 돌파하지 못하면 성장세가 둔화되고 대량 생산, 가격 경쟁, 품질 논란 등 산업 전반의 구조적 위기가 나타난다. 2023~2025년 글로벌 전기차 시장에서는 보조금 축소, 환경 규제 속도 조절, 원가 부담 등으로 인해 초기 성장률이 둔화됨과 동시에, 배터리 기업들도 유럽·미국에서 판매 증가율이 대폭 하락하는 등 실적 부진과 캐즘 현상을 직접 경험하고 있다. 특히 전기차 배터리의 주력 기술(LFP, 전고체 배터리 등)이 대중 시장 전환의 주요 변곡점으로 부상하면서, 시장 및 기술 경쟁, 가격·안정성 논쟁 등이 캐즘 극복의 핵심 이슈로 자리

잡고 있다. 많은 스타트업이 혁신자와 선각자의 열렬한 지지를 바탕으로 초기 성장을 이루지만, 두 집단은 전체 시장에서 약 16% 정도에 불과하다. 전체 시장의 약 68%를 차지하는 실용주의자와 보수주의자를 사로잡지 못하면 스타트업의 성장은 정체되고, 결국 '캐즘'에 빠져 시장에서 사라지게 된다.

캐즘은 단순한 마케팅 이슈가 아니라 제품의 포지셔닝, 핵심 타깃 고객 세그먼트, 비즈니스 모델, 가격, 유통, 조직 문화 등 기업의 모든 측면에 영향을 미치는 근본적인 전환점이다. 따라서 캐즘을 성공적으로 건너가는 것이 스타트업의 지속 가능한 성장과 장기적 성공을 결정짓는 핵심 요소다.

국내 최대의 크라우드펀딩 플랫폼은 600만 명의 회원을 보유한 와디즈다. 와디즈에서 펀딩 기간 동안 1억 원 이상의 모금액을 달성했다면 일정 수준의 시장 적합성에 도달했다고 해석할 수 있으나, 그럼에도 몇 번의 앵콜 펀딩 후 주류 시장으로 진입하지 못하는 스타트업이 적지 않다. 이는 크라우드펀딩에서 성공했다고 판단하면 다음 시장으로 진입 및 점유율 확대가 가능할 거라고 막연하게 낙관하는 경향 때문이다.

크라우드펀딩 플랫폼을 시장 진입 채널로 활용하겠다고 결정했다면 펀딩 이후 시장 확대 전략을 함께 수립해야 한다. 특히 1차 펀딩의 성공과 앵콜 펀딩에 대한 기대감에 안주해 주류 시장을 공략하는 타이밍을 놓치는 상황이 생기지 않도록 주의해야 한다. 앵콜 펀딩을 하지 말라는 뜻이 아니라, 앵콜 펀딩이 가능할 만큼 고객 반응이 있으니 이를 잘 활용하여 캐즘을 건너 주류 시장에 진입할 기회를 놓치지 말라는 뜻이다. 와디즈 등의 크라우드펀딩 플랫폼은 펀딩 금액이 목표 금액에 도달하지 못할 경우 펀딩 자체가 무산된다. 반면에 공동 구매 플랫폼인 카카오메이커스 등은 한 개라도 제품 구매가 이루어지면 매출이 발생되며 공동 구매 기간도 1주일 정도로 짧다. 그러므로 반복하여 앵콜을 할 수 있는 플랫폼으로 적극적으로 활용하여 캐즘을 넘는 징검다리로 활용해야 한다.

| 캐즘을 건널 때 마주하게 되는 과제 |

스타트업이 캐즘을 건너는 과정에는 여러 단계의 과제가 발생한다.

첫 번째 과제는 제품-시장 적합성의 재정의다. 초기 시장에서 검증된 제품-시장 적합성이 주류 시장에서는 더 이상 유효하지 않을 수 있다. 얼리어댑터는 혁신적 기능과 기술적 우수성에 열광하지만, 실용주의자는 안전성, 사용 편의성, 기존 시스템과의 통합 확장성, 완성도 높은 전체 솔루션, 검증된 사용 사례를 중시한다. 이들은 제품을 구매하기 전에 리뷰를 꼼꼼하게 살펴보고, 가격 민감도가 매우 높다는 특성을 지니고 있다.

두 번째 과제는 매출 성장의 정체 또는 하락의 리스크 관리다. 초기 시장의 포화로 인해 신규 고객 유입이 감소하고 실용주의자를 충분히 확보하지 못한 상태가 되면 재무·운영 측면에서 리스크가 발생하는 '죽음의 계곡Valley of Death'에 빠질 수 있다. 이 시기에는 스타트업에는 영업 역량과 회사 운영 시 현금 흐름 관리 능력이 시험대에 오른다.

세 번째 과제는 조직 문화와 구조의 변화다. 초기 스타트업에는 혁신과 빠른 실행을 중시하는 문화가 효과적이지만, 주류 시장 진입을 위해서는 프로세스의 체계화, 품질 관리, 고객 지원 등에 대한 투자가 필요하다. 이러한 전환은 창업 팀의 가치관과 충돌할 수 있으며, 때로는 조직 구조 개편이나 리더십 교체로 이어지기도 한다.

네 번째 과제는 비즈니스 모델의 검증과 조정이다. 초기 시장에서 유효했던 가격 체계, 수익 모델, 고객 획득 비용CAC과 고객 생애 가치 LTV의 비율 등이 주류 시장에서는 지속 가능하지 않을 수 있다. 특히 B2B 스타트업은 고객 기업의 규모와 의사 결정 구조의 차이로 인해 판매 주기가 크게 길어지는 현상을 경험하게 된다.

다섯 번째 과제는 경쟁 구도의 변화다. 초기 시장에서는 기술적 우위나 혁신성으로 경쟁 우위를 확보할 수 있지만, 주류 시장에서는 대기업이 진입하며 브랜드 인지도, 유통망, 고객 서비스 등 다양한 요소들이 경쟁력을 좌우한다. 이에 대응하기 위한 전략의 조정이 필요하다.

마지막 과제는 메시지와 마케팅 전략의 근본적인 변화다. 초기 얼리 어댑터에게 효과적이었던 기술 중심의 메시지는 실용주의자에게 공감을 얻지 못하므로, 기술적 특징보다 구체적인 혜택과 사용 사례를 강조하는 방향으로 커뮤니케이션을 전환해야 한다.

이러한 다층적인 과제는 왜 많은 스타트업이 캐즘을 건너지 못하는지 그 이유를 충분히 설명한다. 미국의 정보 기술 연구 및 자문 회사인 가트너Gartner가 개발한 하이프 사이클Hype Cycle* 가운데 '환멸 단계 Trough of Disillusionment'와 일부 중첩되는 이 단계는, 모든 스타트업의 성장 곡선에서 가장 위험하고 결정적인 국면이라 할 수 있다.

---

* 하이프 사이클(Hype Cycle) 가트너(Gartner)가 제시한 기술 성숙도 곡선으로, 새로운 기술이나 혁신이 시장에 도입된 후 겪는 5단계를 설명한다. ① 기술 촉발(Technology Trigger) → ② 부풀려진 기대의 정점(Peak of Inflated Expectations) → ③ 환멸의 저점(Trough of Disillusionment) → ④ 계몽의 오르막(Slope of Enlightenment) → ⑤ 생산성의 안정기(Plateau of Productivity) 순으로 진행되며, 초기 과대평가 후 실망 단계를 거쳐 실질적 가치가 인정받는 과정을 나타낸다.

| 캐즘을 건너기 위한 효과적인 전략 |

이제 캐즘을 성공적으로 건너기 위해 스타트업이 선택할 수 있는 가장 효과적인 전략을 구체적으로 살펴보자.

첫 번째 전략은 '볼링 앨리Bowling alley' 전략이다. 이 전략의 핵심은 주류 시장 전체를 한 번에 공략하지 않고, 특정 산업이나 용도에 특화된 좁은 틈새시장을 먼저 완벽하게 장악한 후 인접 시장으로 점진적으로 확장해나가는 것이다.

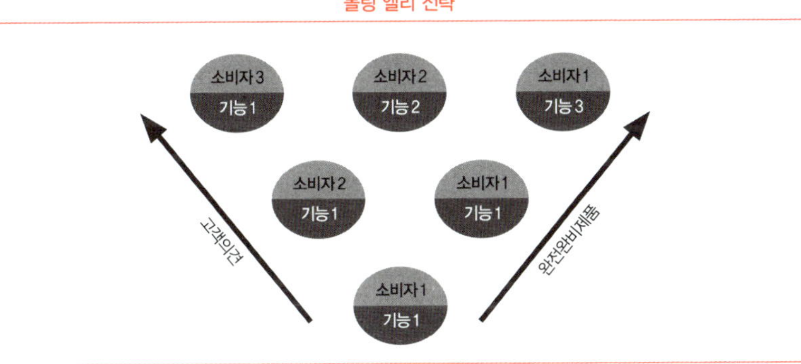

볼링에서 첫 번째 핀을 쓰러뜨리면 연쇄적으로 다른 핀들이 쓰러지듯, 하나의 틈새시장에서 이뤄낸 성공이 유사한 특성을 가진 다른 시장의 진입을 용이하게 만든다는 개념이다. 다만 모든 틈새시장이 동일한 가치를 지닌 것은 아니며, 틈새시장의 '첫 번째 핀'을 선택할 때는 다음과 같은 기준을 고려해야 한다.

- 명확한 문제와 절박한 니즈가 존재하는 시장
- 경제적 구매력을 갖춘 시장
- 경쟁이 상대적으로 약한 시장

- 빠른 의사 결정이 가능한 시장
- 성공 사례가 구전될 수 있는 시장
- 다른 틈새시장으로 확장할 수 있는 플랫폼 역할을 할 수 있는 시장

예를 들어 인터파크는 초기에 티켓, 도서, 화장품 등 특정 카테고리에 집중했고, 점차 종합 커머스 회사로 성장하였다. 명함 관리에 어려움을 겪는 직장인을 위한 모바일 명함 관리 앱으로 시작한 '리멤버'는 직장인을 위한 커리어 관리 및 네트워킹 플랫폼으로 확장했으며, 이직 정보·헤드헌팅·업계 뉴스 등 직장 생활에 유용한 기능을 추가해 서비스 영역을 넓혔다.

또한 '오늘의집'도 인테리어에 관심 있는 사람들을 위한 온라인 커뮤니티 및 정보 공유 플랫폼으로 시작했다. 오늘의집은 초기 3년간은 커머스 기능 없이 사용자들의 실제 집 사진과 인테리어 노하우 공유를 통한 콘텐츠 강화와 커뮤니티 구축에만 집중했다. 이후 강력한 커뮤니티를 기반으로 인테리어 관련 제품 판매, 시공 서비스 중개 등으로 사업을 확장하며 국내 대표적인 인테리어 플랫폼으로 성장했다. 오늘의집은 사용자의 콘텐츠를 기반으로 신뢰도 높은 커머스 경험을 제공하며 성공적으로 주류 시장을 성공적으로 공략한 사례이다.

크록스Crocs는 시장 진입 당시 '못난이 신발'이라는 부정적인 인식이 강해 캐즘을 넘기 어려워 보였다. 그러나 미국 미시간호에서 보트 항해를 즐기는 부유층을 표적 틈새시장(교두보)으로 정하고, '보트 타기에 최적화된 신발'이라는 메시지로 시장을 집중 공략했다. 이어 '하루 종일 신고 있어도 너무나 편한 신발'이라는 메시지로 병원에 근무하는 의사와 간호사 등을 집중 공략했으며, 이를 구전으로 확산시켜 주류 시장으로 제품을 확장하는 데 성공했다.

두 번째 전략은 완비 제품Whole Product 전략이다. 실제로는 '완비' 혹은 '완전'이라는 단어와는 거리가 먼 전략으로, 한마디로 부족한 사항을 계속해서 개선하는 전략이다. 이 전략은 대상 고객의 구매 이유를 충족시키기 위한 최소한의 제품 및 서비스 세트를 의미한다. 이는 출시한 제품이 고객의 모든 요구를 모두 수용한 온전한 제품이라는 생각에서 벗어나는 것에서 출발해야 한다. 예를 들어 새로운 기술이 탑재된 가전제품이 가장 우수하다는 이유만으로 고객이 구매할 것이라고 생각하는 것보다, 고객이 해당 제품에 기대하는 다른 성능이 있는지 파악하고 이를 보완해 점진적으로 주류 시장으로 나가기 위한 잠재 제품을 개발해야 한다는 의미이다.

그러려면 단순한 기술 제공을 넘어 실용주의자가 당면한 문제를 해결할 수 있는 총체적인 솔루션을 제공하는 데 집중해야 한다. 이는 제품이 가진 핵심 기능 외에도 설치, 교육, 서비스, 유지 보수 등 고객이 제품을 온전히 사용하기 위해 필요한 모든 것을 포괄하는 솔루션을 제공함으로써 구매 장벽을 낮추고 만족도를 높이는 것이다. 한마디로 고객이 즉시 실질적인 가치를 체감할 수 있도록 하는 것이 중요하다.

완비 제품은 다음 요소들로 구성된다.

- **핵심 제품**Core Product: 기술적 기능
- **기대 제품**Expected Product: 고객이 기본적으로 기대하는 요소들
- **확장 제품**Augmented Product: 경쟁 우위를 제공하는 부가 기능
- **잠재 제품**Potential Product: 미래 발전 가능성을 실현하고 완비 제품을 구현하기 위해서는 자체 개발뿐만 아니라 파트너와의 제휴를 통해 부족한 부분을 보완해야 한다.

애플은 아이폰을 판매할 때 아이폰이라는 단순히 하드웨어만 판매하는 것이 아니라, 앱 스토어, 아이클라우드, 애플케어, 정기적인 OS 업데이트, 오프라인 매장 경험 등 고객이 기대하는 전체 경험을 제공함으로써 실용주의자와 주류 시장의 신뢰를 얻었다.

테슬라는 다른 경쟁사와 차별화된 전략으로 테슬라 전기차 전용 급속 충전 시스템인 슈퍼차저 네트워크를 구축해 주행 불안감을 낮추었고, 정기적인 소프트웨어 업데이트(OTA)로 초기 구매 리스크를 줄였다. 아울러 온라인 주문 시스템과 모바일 앱 기반 차량 관리 및 서비스 예약이 가능하게 하여 사용자 중심의 편리한 프로세스를 구축했다. 또한 운전자의 감독 아래 자동차를 주행할 수 있는 자율 주행 기술(오토파일럿) 등 미래 지향적 기능은 소비자의 장기적 구매 동기를 자극했다. 테슬라는 단순히 전기차를 판매하는 것을 넘어, 충전 인프라, 소프트웨어 업데이트, 서비스 네트워크 등 전기차 사용에 필요한 모든 요소를 통합적으로 제공함으로써 주류 시장 소비자에게 구매 매력을 높이고 캐즘을 성공적으로 극복하고 있다.

세 번째 전략은 디데이D-Day 전략이다. 이 전략은 초기 시장의 성공을 발판 삼아, 주류 시장 공략의 특정 시점D-Day을 정하고, 그 시점을 목표로 모든 역량을 총집중해 대대적인 시장 진입을 시도하는 전략이다. 마치 군사 작전처럼 명확한 목표 시점을 설정하고, 제품, 마케팅, 판매 채널 등 모든 요소를 디데이에 맞춰 동시에 실행해 폭발적인 시장 반응을 유도하는 것을 목표로 한다. 제프리 무어는 이 전략을 다음과 같이 요약했다.

"교두보 확보를 위한 표적 시장을 식별 및 선택하고, 완비 제품을 바탕으로 침투 부대를 결성해야 한다. 이후 시장을 집중 공략하여 인접 영토로 확장하고 든든한 거점 고객을 바탕으로 브랜드 캠페인을 강화하라."

닌텐도Nintendo는 초기 시장에서 게임 큐브의 부진 이후, 기존의 하드코어 게이머 중심의 시장에서 벗어나 여성, 노년층, 가족 단위라는 새로운 유형의 사용자군을 공략했다. 2006년 말, 일반 대중의 관심이 높아지는 경쟁사 콘솔 게임기 출시 시점을 목표 시점으로 설정하고, 모션 컨트롤러라는 혁신적인 인터페이스에 개발 역량을 집중했다. 또한 타깃 고객층에 맞게 온 가족이 함께 즐길 수 있는 새로운 게임 라인업을 준비했다. 또한 '위 스포츠Wii Sports'를 번들로 제공하고, 이후 단순한 게임기가 아닌 '누구나 쉽게 즐기는 가족 엔터테인먼트 시스템'으로 포지셔닝해 마케팅 메시지를 통일했다. 이후 TV 광고 등으로 이 메시지를 일관되게 전개해 대중의 호기심을 자극했고, 폭넓은 유통 채널을 확보하여 일반 소비자의 접근성을 높였다. 그 결과 위Wii와 위 스포츠는 1억 대 이상이 판매되며 7세대 콘솔 게임기 중 최다 판매 기록을 세우며 캐즘을 뛰어넘고 폭발적인 성공을 거두었다.

캐즘을 건너는 데 성공한 크록스와 닌텐도 위

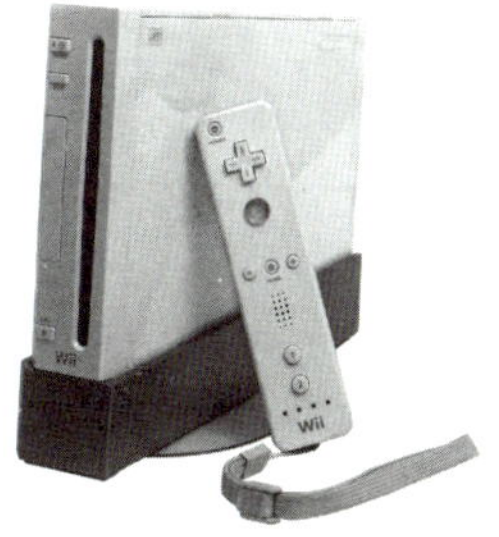

또한 캐즘을 건너기 위해서는 포지셔닝과 메시징의 근본적인 전환도 필요하다. 이는 단순히 마케팅 카피를 수정하는 게 아니라 자사와 자사의 제품이 시장에서 어떤 위치를 차지할 것인지에 대한 전략적 재

정의를 의미한다.

첫 번째는 경쟁 대안 재정의다. 실용주의자의 가장 큰 경쟁자는 '아무것도 하지 않는 것' 또는 '기존 방식을 유지하는 것'이다. 따라서 신제품이나 혁신적 솔루션과의 차별화보다 현재 상태와 비교해 어떤 점이 얼마나 명확한 이점을 제공하는지 수치와 사례로 강조해야 한다.

두 번째는 범주 창조다. 기존 제품 범주에서 점진적인 개선을 제공하는 것보다 완전히 새로운 제품 범주를 정의해 그 범주의 리더로 자리매김하는 전략이 효과적일 수 있다. 이를 통해 직접적인 비교 경쟁을 피하고 인식의 프레임을 유리하게 설정할 수 있다. 예를 들어 에어비앤비처럼 호텔이나 모텔 등 전통적인 숙박업의 범주를 벗어나 '단기 거주 공유 온라인 마켓 플레이스'라는 완전히 새로운 범주를 만든 사례나, 우버처럼 전통적인 택시 서비스를 '앱 기반 실시간 차량 호출'이라는 라이드-셰어링Ride-sharing 범주로 재정의해 택시와 단순 비교를 피하고 '누구나 운전자가 될 수 있고 앱으로 즉시 차량을 부를 수 있다'라는 새로운 이동 경험을 시장에 심은 사례가 있다.

세 번째는 사용 사례 중심 커뮤니케이션이다. 추상적인 가치를 제안하는 것이 아닌 구체적인 사용 사례와 성공 시나리오를 제시해야 한다. '이것은 무엇인가?'보다 '이것으로 무엇을 할 수 있는가?'에 답할 수 있어야 한다. 예를 들어 IoT 공기질 센서 스타트업이라면 '우리는 공기질을 실시간으로 파악합니다'라고 추상적이고 막연하게 자신감을 내비치는 대신, '서울시가 당사 IoT 센서를 도입한 후 교실 내 초미세먼지 기준치 초과 사례가 40% 감소했고, 학부모와 교사의 만족도도 20%p 상승했다'처럼 실질적 변화가 담긴 데이터를 제시해야 한다. 또한 협업 툴 스타트업은 '대기업 마케팅 팀의 기존 업무는 3일이 소요되었는데, 당사가 개발한 툴을 도입한 후 승인·자료 공유가 6시간 안에 끝났다'같은 메시지와 함께 실제 현장 인터뷰, 화면 캡처, 개선 프로세스 영상 등을 함께 제공한다.

네 번째는 단순화된 메시지다. 복잡하고 기술적인 설명을 피하고, 비전문가도 이해할 수 있는 간결하고 명확한 메시지를 개발해야 한다. 특히 주류 시장의 의사 결정자는 기술 전문가가 아닌 경우가 많으므로 이러한 접근이 필수적이다.

캐즘을 건너기 위해서는 판매 및 유통 전략에도 고도화가 필요하다. 초기 시장과 주류 시장은 구매 의사 결정 과정에서 근본적인 차이를 보이므로 이에 맞춰 판매 및 유통 전략도 진화해야 한다.

첫 번째는 판매 프로세스의 체계화다. 초기 단계의 비정형적이고 창업자 중심 판매 방식에서 벗어나 반복 가능한 체계적인 판매 프로세스를 구축해야 한다. 명확한 잠재고객 자격 요건이 표준화된 제안 및 프레젠테이션 자료, 단계별 영업 파이프라인 관리, 예측 가능한 영업 주기와 성공률 등을 체계화하여 운용해야 한다.

두 번째는 판매 팀의 전문화다. 기술 중심의 판매자에서 솔루션 중심의 판매자로 전환해야 한다. 제품의 기술적 측면뿐만 아니라, 고객의 비즈니스 맥락과 산업 특성을 깊이 이해하는 '도메인 전문가'가 이상적인 판매 인력이다.

세 번째는 파트너십과 채널을 개발하는 것이다. 직접 판매만으로는 주류 시장으로 확장하는 데 한계가 있다. 시스템 통합 업체, 컨설팅 파트너, 부가가치 리셀러 등 다양한 채널 파트너십을 개발해야 한다.

네 번째는 교차 판매와 상향 판매 전략을 수립하는 것이다. 초기 시장에서는 신규 고객 확보에 집중하게 되지만, 캐즘을 건너기 위해서는 기존 고객의 제품 사용량을 확대Expand하고 상향 이동Upgrade을 촉진하는 전략을 수행해야 한다. 이를 위해 제품의 모델을 다양화하고 가격 차별화 전략을 활용하며, 주류 고객이 원하는 검증된 증거(리뷰, 고객 만족도 조사 보고서, 특허, 각종 인증서, 수상 내역 등)를 지속적으로 업데이트해 제품의 설득력을 강화한다.

스타트업에게 캐즘이 위험한 이유는 초기 성장의 동력이던 얼리어댑터 시장의 한계에 부딪혀 주류 시장 진입에 실패할 경우 성장이 정체될 수 있기 때문이다. 매출 부진이 장기화되면 투자 유치에 어려움을 겪고, 운영 자금이 부족해져 결국 폐업으로 이어질 수 있다. 또한 불확실한 미래에 대한 불안으로 핵심 인력이 이탈하면 조직 역량이 약화되어 시장 변화에 제대로 대응하지 못하고 주도권을 빼앗길 수도 있다. 결국 캐즘은 스타트업의 생존과 직결되는 고비다. 그러나 명확한 이해와 체계적인 전략 수립을 통해 충분히 극복 가능한 성장통이기도 하다.

핵심은 초기 성공에 안주하지 않고 주류 시장의 특성과 실용주의자 고객의 니즈에 맞춰 전략을 근본적으로 재검토하고 실행하는 데 있다. 틈새시장 공략을 발판 삼아 총체적인 솔루션 제공, 신뢰 구축, 실용적인 가치 중심의 마케팅, 주류 채널 확보, 경쟁 우위 강화, 조직 역량 강화 등을 포함해 다각적인 측면에서 노력을 기울인다면 스타트업은 캐즘을 성공적으로 극복하고, 넓고 지속 가능한 주류 시장에서 성공적으로 성장을 이어나갈 수 있을 것이다.

불리한 시장에 맞서는 법칙, 레몬 마켓과 피치 마켓

　스타트업의 여정은 험난하지만 스타트업만큼 매력적인 사업체도 없다. 스타트업은 정부, 선배 창업자 등으로부터 창업 자금을 포함해 멘토링, 투자 등 다양한 지원을 받을 수 있다. 그 결과로 혁신적인 아이디어를 세상에 선보이고, 낯선 제품과 서비스를 고객에게 각인시켜야 한다. 이 과정에서 스타트업은 종종 '레몬 마켓Lemon Market'과 '피치 마켓Peach Market'이라는 서로 다른 극단적인 시장을 직면하게 된다. 이 두 시장은 스타트업의 생존과 성장에 결정적인 영향을 미친다. 두 시장의 본질을 이해하고, 자사의 제품과 고객 특성에 맞는 판로 개척 전략을 수립해보자.

　레몬 마켓은 1970년 경제학자 조지 애컬로프George Akerlof의 논문에서 처음 제시된 개념으로, 정보의 비대칭성으로 야기되는 시장 실패의 한 형태를 의미한다. '레몬'은 미국식 속어로 '불량품' 또는 '결함이 있는 중고차'를 가리키며, 겉보기엔 번지르르하지만 속은 너무 시어서 먹기 힘든 과일을 표현한다. 우리나라 속담 중의 '빛 좋은 개살구'와 유사한 의미다.

　대표적인 예가 중고차 시장이다. 판매자는 제품의 하자나 결함에 대한 정보를 쥐고 있지만, 구매자는 제한적인 정보만으로 제품의 가치를 판단해야 한다. 이러한 정보 불균형은 시장에 불신을 초래하고, 가격이 실제 품질을 정확히 반영하지 못하며, 시간이 흐를수록 고품질 제품이 시장에서 사라지는 '역선택' 현상을 발생시킨다. 구매자는 품질에 대한 확신이 없기 때문에 평균가만 지불하려 하고, 그 결과 고품질 제품 판매자는 제값을 받지 못해 시장을 떠나게 되는 악순환이 발생한다. 이로 인해 좋은 품질의 제품(피치)조차 제값을 받지 못하게 되고, 결국 시장에는 불량품(레몬)만 남아 거래량은 위축되며 시장 자체가 붕괴하는 최악의 상황까지 직면할 수 있다.

반면 피치 마켓은 레몬 마켓과 대비되는 개념으로, 정보가 투명하게 공유되고 구매자와 판매자 사이에 신뢰가 형성된 시장이다. 용어는 겉과 속이 모두 좋은 복숭아에서 유래했으며, 제품의 품질이 투명하게 드러나는 시장 환경을 상징한다. 피치 마켓에서는 구매자가 제품이나 서비스의 품질을 쉽게 파악할 수 있거나, 판매자에 대한 신뢰도가 높아 정보 비대칭 문제가 크게 완화된다. 피치 마켓에서는 정보 투명성이 높고, 품질에 대한 신뢰가 형성되어 있으며, 브랜드 가치와 평판이 중요한 역할을 한다. 또한 고품질 제품과 서비스가 적정 가격에 거래되고, 장기적인 고객 관계 형성이 가능하다는 특징을 가진다. 애플 스토어나 프리미엄 브랜드 직영점처럼 품질 보증이 확실하고 신뢰도가 높은 시장이 피치 마켓이다.

이렇듯 레몬 마켓과 피치 마켓의 가장 근본적인 차이는 신뢰의 존재 여부다. 레몬 마켓은 정보 비대칭으로 인한 불신이 지배적이며, 이로 인해 시장 실패Market failure가 발생할 가능성이 높다. 반면 피치 마켓은 신뢰를 기반으로 가치 있는 거래가 지속적으로 이루어진다. 레몬 마켓에서는 구매자가 품질에 대한 불확실성 때문에 위험 프리미엄을 요구하게 되어 가격이 하락하는 경향이 있지만, 피치 마켓에서는 품질에 대한 신뢰가 있어 가치에 상응하는 적정 가격이 형성된다.

스타트업이 초기 시장 진입 단계에서 레몬 마켓의 함정에 빠지기 쉬운 이유는 여러 가지다. 인지도가 낮고 검증된 레퍼런스가 부족한 스타트업의 제품은 잠재고객에게 불확실성으로 다가올 수 있다. 특히 혁신적인 기술 기반의 제품일수록 고객은 사용 경험 부족으로 인해 품질을 쉽게 판단하기 어렵다. 만약 스타트업이 제품의 장점만을 과장하거나 발생 가능한 문제점을 솔직하게 공개하지 않는다면, 고객의 불신은 더욱 커져 레몬 마켓의 악순환에 갇힐 위험이 높다.

스타트업이 이러한 레몬 마켓 환경에서 얻을 수 있는 가장 중요한 교훈은 정보 비대칭 해소를 최우선 과제로 삼아야 한다는 것이다. 기존 기업들과 달리 스타트업은 신뢰 자산이 부족하기 때문에 제품이나 서비스에 대한 모든 정보를 투명하게 공개하고, 구매자의 불확실성을 낮추기 위한 적극적인 노력이 필요하다. 블로그, 유튜브, 교육용 콘텐츠를 통해 제품의 가치를 명확히 전달하고, 기술적 사양과 성능 지표를 상세하게 공개함으로써 구매자가 충분한 정보를 가지고 의사 결정을 할 수 있도록 도와야 한다. 또한 제3자 테스트 결과나 객관적인 데이터를 통해 제품의 성능이나 효과를 검증함으로써 구매자의 위험 인식을 낮추는 전략이 필수적이다.

피치 마켓으로의 전환은 스타트업의 장기적 성공을 위한 필수 과정이다. 피치 마켓 환경에서는 제품이나 서비스의 진정한 가치가 인정받고 적정한 가격에 거래될 가능성이 높기 때문이다. 이 과정에서 스타트업이 얻을 수 있는 핵심 교훈은 신뢰 구축이 단순한 마케팅 활동이 아닌 비즈니스 모델의 핵심 요소로 통합되어야 한다는 점이다. 품질과 가치에 대한 신뢰가 형성되면 적정한 마진을 확보할 수 있는 가격 프리미엄을 얻을 수 있으며, 신뢰를 기반으로 한 고객 관계는 반복 구매와 높은 충성도로 이어진다. 또한 신뢰가 형성된 시장에서는 구전 효과로 인해 마케팅 비용을 절감할 수 있고, 신뢰와 평판은 경쟁사가 쉽게 모방할 수 없는 경쟁 우위로 작용한다.

스타트업이 레몬 마켓 환경을 성공적으로 피치 마켓 환경으로 전환하기 위해서는 체계적인 신뢰 구축 전략이 필요하다. 정보 비대칭을 해소하는 것이 첫 번째 단계로, 제품이나 서비스에 대한 모든 정보를 장점뿐만 아니라 한계점까지 투명하게 공개해야 한다. 이는 단기적으로는 불리해 보일 수 있으나, 장기적으로 신뢰를 구축하는 데 결정적인 역할을 한다.

더불어 품질에 대한 자신감을 보여주는 강력한 보증 및 환불 정책을 수립하고, 공신력 있는 기관의 인증이나 수상 경력을 적극 활용하며, 디지털 제품의 경우 보안 및 개인정보 보호 인증을 획득하는 것이 필수적이다. 업계 전문가나 인플루언서의 검증과 추천을 확보하는 것도 신뢰 구축에 큰 도움이 된다. 그리고 실제 사용자의 솔직한 후기와 성공 사례를 수집하고 공유함으로써 잠재고객을 안심시켜야 한다. B2B 비즈니스의 경우 유명 기업 고객사 로고를 활용하는 것이 효과적이며, 부정적인 피드백에 대한 대응과 개선 과정을 투명하게 공개함으로써 오히려 신뢰를 강화할 수 있다.

또한 스타트업이 피치 마켓에 성공적으로 진입하기 위한 핵심 인사이트는 브랜드 정체성 구축의 중요성에 있다. 브랜드의 핵심 가치와 차별점을 명확하게 정의하고 일관되게 전달함으로써 시장에서의 위치를 확고히 해야 한다. 기업의 미션과 비전, 설립 배경 등 감성적 연결을 형성할 수 있는 스토리텔링을 개발하고, 기업을 상징하는 로고·색상·디자인 등 시각적 요소의 일관성을 통해 브랜드 인지도를 강화해야 한다. 또한 개성적이고 독특한 브랜드 정체성을 쌓아 소비자와의 감성적 연결을 강화하는 전략이 효과적이다. 스타트업은 특정 틈새시장이나 얼리어댑터 커뮤니티를 우선 타깃으로 설정하여 초기 사용자를 확보하고, 이들을 중심으로 커뮤니티를 구축하여 충성도 높은 사용자 기반을 마련해야 한다. 이후 초기 사용자 중 열렬한 지지자들을 위한 특별한 프로그램을 운영하고, 사용자의 피드백을 제품 개발에 적극 반영함으로써 브랜드에 대한 참여 의식과 소유감을 높이는 공동 창작 전략도 유효하다.

경쟁 제품과 비교하여 자사 제품만이 제공할 수 있는 독점적이고 차별화된 가치를 명확하게 전달하고, 고객의 특정 문제를 해결해줄 수 있다는 확신을 심어주어야 한다. 강력한 가치를 제안하는 것은 사전 정보가 부족한 고객에게 제품을 선택할 이유를 제공한다.

아울러 제품의 특성과 타깃 고객층에 맞는 최적의 유통 채널을 선택하고, 각 채널의 특성을 고려한 맞춤형 판매 전략을 수립해야 한다. 온라인 채널을 활용한다면 상세한 제품 정보 제공, 사용자 리뷰 시스템 구축 등을 통해 정보 비대칭성을 완화해야 한다. 오프라인 채널을 활용한다면 직접적인 제품 체험 기회를 제공하고, 판매자와의 신뢰 구축에 힘써야 한다.

스타트업은 레몬 마켓의 위험성을 인지하고, 피치 마켓에 진출하는 것을 지향하며 판로를 개척해야 한다. 정보 비대칭을 해소하고, 신뢰와 투명성을 높여야만 고품질 상품과 서비스가 살아남고, 고객이 모인다. 이를 위해 스타트업 플랫폼은 플랫폼 내에 검증된 판매자만 입점시키거나, 거래 후 평점과 리뷰를 공개해 신뢰도를 관리하고, 품질 보증과 인증 시스템을 강화해야 한다. 예를 들어 자동차 비교 견적 플랫폼 '헤이딜러'와 엔카 등은 검증된 중고차 딜러만 선별해 입점시키고, 고객 평점과 만족도를 바탕으로 딜러를 관리하며 거래 후 평점과 리뷰를 공개한다. 또한 차량 이력과 상태를 투명하게 공개하는 시스템을 도입해 레몬 마켓 문제를 해결하고 있다. 덕분에 딜러들은 더 좋은 서비스와 가격을 제공하려 경쟁하고, 고객은 신뢰를 바탕으로 적극적으로 거래에 참여한다. 이런 구조가 반복되면, 플랫폼에는 더 많은 고객과 우수 판매자가 몰리고, 시장 전체가 피치 마켓으로 진화할 수 있다.

오늘날 많은 스타트업이 가격 및 상품을 선택하는 기준 등에서 관행처럼 이어져온 정보 불평등을 해소하기 위해 노력하고 있다. 아파트 인테리어 리모델링의 경우, '부르는 게 값' 식으로 시공업자별로 제각각인 가격과 깜깜이 견적이 관행으로 여겨져 왔다. 아파트 인테리어 스타트업인 '아파트멘터리'는 국내 최초로 가격 정찰제 개념을 도입하여 정보의 비대칭성을 개선하려 노력하고, 아파트 인테리어 시장을 피치 마켓으로 진화시키고 있다.

결국 스타트업이 판로를 개척할 때 중요한 것은 단순히 회원을 많이 유치하는 게 아니다. 시장이 레몬 마켓으로 변질되지 않도록 투명성과 신뢰, 품질 관리 시스템을 어떻게 설계하느냐가 진정 중요하다. 정보 비대칭이 해소되고, 신뢰가 쌓이면 시장은 저절로 성장한다.

스타트업의 판로 개척 전략은 반드시 피치 마켓을 지향해야 한다. 단기적인 이익에 매몰되어 정보의 비대칭성을 악용하려 한다면, 결국 고객의 불신을 초래하고 시장에서 퇴출될 수밖에 없다. 진정성 있는 소통, 신뢰 구축, 고객 중심의 가치 제공을 통해 스타트업은 레몬 마켓의 그림자를 벗어나 성공적인 피치 마켓을 만들어나갈 수 있을 것이다.

제7장 글로벌 시장으로 판로를 확장하라

1. 박람회 및 전시회를 활용하라

- 글로벌 시장 진출을 위한 가장 빠르고 효율적인 방법은 박람회 및 전시회에 참가하는 것이다.
- 이곳에서 해외 바이어를 직접 만나고 시장 반응을 확인해야 한다.
- 목표를 설정하여 철저하게 이행해야 실적으로 연결될 수 있다.

2. 글로벌 시장 진출의 장, 아세안과 중앙아시아

- 현재 높은 잠재력과 성장률을 보이는 시장은 아세안 및 중앙아시아 시장이다.
- 아세안과 중앙아시아는 국가 간 시장 상황의 편차가 심한 점을 고려하여 시장 진입 전략을 철저히 수립하고 운영해야 결실을 거둘 수 있다.

3. 주류 시장으로 건너가기 위한 캐즘 극복과 레몬·피치 마켓의 이해

- 혁신적인 제품이 초기 시장을 넘어 주류 시장으로 확장되기 위해 필수적으로 넘어야 하는 거대한 간극인 캐즘을 극복해야 한다.
  - 캐즘을 건너가기 위한 단계별 전략을 이해하고 자사의 상품과 타깃 시장을 고려하여 이행해야 한다.
- 정보 비대칭이 심각한 레몬 마켓이나 신뢰도가 지나치게 높은 피치 마켓과 같이 불리하거나 특수한 시장 상황에 맞서 신뢰를 구축하고, 성공적으로 대응할 수 있는 법칙을 이해해야 한다.
  - 레몬 마켓 이해 및 대응 전략: 모든 정보를 투명하게 공개하고, 공신력 있는 인증 및 강력한 보증을 통해 구매자의 위험과 불확실성(정보 비대칭) 해소를 최우선 과제로 삼아야 한다.
  - 피치 마켓 지향 및 전환 전략: 브랜드 정체성(미션·가치)을 명확히 하고, 초기 사용자 커뮤니티를 구축하여 충성도를 높이며, 사용자의 피드백을 제품 개발에 적극 반영하는 공동 창작 전략을 사용한다.

8장

팬덤과 함께하는 지속적 성장

고객을 팬으로 만드는 팬덤 커뮤니티 구축

전통적인 마케팅과 유통 방식이 한계를 드러내는 시대, 스타트업들은 생존과 성장을 위해 새로운 접근법을 모색하고 있다. 단순한 제품 판매를 넘어서 고객과 깊은 유대감을 형성하고, 이를 통해 지속 가능한 비즈니스 생태계를 구축하는 것이 핵심이 되고 있다.

커뮤니티와 팬덤 기반의 판로 구축은 이러한 변화의 중심에 서 있다. 커뮤니티 중심의 비즈니스 모델은 단순한 거래 관계를 넘어서 고객을 브랜드의 동반자로 만든다. 팬덤은 여기서 한 단계 더 나아가 고객이 능동적으로 브랜드를 옹호하고 확산시키는 역할을 담당한다. 이는 마케팅 비용을 절감하면서도 더 강력한 브랜드 충성도를 구축할 수 있고 장기적인 성장 동력을 확보할 수 있는 핵심 방법이기도 하다.

기존의 판로 전략이 제품에서 시작해 고객에게 도달하는 단방향적 접근이었다면, 커뮤니티 기반 전략은 고객의 니즈와 관심사에서 출발한다. 일방적인 정보 전달이 아닌 양방향 소통과 상호 작용이 가능한 환경을 조성하는 것이 핵심이다. 이는 근본적인 사고의 전환을 요구한다.

테슬라의 사례를 보면 이러한 접근법의 위력을 확인할 수 있다. 일론 머스크는 제품 출시 전부터 트위터를 통해 잠재고객들과 직접 소통하며 전기차에 대한 비전을 공유했다. 테슬라는 전통적인 자동차 딜러십 모델을 거부하고, 온라인 커뮤니티를 중심으로 한 직접 판매 모델을 구축했다. 테슬라 오너들은 자연스럽게 브랜드 앰배서더가 되어 제품을 홍보하고, 신규 고객 유치에 핵심적인 역할을 담당했다. 머스크가 인수하여 현재 X로 바뀌었지만, 트위터는 머스크에게 강력한 팬덤 구축 채널이었다.

커뮤니티를 구축할 때 가장 중요한 것은 타깃 고객이 실제로 활동하는 플랫폼을 파악하는 것이다. 젊은 층을 타깃으로 하는 스타트업이라면 인스타그램이나 틱톡이 적합할 수 있고, B2B 서비스라면 링크드인이나 페이스북, 전문 포럼이 더 효과적일 수 있다.

팬덤은 하루아침에 형성되지 않는다. 일반 고객에서 시작해 충성고객, 브랜드 옹호자, 그리고 최종적으로 팬덤의 핵심 멤버로 발전하는 단계적 과정을 거친다. 애플의 사례에서 이러한 단계적 접근을 확인할 수 있다. 애플은 제품 출시 전 티저 마케팅을 통해 기대감을 조성하고, 출시 후에는 얼리어댑터들의 경험을 적극적으로 활용한다. 애플 스토어에서의 특별한 고객 경험, 지니어스 바를 통한 전문적인 서비스, 그리고 정기적인 업데이트를 통한 지속적인 가치 제공이 팬덤 형성의 핵심 요소다.

팬덤 형성에서 인플루언서의 역할은 매우 중요하다. 하지만 단순히 유명한 인플루언서를 활용하는 것보다는 브랜드 가치에 진정성 있게 공감하는 마이크로 인플루언서들과 장기적인 관계를 구축하는 것이 더 효과적이다.

글로시에Glossier는 뷰티 업계에서 팬덤 마케팅의 모범 사례로 꼽힌다. 이들은 기존 뷰티 브랜드들이 완벽한 모델을 내세우는 것과 달리, 일반 고객들의 실제 사용 경험을 중심으로 마케팅을 전개했다. 인스타그램에서 '#glossiergirl'이라는 해시태그를 통해 고객들이 자발적으로 제품 사용 사진을 공유하도록 유도했고, 이는 강력한 바이럴 효과를 만들어냈다.

팬덤의 핵심은 소속감과 특별함이다. 일반 고객과 차별화된 경험과 혜택을 제공함으로써 팬덤의 결속력을 강화할 수 있다.

하입비스트HBX와 같은 스트리트웨어 브랜드들은 한정판 출시와 드롭 문화를 통해 강력한 팬덤을 형성했다. 제품의 희소성과 독점성을 통해 소유 욕구를 자극하고, 동시에 브랜드에 대한 충성도를 높인다. 슈프림Supreme은 드롭 문화의 대표적 아이콘으로, 실제로 매주 목요일 오전 11시(미국 기준)에 새로운 제품을 소량 출시한다. 이 전략을 통해 전 세계적으로 강력한 팬덤과 커뮤니티를 구축했고, 신상품은 몇 분 만에 완판되는 현상이 반복된다. 슈프림의 드롭은 희소성과 포모FOMO[*]를 극대화해, 브랜드 충성도와 재판매(리셀) 시장까지 활성화시켰다.

또한 각 소셜미디어 플랫폼의 특성을 이해하고 이를 활용한 차별화된 콘텐츠 전략이 필요하다. 인스타그램은 시각적 스토리텔링에, 유튜브는 깊이 있는 콘텐츠에, 틱톡은 바이럴 콘텐츠에 특화되어 있다.

국내 스타트업 중 29CM는 소셜미디어를 활용해 커뮤니티를 구축한 좋은 사례다. 큐레이션된 패션 콘텐츠를 인스타그램을 통해 제공하고, 스토리 기능을 활용해 실시간으로 고객과 소통한다. 특히 '29CM 다양한 콘텐츠 시리즈'를 통해 고객들이 구매한 제품을 어떻게 스타일링하는지 보여주며, 이는 자연스러운 구매 유도로 이어진다.

성공적인 커뮤니티는 단순히 제품을 홍보하는 곳이 아니라 공통된 가치와 관심사를 중심으로 형성되는 공간이다. 스타트업은 자신들의 브랜드가 추구하는 가치를 명확히 하고, 이에 공감하는 고객들을 중심으로 커뮤니티를 구축해야 한다.

파타고니아는 환경 보호라는 가치를 중심으로 강력한 커뮤니티를 형성한 대표적인 사례다. 이들은 제품 판매보다 환경 운동에 더 많은

---

* 포모(FOMO) 'Fear of Missing Out'의 약자이다. 무언가 뒤처지고 놓치는 것에 대한 두려움이나 자신이 해보지 못한 가치 있는 경험을 다른 사람이 실제로 하고 있는 것, 또는 정확히 확인되지 않았지만 그렇게 보이는 상황에 대한 막연한 불안감을 의미한다.

에너지를 투입하는 것처럼 보일 정도인데, 결과적으로 충성도 높은 고객을 확보하고, 지속적인 매출 성장을 달성했다. 파타고니아의 고객들은 단순히 옷을 구매하는 것이 아니라, 파타고니아의 옷을 구매함으로써 환경 보호 운동에 참여한다는 의식을 갖게 된 것이다.

충성고객을 성장 파트너로 만들어라

한국의 대표적인 인테리어 플랫폼 '오늘의집'을 운영하는 버킷플레이스는 국내에서 커뮤니티 기반 판로를 구축한 대표적인 사례다. 오늘의집은 인테리어에 관심 있는 사람들을 위한 온라인 커뮤니티 및 정보 공유 플랫폼으로 시작해 초기 3년간은 커머스 기능 없이 사용자들의 실제 집 사진과 인테리어 노하우 공유를 통한 콘텐츠 강화에만 집중했다. 그러다 강력한 커뮤니티가 구축되자 그것을 기반으로 인테리어 관련 제품 판매, 시공 서비스 중개 등으로 사업을 확장하며 국내의 대표적인 인테리어 플랫폼으로 성장했다. 단순히 가구를 판매하는 것이 아니라 '인테리어 라이프스타일 커뮤니티'를 만들어 사용자들이 자신의 공간을 자랑하고, 서로의 인테리어에 대해 조언하고, 정보를 공유하는 생태계를 구축한 것이다. 이는 사용자 콘텐츠를 기반으로 신뢰도 높은 커머스 경험을 제공하며 주류 시장을 성공적으로 공략한 사례이다.

'오늘의집'의 핵심 전략은 '집들이' 기능이다. 온라인 집들이는 단순히 집을 어떻게 꾸미는지를 알려주는 콘텐츠가 아니다. 공간을 통해서 스스로의 인생을 변화시켜온 사람들의 이야기이며 그런 인생 스토리가 어느새 10년째를 맞으며 9,000건 이상 쌓인 것이다.

9,000건이란 숫자는 매주 주말마다 한 곳의 집들이를 초청받는다고 가정할 때, 다 둘러보려면 173년이 걸리는 숫자이다. 365일 매일매일 집들이에 간다고 하더라도 거의 24년 이상 집들이에 초대받아 가야 하는 셈이다. 실제로 지금 이 순간에도 매달 100만 명 이상의 오늘의집 사용자가 1,000만 번 이상 다른 사람의 집을 구경하고 있다. 사용자들

이 9,000여 개의 온라인 집들이 콘텐츠를 거쳐 간 누적 방문 횟수만 계산해도 수억 회가 넘는다고 한다.

사용자들이 자신의 인테리어를 사진으로 공유하니 다른 사용자들이 댓글과 '좋아요'로 반응하고, 사용된 제품에 대해 문의하는 자연스러운 쇼핑 환경이 만들어졌다. 이는 전통적인 상품 진열 방식과는 완전히 다른 접근법으로, 제품이 실제 생활 공간에서 사용되는 모습을 통해 제품의 매력을 전달한다. 또한 '인테리어 노하우'라는 콘텐츠를 통해 전문가와 일반 사용자들이 지식을 공유하는 플랫폼을 제공함으로써, 단순한 쇼핑몰이 아닌 인테리어 전문 커뮤니티로서의 정체성을 확립했다.

커뮤니티와 팬덤 기반의 판로 구축은 단순한 마케팅 전략이 아니라 비즈니스 모델의 근본적 변화를 의미한다. 이는 고객을 단순한 구매자가 아닌 브랜드의 파트너로 인식하고, 함께 가치를 창조해나가는 새로운 패러다임이다. 성공적인 커뮤니티와 팬덤 구축을 위해서는 진정성, 일관성, 지속성이 핵심이다. 단기적인 성과에 급급하지 않고 장기적인 관점에서 고객과 신뢰 관계를 구축해야 한다.

또한 고객의 목소리에 귀 기울이고 이를 실제 비즈니스 개선에 반영하는 실행력이 필요하다. 디지털 기술의 발전과 함께 커뮤니티와 팬덤의 형태도 계속 진화할 것이다. 메타버스, AI, 블록체인 등 새로운 기술들이 커뮤니티 경험을 더욱 풍부하게 만들어갈 것이다. 하지만 기술이 아무리 발전해도 사람과 사람 사이의 진정한 연결과 공감이라는 본질 요소는 변하지 않을 것이 분명한다.

스타트업에게 커뮤니티와 팬덤 기반 전략은 선택이 아닌 필수가 되었다. 제한된 자원으로 큰 임팩트를 만들어내야 하는 스타트업에게 고객들의 자발적 참여와 옹호만큼 강력한 성장 동력은 없다. 중요한 것은 일단 시작하는 것이다. 완벽한 전략을 기다리기보다는 작은 커뮤니티부터 시작해서 팬덤을 점진적으로 확장해나가는 것이 현실적인 접근법이라 할 수 있다.

이제 그들을 단순한 구매자에서 성장의 파트너로 진화시킬 시간이다. 카페나 블로그에 콘텐츠를 업로드해 방문자를 유입시켜 바이럴 현상을 극대화한 후에 유료 광고로 넘어가야 된다는 점을 앞서 강조한 바 있다.

자금도, 인력도, 마케팅 예산도 부족한 스타트업에게 고객은 단순한 구매자가 아니다. 그들은 기업을 생존하게 하는 마지막 희망이자, 성장을 일으키는 가장 강력한 동력이다. 대기업이 수십억 원을 쏟아부어 광고하는 동안, 우리는 충성고객 한 명 한 명이 만들어내는 파급력으로 시장에 진입하고 시장을 뒤흔들어야 한다.

현대의 디지털 생태계는 이런 스타트업들에게 전례 없는 기회를 제공한다. 소셜미디어라는 저비용 고효율의 무기가 모든 기업에게 평등하게 주어진 것이다. 하지만 도구가 있다고 해서 모든 기업이 성공하는 것은 아니다. 진짜 승부는 어떻게 고객을 단순한 소비자에서 브랜드의 전도사로, 나아가 성장의 파트너로 전환시키느냐에 달려 있다. 모든 위대한 브랜드는 작은 커뮤니티에서 시작되었다. 애플의 초기 매킨토시 사용자들이 그랬고, 테슬라의 첫 번째 모델 S의 오너들이 그랬듯이, 충성고객은 하루아침에 만들어지지 않는다. 충성도의 씨앗은 탁월한 제품이나 서비스에서 싹트지만, 그것만으로는 부족하다. 고객이 브랜드와 감정적 유대감을 형성하고, 자신의 정체성과 일치한다고 느낄 때 진정한 충성고객이 탄생한다.

이 과정에서 개인화된 경험은 필수적이다. 고객 한 명 한 명을 VIP처럼 대우하고, 브랜드의 미션과 비전을 고객의 가치관과 연결하는 스토리텔링의 힘을 발휘해야 한다. 작은 약속이라도 반드시 지키며 일관적으로 품질을 유지하면 신뢰의 기반이 다져진다. 그렇게 신뢰가 쌓여갈 때 고객은 브랜드를 단순한 제품 공급자가 아닌 자신의 가치를 이해하고 공유하는 파트너로 인식되기 시작한다.

소셜미디어는 이런 관계를 심화시키는 가장 강력한 플랫폼이다. 하지만 많은 기업이 소셜미디어를 단순히 홍보 채널로만 활용하는 실수를 범한다. 진정한 소셜미디어의 가치는 고객과의 지속적인 대화의 장이며, 관계를 깊이 있게 발전시키는 공간이라는 점에 있다. 스타트업은 이 공간에서 대기업과 동등하게, 때로는 더 유리하게 경쟁할 수 있다. 경직된 커뮤니케이션을 하기 쉬운 대기업과 달리 스타트업과는 더욱 인간적이고 진정성 있는 소통이 가능하기 때문이다.

진정성 있는 소통이야말로 성공적인 소셜미디어 사례의 핵심이다. 완벽하게 포장된 기업 이미지보다는 창업자와 직원들의 진솔한 이야기가 더 큰 울림을 준다. 실패담을 솔직하게 공유하고, 고객의 피드백에 즉시 반응하며, 브랜드 뒤에 있는 사람들의 얼굴을 보여주는 것이다. 이런 투명성과 진정성은 고객들에게 브랜드를 단순한 기업이 아닌 함께 성장해나가는 동반자로 인식하게 만든다.

커뮤니티 중심의 콘텐츠 전략은 이런 관계를 더욱 공고히 한다. 단방향 정보 전달이 아닌, 고객들이 적극적으로 참여하고 기여할 수 있는 콘텐츠를 만들어야 한다. 사용자 생성 콘텐츠를 적극 활용하고, 고객들의 스토리를 조명하며, 그들을 브랜드 히스토리의 주인공으로 만드는 것이다. 이렇게 될 때 고객들은 자신이 단순히 제품을 사용하는 것이 아니라 브랜드의 성장에 기여하고 있다는 자부심을 갖게 된다.

일반적으로 초기 시장 진입을 위한 전략으로 등대고객을 육성하고, 이 등대고객의 반응에 따라 잠재고객이 인큐베이팅되는 과정을 거치면서 자연스럽게 등대고객 중에서 충성도가 높은 고객이 형성된다. 충성고객을 성장 파트너로 전환시키는 과정은 자연스러운 진화의 과정이다.

먼저 고객들이 브랜드의 성장 과정에 직접 참여할 수 있는 기회를 제공하면 매우 효과적이다. 제품 개발 과정에 고객을 초대하여 베타 테스터로 참여시키고, 그들의 피드백을 수집하며, 아이디어를 실제 제품에 반영하는 것이다. 고객은 자신의 의견이 제품에 반영되었다고 느낄 때, 단순한 구매자에서 공동 창조자로 탈바꿈한다. 이 순간 고객과 브랜드의 관계는 거래적 관계에서 협력적 관계로 근본적인 전환을 경험하게 된다.

고객 추천 보상 프로그램은 이런 관계를 더욱 발전시키는 전략적 도구다. 하지만 단순한 할인 혜택을 넘어서, 추천할 때마다 브랜드와 더 깊은 관계를 맺을 수 있도록 설계해야 한다. 추천 실적에 따라 특별한 지위를 부여하고, 신제품 출시 시 우선 체험 기회를 제공하며, 때로는 수익의 일부를 공유하는 진정한 파트너십 모델까지 고려해볼 수 있다. 이런 접근 방식은 고객에게 브랜드의 성공이 곧 자신의 성공이라고 인식하게 만든다.

가장 충성도 높은 고객들에게는 공식적인 브랜드 홍보대사의 역할을 제안할 수 있다. 하지만 이들에게 단순한 홍보 역할이 아닌, 브랜드의 확장된 팀원으로서의 의미 있는 역할을 부여해야 한다. 팔로워 수보다는 해당 분야에 대한 전문 지식과 커뮤니티 내에서의 신뢰도가 홍보대사 선발의 핵심 기준이 되어야 한다. 마이크로 인플루언서들이 메가 인플루언서보다 훨씬 높은 참여율과 전환율을 보이는 것도 바로 이 때문이다. 진정한 파트너십은 일방적으로 혜택을 제공하는 것이 아닌, 상호 성장할 수 있는 관계에서 탄생한다.

스타트업은 홍보대사들의 개인 브랜드 성장에도 도움이 되는 기회를 제공하고, 전문 지식을 공유할 수 있는 플랫폼을 만들어주며, 네트워킹 기회를 제공해야 한다. 때로는 그들을 위한 독립적인 사업 기회까지 창출해 줄 수 있다면, 이들은 진정한 비즈니스 파트너로 진화하게 된다. 이런 관계에서는 브랜드와 고객 사이의 경계가 모호해지면서 하나의 확장된 조직처럼 작동하게 된다.

디지털 시대의 파트너십은 데이터에 기반한 정교한 관계 관리를 통해 더욱 진화하고 있다. 각 고객의 여정을 추적하고, 행동 패턴을 분석하며, 개인화된 파트너십 제안을 할 수 있는 시대가 온 것이다. 고객 생애 가치를 넘어서 파트너십 가치를 측정해야 한다. 단순히 얼마나 많이 구매하는지가 아니라, 얼마나 많은 신규 고객을 유치하는지, 브랜드 인지도 향상에 얼마나 기여하는지, 제품 개선에 얼마나 도움을 주는지까지 종합적으로 평가하는 것이다.

기술의 발전은 고객과의 협업을 더욱 심화시킬 수 있는 새로운 가능성을 열어주고 있다. 가상현실과 증강현실 기술을 활용하면 고객들이 제품 개발 과정에 더 몰입하여 참여할 수 있게 되고, 인공지능을 통해 개별 고객의 관심사와 전문성에 맞는 파트너십 기회를 자동으로 매칭해줄 수 있다. 이런 기술들이 충성고객들과 브랜드 사이의 협업 플랫폼을 구축하는 데 핵심적인 역할을 하게 될 것이다. 미래에는 고객들이 단순히 제품을 소비하는 것이 아니라 가상 공간에서 직접 제품 디자인에 참여하고, 인공지능의 도움으로 개인 맞춤형 제품을 공동 개발하는 시대가 올 것이다.

고객을 성장 파트너로 만드는 것은 단순한 마케팅 전략을 넘어선, 완전히 새로운 비즈니스 패러다임이다. 이는 기업과 고객 간의 전통적인 경계를 흐리고, 상호 의존적인 생태계를 만들어낸다. 성공한 스타트업들은 이미 이러한 진실을 깨달았다. 그들은 고객을 단순한 수익원이 아닌 동반 성장하는 파트너로 인식하고, 단기적 이익보다는 장기적인 관점에서 관계를 구축한다.

이런 접근 방식은 특히 자원이 제한적인 스타트업에게 더욱 중요하다. 막대한 마케팅 예산으로 시장을 압도할 수 없다면, 소수의 충성고객들과 깊은 관계를 맺어 그들이 자발적인 브랜드 전도사가 되도록 만들어야 한다. 이들이 만들어내는 진정성 있는 추천과 입소문은 어떤 광고보다도 강력한 힘을 발휘한다. 특히 소셜미디어 시대에는 제품에 만족한 고객 한 명이 수백, 수천 명의 잠재고객에게 브랜드를 알릴 수 있는 파급력을 가지고 있다. 결국 미래에 미소 짓는 승자는 가장 많은 고객을 가진 기업이 아니라, 고객과 가장 강력한 파트너십을 구축한 기업이 될 것이다.

스타트업은 시장에서 언제든 흔들릴 수 있다. 자금난, 경쟁사의 압박, 예측 불가한 외부의 변수들이 끊임없이 몰려온다. 그러나 충성고객이 곁에 있다면 상황은 달라진다. 그들은 브랜드의 버팀목이자, 위기 상황에서 가장 강력한 방패다. 이들의 지지는 마케팅 비용을 대체하고, 불확실한 시장 속에서도 기업이 생존하고 성장할 수 있는 에너지가 된다. 결국 스타트업의 가장 큰 자산은 제품도, 기술도 아닌 사람이다. 특히 브랜드와 여정을 함께하는 충성고객이야말로 스타트업의 미래를 결정짓는 진짜 투자자다. 그들은 돈을 넣는 대신, 시간을 쓰고, 목소리를 내며, 신뢰를 쌓아간다. 이보다 더 값진 투자가 어디에 있겠는가.

스타트업의 길은 고독하다. 그러나 그 길을 홀로 걸을 필요는 없다. 당신이 만든 가치를 믿고, 함께 성장하길 원하는 사람들이 이미 당신 곁에 있다. 그들을 단순한 고객이 아니라 성장 파트너로 대우하라. 그러면 그들은 당신의 브랜드를 위해, 당신의 미래를 위해, 함께 싸우고 함께 웃을 것이다.

당신의 충성고객은 이미 당신 곁에 있다. 그들과 함께 만들어갈 미래야말로 진정 지속 가능한 성장의 비밀이다. '고객은 왕'이라는 말은 이제 낡았다. 새로운 시대의 진실은 '고객은 파트너'이다. 함께 성장하고, 함께 승리하는 동반자 관계를 만들어가는 것, 그것이 바로 스타트업이 거대한 시장에서 살아남아 성장할 수 있는 유일한 길이다.

제8장 팬덤과 함께하는 지속적 성장 전략

1. 팬덤 기반 판로를 구축하자

- 스타트업은 단순 거래를 넘어 고객과 깊은 유대감을 형성하는 커뮤니티 및 팬덤 기반 판로 구축에 집중해야 한다.

- 팬덤은 고객을 능동적인 브랜드 옹호자로 만들어 마케팅 비용을 절감하고 강력한 충성도를 확보하는 핵심 동력이다.

- 팬덤 기반의 판로를 구축하기 위해서는 소속감과 특별함을 제공하는 한정판 전략이 중요하며, 진정성 있는 소통이 핵심이다.(테슬라, 파타고니아가 그 예이다.)

2. 팬덤 기반 판로 형성 과정

- 팬덤은 일반 고객에서 시작해 충성고객을 거쳐 브랜드 옹호자로 발전하는 단계적 과정을 밟는다.

- 팬덤 기반 판로 구축 최종 단계(파트너십): 스타트업은 충성고객을 성장 파트너로 진화시켜야 한다.
  - 제품 개발 과정에 고객을 베타테스터로 직접 참여시킨다.
  - 고객 추천 보상 프로그램을 통해 고객을 협력적 관계로 전환시킨다.

- 생존 전략: 자원이 부족한 스타트업이 고객을 단순 구매자가 아닌 동반 성장하는 파트너로 인식하고 육성하는 것이 시장에서 생존하고 성장할 수 있는 유일하고 가장 강력한 길이다.

에필로그

가격 전략은 스타트업에게 가장 강력한 마케팅 도구

많은 스타트업이 '가격 책정'을 단순히 재무적 결정이나 원가 계산의 문제로만 생각한다. 그러나 이는 가격 전략이 가진 강력한 마케팅 위력을 간과하는 것이다. 가격은 메시지다. 고객이 제품을 접할 때 가장 먼저 보는 정보이며, 이는 즉각적으로 제품의 '가치'에 대한 인식을 형성한다.

높은 가격은 프리미엄 품질과 독보적인 기술력을 암시한다. 낮은 가격은 합리적인 가성비와 시장 진입의 용이성을 상징한다. SaaS 스타트업이 경쟁사 대비 높은 가격을 책정한다면, 이는 우수한 기능과 탁월한 고객 지원을 제공한다는 자신감의 표현으로 고객에게 인식된다. 가격은 별도의 설명 없이도 잠재고객에게 강력한 첫인상을 심어준다.

동시에 가격은 타기팅 도구다. 원하는 고객층을 효과적으로 걸러내는 필터 역할을 한다. 프리미엄 모델은 무료 사용자를 통해 제품 인지도를 넓히고, 고급 기능을 필요로 하는 유료 고객을 자연스럽게 유인한다. 기능별로 세분화된 티어Tier 요금제는 각기 다른 니즈와 예산을 가진 고객 그룹을 동시에 공략한다. 소규모 고객에게는 저렴한 베이직 티어를, 기업 고객에게는 높은 가격의 엔터프라이즈 티어를 제공함으로써 맞춤형 가치를 전달한다.

시장에 진입할 때 가격은 경쟁 무기가 된다. 경쟁사와의 차별점을 명확히 보여주는 핵심 요소다. 침투 가격 전략은 현저히 낮은 가격으로 단기간에 시장 점유율을 확보한다. 반대로 스키밍 가격 전략은 초기에 높은 가격을 설정하여 혁신 수용성이 높은 얼리어댑터로부터 최대한의 가치를 얻는다. 어떤 전략을 선택하든, 가격은 경쟁 환경 속에서 스타트업의 위치를 정의하고 고객에게 '왜 우리를 선택해야 하는가?'에 대한 명확한 답변을 준다.

가격은 브랜드다. 합리적이고 접근하기 쉬운 가격은 '실용적'이고 '대중적인' 브랜드 이미지를 구축한다. 프리미엄 가격 정책은 '고급', '혁신', '전문성'의 이미지를 강화한다. 중요한 것은 가격 전략이 스타트업이 추구하는 전반적인 브랜드 메시지와 일관성을 유지해야 한다는 점이다. 가격과 브랜드 경험 간의 일관성은 고객 신뢰를 구축하고 장기적인 브랜드 충성도를 확보하는 데 필수적이다.

또한 가격은 행동을 유도한다. '기간 한정 할인', '첫 구매 고객 특별 혜택', '묶음 상품 할인'은 잠재고객의 구매 결정을 촉진하고 망설임을 줄여준다. 구독 모델에서의 '연간 결제 할인'은 고객의 장기적인 약속을 유도하고 안정적인 현금 흐름을 확보한다. 이러한 전술적 가격 조정은 단기적인 매출 증대뿐 아니라 신규 고객 확보, 고객 유지율 향상 등 다양한 마케팅 목표 달성에 효과적으로 활용된다.

그렇다면 스타트업은 어떻게 가격 전략을 실행해야 하는가? 먼저 명확한 목표를 설정해야 한다. 시장 점유율 확대인가, 수익성 확보인가, 브랜드 이미지 구축인가? 우선순위를 정해야 한다. 다음으로 고객을 냉정하게 분석해야 한다. 목표 고객층의 특성, 구매력, 가격 민감도, 경쟁사를 철저히 파악해야 한다. 그리고 차별화된 가치를 가격에 반영해야 한다. 스타트업만의 고유한 가치를 정의하고 이를 가격 전략에 담아야 한다.

시장에 진입한 후에는 유연하게 가격을 조정해야 한다. 시장 반응을 꾸준히 분석하고 필요에 따라 미세하게 조정을 해야 한다. 디지털 시대에는 실시간 데이터와 AI를 활용할 수 있다. 최근 쿠팡을 포함한 대형 온라인 유통사가 방대한 빅데이터와 인공지능을 활용하여 다이내믹 프라이싱을 구사하는 것을 참고해야 한다. 마지막으로 가격은 다른 마케팅 전략과 결합할 때 더욱 강력한 효과를 발휘한다. 한정 할인, 번들링, 구독 모델은 고객의 구매를 유도하고 자연스럽게 입소문을 일으키는 마케팅 수단이 된다.

스타트업에게 가격 책정은 단순히 숫자를 정하는 행위가 아니다. 그것은 시장과 소통하고, 고객을 설득하며, 브랜드의 가치를 증명하는 핵심적인 마케팅 활동이다. 특히 자금과 자원이 제한적인 스타트업일수록 가격 전략을 창의적이고 전략적으로 활용하면 최적 가격을 설정할 수 있다. 이는 연구 개발이나 광고 등의 막대한 비용을 수반하면서도 효과가 늦게 나타나는 다른 마케팅 활동과 비교하면 상대적으로 저비용으로 빠른 효과를 기대할 수 있는 장점이 있다.

제품의 가치, 타깃 고객, 경쟁 환경, 그리고 궁극적으로 달성하고자 하는 비즈니스 목표와 긴밀하게 연계된 전략적인 가격 책정은 스타트업의 성장을 견인하는 강력한 엔진이 될 수 있다. 이제 가격표를 단순한 비용의 표시가 아닌, 여러분의 가장 강력한 마케팅 메시지로 활용하라.

판로는 만드는 것이다

좋은 제품을 만드는 것만으로는 충분하지 않다. 아무리 혁신적인 기술과 뛰어난 품질을 갖췄어도, 고객에게 도달하지 못하면 그 가치는 실현될 수 없다. 스타트업에게 판로 개척은 단순한 영업 활동이 아닌, 생존과 성장을 결정하는 핵심 전략이다.

판로를 개척할 때 가장 흔히 하는 오해는 '좋은 제품이면 저절로 팔린다'라는 믿음이다. 그렇지 않다. 시장은 스스로 길을 열어주지 않는다. 크록스는 보트 슈즈라는 틈새시장을 만들었고, 아이폰은 애플 스토어라는 직영 판로를 만들었으며, 테슬라는 전통적인 딜러 시스템을 거부하고 직판이라는 새로운 판로를 개척했다. 그들은 기존 유통 구조에 제품을 끼워 맞추지 않고, 자신만의 길을 만들었다.

처음부터 모든 시장을 공략하려 하지 말아야 한다. 작은 시장에서의 압도적 1등이 큰 시장에서의 10등보다 낫다. 명확한 타깃 고객을 정의하고, 그들이 있는 곳에 집중해야 한다. 초기 고객들은 제품이 완벽하지 않아도 가능성을 보고 함께 성장한다. 그들과의 관계에서 얻은 피드백과 레퍼런스가 다음 단계로 가는 발판이 된다.

직접 판매로 시작하라. 고객과 직접 대화하고, 판매 프로세스에서 시행착오를 겪고, 생생한 시장 반응을 체험하는 것이 이후 모든 판로 전략의 기초가 된다. 온라인 쇼핑몰, 팝업 스토어, 크라우드펀딩은 적은 비용으로 시장을 배울 수 있는 최고의 교실이다. 대리점이나 유통사에 의존하기 전에 먼저 스스로 판매해봐야 한다.

그리고 데이터로 말하고 시장을 확장해야 한다. 어떤 채널에서 고객 획득 비용이 낮은가? 어떤 고객군의 재구매율이 높은가? 작은 테스트에서 얻은 데이터가 큰 투자의 방향을 결정한다. 감이 아닌 숫자로 판단해야 한다.

채널은 도구일 뿐이고, 고객이 목적이다. 플랫폼에 종속되지 말아야 한다. 네이버든, 쿠팡이든, 오프라인 매장이든, 그것은 고객에게 도달하기 위한 수단일 뿐이다. 진짜 자산은 고객 데이터와 브랜드 충성도다. 올바른 파트너와의 협력은 시장 진입 속도를 10배 빠르게 만들지만, 파트너 선택은 신중해야 한다. 비전을 공유하고 윈-윈 구조를 만들 수 있는 파트너를 찾아야 한다.

초기 고객의 열광은 영원하지 않다. 대부분의 스타트업은 얼리어댑터와 주류 시장 사이의 깊은 골, 캐즘에서 무너진다. 기술에 대한 복잡한 설명 대신 고객이 이해할 수 있는 단순한 메시지로, 제품의 기능이 아니라 제품의 가치를 말해야 한다. 그것이 캐즘을 넘는 유일한 방법이다.

이론은 충분하다. 이제 행동할 차례다. 내일 당장 10명의 잠재고객에게 전화를 걸고, 이번 주에 팝업 스토어를 열거나 온라인 쇼핑몰을 오픈하고, 다음 달에 크라우드펀딩을 시작하라. 완벽한 판로 전략은 없다. 있어야 할 것은 끊임없는 실험과 개선뿐이다.

시장은 넓고, 기회는 많으며, 당신의 제품을 기다리는 고객이 어딘가에 분명히 있다. 이제 그들을 찾아 나설 시간이다. 판로는 기다리는 것이 아니라 개척하는 것이기 때문이다.

참고 문헌

69쪽   헤르만 지몬 저, 서종민 역(2017), 『헤르만 지몬 프라이싱』, 쌤앤파커스.

78쪽   Michael V. Marn, Robert L. Rosiello, 1992, "Managing Price, Gaining Profit", Harvard Business Review, pp. 84–94.
         Michael V. Marn, Eric V. Roegner, Craig C. Zawada, 2003, "The power of pricing", McKinsey Quarterly.

96쪽   마이클 E. 레이너·뭄타즈 아메드 저, 딜로이트컨설팅 역(2014), 『탁월함은 어떻게 만들어지는가』, 청림출판.

120쪽   김희량, 2024. 6. 28, "2개입 vs 12개입 초코파이, 당신의 선택은?", 헤럴드경제.

145쪽   안혜원, 2024. 7. 31, "톨 사이즈 커피 잘 팔리는데…스타벅스 '파격 결단' 이유", 한국경제.

181쪽   커넥터스, 2024. 10. 30, "D2C 실패 인정한 나이키, 앞으로의 전략 추진 방향", 네이버프리미엄콘텐츠(커넥터스).

193쪽   김난도 외(2018), 『트렌드 코리아 2019』, 미래의창.

199쪽   조달청(2025), 『2024 공공조달 통계연보』, 보도자료.

201쪽   한국조달연구원, 2025. 10. 02., "혁신제품 지정 현황", 데이터 파일(엑셀).

267쪽   KOTRA(2024), 『2024 KOTRA 국가정보: 인도네시아』, KOTRA.
         한국콘텐츠진흥원, 2025. 7, "인도네시아 디지털 경제와 전자상거래 현황," KOCCA 해외 산업 동향(인도네시아 25–06호).
         KOTRA(2025), 『인도네시아 신정부의 경제정책과 한국 기업의 기회』, KOTRA.

268쪽   박지원, 2025. 2. 28, "베트남 경제, 성장의 흐름과 2025년 주요 전망", KOTRA 해외시장뉴스.

269쪽   홍석균, 2013. 10. 31, "베트남, 남북 간 소비트렌드 차이로 보는 마케팅 전략", KOTRA 해외시장뉴스.

273쪽   International Monetary Fund, 2025, "Republic of Uzbekistan: 2025 Article IV Consultation –Press Release and Staff Report", IMF.
         TradingEconomics, 2025, "Uzbekistan GDP per capita", TradingEconomics database.
         대한민국 외교부 유럽경제 외교과, "[우즈베키스탄] 경제 산업 동향(2025.7월)", 외교부 해외경제동향.
         한정선, 2025. 4. 14, "2025년 우즈베키스탄 경제 및 무역의 새로운 변화", KOTRA 해외시장뉴스.

279쪽   International Monetary Fund(2025), "Kyrgyz Republic: Country Data and Economic Forecasts", IMF.
         World Bank(2025), "Kyrgyz Republic: Country Profile and Economic Indicators", World Bank.

282쪽   Trading Economics(2025), "Kazakhstan: GDP Growth (Annual)", Trading Economics.
         World Bank(2025), "GDP per capita–Kazakhstan", World Development Indicators.

288쪽   제프리 A. 무어 저, 윤영호 역(2021), 『제프리 무어의 캐즘 마케팅』, 세종서적.

289쪽   삼일PwC경영연구원, 2024. 9, 『전기차 '캐즘', K–배터리 위기와 대응전략』, 삼일회계법인.

301쪽   George A. Akerlof, 1970, "The Market for 'Lemons': Quality Uncertainty and the Market Mechanism", The Quarterly Journal of Economics, Vol. 84, No. 3, pp. 488–500.

Foreign Copyright:
Joonwon Lee   Mobile: 82-10-4624-6629

Address: 3F, 127, Yanghwa-ro, Mapo-gu, Seoul, Republic of Korea
              3rd Floor
Telephone: 82-2-3142-4151
E-mail: jwlee@cyber.co.kr

시장을 돌파하는 스타트업 매출 설계 로드맵

판로 전쟁
CHANNEL WARS

2026. 3. 3. 초 판 1쇄 인쇄
2026. 3. 11. 초 판 1쇄 발행

지은이 | 박선우
펴낸이 | 이종춘
펴낸곳 | **BM** ㈜도서출판 **성안당**
주소 | 04032 서울시 마포구 양화로 127 첨단빌딩 3층(출판기획 R&D 센터)
       | 10881 경기도 파주시 문발로 112 파주 출판 문화도시(제작 및 물류)
전화 | 02) 3142-0036
     | 031) 950-6300
팩스 | 031) 955-0510
등록 | 1973. 2. 1. 제406-2005-000046호
출판사 홈페이지 | www.cyber.co.kr
ISBN | 978-89-315-8572-8 (03320)
정가 | **19,000원**

이 책을 만든 사람들

책임 | 최옥현
진행 | 전진숙
교정 · 교열 | 채정화
본문 · 표지 디자인 | 메이크디자인
홍보 | 김계향, 임진성, 김주승
국제부 | 이선민, 조혜란
마케팅 | 구본철, 차정욱, 오영일, 나진호, 강호묵
마케팅 지원 | 장상범
제작 | 김유석

■ 도서 A/S 안내

성안당에서 발행하는 모든 도서는 저자와 출판사, 그리고 독자가 함께 만들어 나갑니다.
좋은 책을 펴내기 위해 많은 노력을 기울이고 있습니다. 혹시라도 내용상의 오류나 오탈자 등이 발견되면 **"좋은 책은 나라의 보배"**로서 우리 모두가 함께 만들어 간다는 마음으로 연락주시기 바랍니다. 수정 보완하여 더 나은 책이 되도록 최선을 다하겠습니다.
성안당은 늘 독자 여러분들의 소중한 의견을 기다리고 있습니다. 좋은 의견을 보내주시는 분께는 성안당 쇼핑몰의 포인트(3,000포인트)를 적립해 드립니다.

잘못 만들어진 책이나 부록 등이 파손된 경우에는 교환해 드립니다.